本教材部分内容为
国家自然科学基金项目（71702049）
河南省哲学社会科学规划项目（2017BJJ020）
阶段性成果

高等院校物流管理与航空运输专业教材
（本科、研究生、MBA、EMBA）

国际物流

苑春林　喻晓蕾◎编著

International Logistics:
A Coursebook

中国经济出版社
CHINA ECONOMIC PUBLISHING HOUSE
北京

图书在版编目（CIP）数据

国际物流/苑春林编著.
北京：中国经济出版社，2018.3
ISBN 978–7–5136–5102–8

Ⅰ.①国… Ⅱ.①苑… Ⅲ.①国际物流—教材 Ⅳ.①F259.1

中国版本图书馆 CIP 数据核字（2018）第 033334 号

策划编辑	崔姜薇
责任编辑	郭国玺
责任印制	马小宾
封面设计	久品轩工作室

出版发行	中国经济出版社
印 刷 者	北京柏力行彩印有限公司
经 销 者	各地新华书店
开 本	787mm×1092mm 1/16
印 张	15.25
字 数	314 千字
版 次	2018 年 3 月第 1 版
印 次	2018 年 3 月第 1 次
定 价	48.00 元

广告经营许可证　京西工商广字第 8179 号

中国经济出版社 网址 www.economyph.com 社址 北京市西城区百万庄北街 3 号 邮编 100037
本版图书如存在印装质量问题，请与本社发行中心联系调换（联系电话：010–68330607）

版权所有　盗版必究（举报电话：010–68355416　010–68319282）
国家版权局反盗版举报中心（举报电话：12390）　服务热线：010–88386794

编委名单

主　编　苑春林　喻晓蕾

副主编　闫婉蓉　曹铭烜　卫宗超　刘　凯　左亚楠　王淑曼

目 录

第一章 国际物流概述 ... 001
案例导入 物流巨人——联邦快递（Federal Express） ... 001
第一节 国际物流的内涵 ... 002
第二节 国际物流的特点 ... 003
第三节 国际物流的网络系统 ... 005
案例分析 微软集成供应链方案如何节约库存 ... 007

第二章 国际贸易 ... 009
案例导入 索兰国的国际贸易故事 ... 009
第一节 国际贸易概述 ... 010
第二节 贸易术语概述 ... 012
第三节 收付方式 ... 020
案例分析 国际货物买卖合同中的交单期和交单条件 ... 024

第三章 国际物流与电子商务管理 ... 026
案例导入 DHC公司的体验营销与整合营销 ... 026
第一节 电子商务概述 ... 028
第二节 电子商务与物流 ... 029
第三节 电子物流与电子商务下第三方物流 ... 031
案例分析 百胜物流降低连锁餐饮企业运输成本之道 ... 033

第四章 国际物流中心 ... 036
案例导入 2025年郑州将建成国际航空物流中心，成为"中国孟菲斯" ... 036

第一节　国际物流中心概述 ································· 039
第二节　外贸仓库 ······································· 040
第三节　保税仓库 ······································· 041
第四节　保税区 ··· 043
第五节　保税物流中心 ··································· 044
第六节　自由经济贸易区 ································· 046
第七节　贸易口岸 ······································· 049
案例分析　世界四大港口向国际物流中心转变 ··············· 051

第五章　国际物流运输方式及其基础设施 ················· 055

案例导入　国际商品车运输集装箱化 ······················· 055
第一节　国际航空货物运输 ······························· 057
第二节　水上运输 ······································· 066
第三节　公路运输 ······································· 070
第四节　铁路运输 ······································· 073
第五节　国际多式联运 ··································· 076
案例分析　铁路运输改革与现代物流的发展 ················· 078

第六章　配送管理 ····································· 084

案例导入　沃尔玛对配送中心的高效应用 ··················· 084
第一节　配送的概念与作用 ······························· 086
第二节　配送的种类 ····································· 087
第三节　配送模式的种类 ································· 091
第四节　配送管理 ······································· 093
案例分析　我国西部电子商务与物流配送模式研究 ··········· 103

第七章　物流信息管理 ································· 107

案例导入　从顺丰速运看快递业的信息化管理 ··············· 107
第一节　物流信息的概述 ································· 110
第二节　物流信息化及其发展 ····························· 114
第三节　物流信息管理的理论 ····························· 116
案例分析　日本7-11的信息化变革 ······················· 119

第八章　物流成本管理 ································· 122

案例导入　东方药业物流问题剖析 ························· 122

第一节 物流成本的概述 …………………………………………………………… 123
第二节 现代物流成本与传统物流成本的比较 …………………………………… 126
第三节 物流成本管理 ……………………………………………………………… 126
第四节 物流成本管理的意义 ……………………………………………………… 130
案例分析（一） 安利降低物流成本的成功秘诀 ………………………………… 131
案例分析（二） 川维厂用"四招"降低物流费用 ……………………………… 132

第九章　国际物流联合作业管理 …………………………………………………… 135

案例导入 一根实木条引发的货物退运案 ……………………………………… 135
第一节 进出境货物的检验检疫概述 ……………………………………………… 136
第二节 进出境货物检验检疫流程 ………………………………………………… 140
第三节 进出境货物报关概述 ……………………………………………………… 144
第四节 进出口货物报关流程 ……………………………………………………… 146
案例分析 国际货物买卖中的索赔问题 ………………………………………… 151

第十章　国际物流运输保险 ………………………………………………………… 154

案例导入 宏兴甘鲜果品有限责任公司的货物损害赔偿案 …………………… 154
第一节 国际货物运输保险业务概述 ……………………………………………… 155
第二节 国际海上货物运输保险 …………………………………………………… 159
第三节 其他货物运输保险 ………………………………………………………… 164
第四节 我国货物运输保险实务 …………………………………………………… 165
案例分析 国际货物运输保险合同 ……………………………………………… 169

第十一章　出口包装 ………………………………………………………………… 172

案例导入 山姆森玻璃瓶的创意包装营销 ……………………………………… 172
第一节 现代包装的概述 …………………………………………………………… 173
第二节 包装材料和容器 …………………………………………………………… 177
第三节 包装技术与方法 …………………………………………………………… 180
第四节 包装的标志 ………………………………………………………………… 182
第五节 包装的合理化、标准化和现代化 ………………………………………… 188
案例分析 果蔬的包装 …………………………………………………………… 189

第十二章　国际货运代理 …………………………………………………………… 192

案例导入 互为代理误判案 ……………………………………………………… 192

第一节　国际货运代理业务简述 …… 193
第二节　国际货运代理的基本流程 …… 198
第三节　货运代理市场营销和管理办法 …… 208
案例分析　国际货代行业的转型困境 …… 212

第十三章　国际物流发展新趋势 …… 214

案例导入　海丰的第四方物流"冲动" …… 214
第一节　第三方物流 …… 216
第二节　第四方物流 …… 222
第三节　国际逆向物流 …… 224
第四节　绿色物流 …… 227
第五节　精益物流 …… 230
案例分析　UPS 为 MBS 提供的图书退货逆向物流服务 …… 230

第一章
>>> 国际物流概述

▶ 本章要点

1. 国际物流的内涵
2. 国际物流的特点
3. 国际物流的网络系统
4. 国际物流网络系统规划设计的中心问题
5. 国际物流网络合理化的措施

▶ 学习目的

- 了解国际物流的相关含义
- 掌握国际物流的相关特点
- 了解国际物流的构成以及国际物流网络系统规划的中心问题
- 掌握国际物流网络合理化的措施

▶ 案例导入

物流巨人——联邦快递（Federal Express）

Fred Smith 于 1973 年组建了 Federal Express 公司，使用 8 架小型飞机提供航空快递服务。Federal Express 公司推出全美境内翌日到达的门到门航空快递服务，并以及时性、准确性以及可信赖性为原则。

20 世纪 80 年代末，制造业的基地从发达国家逐渐转移到了发展中国家。而联邦快递作为最早认识到这一趋势的公司，开始着手进行大规模的全球扩张，以应对日益激烈的国际竞争及挑战。亚太区分公司也就此应运而生。

1989 年，联邦快递收购了飞虎航空（Flying Tiger）获得了飞虎航空在亚洲 21 个国家及地区的航线权，从而在全球经济增长最迅速的区域取得了立足点。

1992年，公司的区域性总部从檀香山迁至香港。将公司的营运中心迁移至经济活动的中心地区，这一举措更显示了公司对该地区的高度重视。

1995年，联邦快递公司购买了中国和美国之间的航线权，开始由联邦快递飞行员驾驶的专用货机来负责中美之间的快递运输服务。

1995年9月，联邦快递在菲律宾苏比克湾建立了其第一家亚太运转中心并通过其"亚洲一日达"网络提供全方位的亚洲隔日递送服务。

1996年3月，联邦快递成为唯一享有直航中国权利的美国快递运输公司。

进入20世纪90年代以后，并购与上市等多种资本方式对物流业进行了很多影响，也诞生出十大物流集团。在快递业，基本呈现出四大巨人垄断的局面。四大巨人是指棕色巨人联合包裹（UPS）、联邦快递（FedEx）、DPWN德国邮政世界网（DHL的母公司）、TNT Post Group。

随着互联网时代的到来，FedEx主营的文件速递市场面临着极大的威胁。面对竞争，联邦快递一方面不断并购，扩大自己的实力和规模；另一方面，积极地为因特网时代重塑自我。

FedEx通过各种方式抢夺了一部分普通包裹市场。1998年，FedEx通过收购Roadway包裹公司（RPS）而进入普通包裹运递市场。在包裹市场占有率达到11%。

FedEx在信息技术领域也投入了巨额资金。FedEx对其无线通信网络进行了更新，使之能够与UPS匹敌。此外，还为大小企业提供因特网商务软件。

FedEx作为第三方物流服务供应商向外展开营销。

FedEx住户市场策略组建专门的住宅投递服务公司，并准备聘用低成本的非工会劳动力。

逐渐地，联邦快递形成了无所不包、全面发展的行业态势。在国际物流领域，FedEx已成为不可小觑的强大力量。

第一节 国际物流的内涵

21世纪以来，在网络技术、信息技术不断发展的推动下，经济全球化进程以前所未有的速度在深化和发展着。国际贸易的高速发展、跨国公司展开全球经营战略，使资源在全球范围内进行分布，推动着全球经济的发展。国际物流是物流活动的国际化运作，是跨国界的、范围扩大了的更加复杂的物流活动，它的业务流程跨越国界，包括全球范围内与物料管理和物资运送相关的所有业务环节。同时，国际物流有广义和狭义之分。

广义国际物流的研究范围包括国际贸易物流、非贸易国际物流、国际物流合作、国际物流投资、国际物流交流等领域。其中：国际贸易物流主要是指组织货物在国际间的合理流动；非贸易国际物流是指国际展览与展品物流、国际邮政物流等；国际物流合作是指不同国别的企业共同完成重大国际经济技术项目的国际物流；国际物流投资是指不同国别的物流企业共同投资组建国际物流企业；国际物流交流则主要是指在物流科学、技术、教育、培训和管理方面的国际交流。

狭义的国际物流主要指国际贸易物流，即组织货物在国家之间的合理流动，也就是指发生在不同国家之间的物流。更具体地说，狭义的国际物流是指当生产和消费分别在两个或两个以上国家（地区）独立进行时，为了克服生产和消费之间的空间距离和时间间隔，对货物进行物流性移动的一项国际贸易或国际交流活动，从而完成国际商品交易的最终目的。

因此，国际物流又称为国际大流通或大物流，是指在国际分工协作状态下，按照国际惯例，利用国际化的信息网络、物流设施设备和物流技术，实现物品在国家之间的流动和全球范围内的资源优化配置。

随着世界经济的发展，国际分工日益细化，国际合作与交流日益频繁，推动了国家之间的商品流动。任何国家都不可能包揽一切领域的经济活动，这就必然形成国际物流。国际物流就是国际范围内的物流运作，涉及不同的国家。其业务运作的空间距离长，环节多，涉及不同国家的企业和市场，而不同国家的经济、法律法规、物流设施设备等差异很大，从而使物流业务流程延续时间更长，作业更加复杂，技术要求更高，因此，国际物流不是国内物流的简单延伸。

第二节　国际物流的特点

国际物流是不同国家（地区）之间的物流，是国内物流的延伸和进一步的扩展，它与国内物流相比较，具有以下特点。

1. 国际性

国际性是指国际物流系统涉及多个国家，系统覆盖的地理范围大。国际物流跨越不同国家和地区，跨越海洋和大陆，因此，运输距离长，运输方式多样，从而需要选择合适的运输路线和运输方式，以尽量缩短运输距离和货物在途时间，加速货物周转并降低物流成本。

2. 复杂性

在国家之间的经济活动中，生产、流通、消费三个环节之间存在着密切的联系，因此，可以将国际物流的复杂性分为以下几个方面。

（1）作业环境的复杂性：不同国适用不同的物流法规；不同国家经济以及科技的发展水平不同导致物流水平不同；不同国家采用的物流标准不同；不同国家的人文风

俗不同；不同国家的物流业现状不同。

（2）国际物流运作过程复杂的复杂性：国际运输往往需要多种运输方式的衔接，运输过程以及运输所涉及的信息非常复杂；由于货物的运送线路长、环节多，物流流程的完成周期长，气候条件复杂，对货物运输途中的保管、存放要求高，货物的加工和储存都具有复杂性；由于涉及不同国家，物流过程中的管制和查验以及相关的手续复杂而烦琐。

（3）国际物流作业单证的复杂性：国际作业往往需要大量的有关商务单证、结汇单证、船务单证、运输单证、报检报关单证、港口单证及装卸货流转单证等。同时，货物装运交付每经过一个国家，都需要使用这个国家或地区语言的单证。

（4）国际物流通信系统的复杂性。

3. 以远洋运输为主，多种运输方式相结合

国际物流考虑到涉及国家数量多少、地理范围大小、运输距离长短以及运输成本高低，国际物流运输多以远洋运输为主，并以多种运输方式相结合。目前，在国际物流活动中，"门到门"的运输方式越来越受到货主的欢迎，从而使得能满足这种需求的国际复合运输方式得到快速发展，逐渐成为国际物流运输中的主流。

4. 标准化的要求高

标准化是对产品、工作、工程或服务等普遍的活动规定的统一标准，并且对这个标准进行贯彻实施的整个过程。国际物流的运作既涉及不同国家和地区政府宏观控制和管理问题，又涉及不同物流基础设施和设备的问题。因此，国际物流不仅需要标准化的信息系统支持，还需要不同国家和地区物流基础设施标准化，以保证国际物流的高效运作。因此，标准化可分为以下几个方面：

（1）全球信息系统标准化：它是保证国际物流效率的基础。信息技术是现代物流发展有力的技术支撑，也是物流成为独立产业的技术基础。通过建立统一的信息技术平台，借助高水平的信息传输和信息处理技术，以标准化的方式将有用的信息及时传递到相关的物流节点，实行全球信息一体化运作，保证各物流环节之间及时传递和处理相关信息，来实现物流流程中各外节之间的有序衔接，有效地组织和安排各节点的相关业务，从而能够达到节约时间、缩短流程周期的效果。

（2）基础设施设备标准化：可以有效地减少物流作业量，缩短物流流程完成周期。如运输和货物搬运设施设备、仓库和港口设施等。标准集装箱运输方式的发展极大地促进了物流基础设施设备的标准化发展，但各个国家和地区在诸如汽车、轮船等运输工具的装载尺寸、载重和铁路轨道规格等方面仍然存在着很大的差距，这就导致产品在跨越边界时不得不在不同的运输工具之间卸载和转运，人为地增加作业环节和作业量，导致大量的资源浪费和物流成本。美国和欧盟各国在许多基础设施和工具方面实施标准化建设，如托盘采用1000毫米×1200毫米，集装箱实施统一规格及条形码技术

等,极大地促进了国际物流的有效发展;

(3) 普适性的贸易协定标准化:可以有效地减少物流作业环节、降低物流成本。为保护国内企业业生产,一些国家和地区通过规定某些商品的进口额度,对超出部分设置高额关税,限制这些商品的流入量,从而人为地增加物流成本。例如,美国对金枪鱼进口就采取了这样的措施。为避免缴纳过多的关税,进口商往往在金枪鱼即将到达规定的数量时,将多余的部分存入保税仓库,等待第二年年初再进行装运。这就增加了物流成本,也使金枪鱼的物流过程复杂化。

5. 风险性

国际物流较长的流程完成周期和复杂的作业流程,国际物流过程中除了存在一般性物流风险(如意外事故、不可抗力、作业损害、理货检验疏忽、货物自然属性、合同风险)之外,还面临着政治、经济和自然等方面的更高风险:

(1) 政治风险。政治风险主要是指由于所经过国家的政局动荡,如罢工、动乱或战争等原因造成物流流程中断、运输延迟、货物损害甚至丢失等。毫无疑问,物流流程涉及的国家越多,这种风险就越大。

(2) 汇率和利率风险。除一般存在的经济风险以外,国际物流还面临着汇率风险和利率风险。尤其是与国际物流相关联的资金由于汇率、利率的变动而产生的风险。物流流程完成周期越长,这种不确定性就越大。例如,海运班轮公司为减少运输费结算货币贬值造成的损失,通常要加收货币贬值附加费。同时,处于不同国家的不同物流阶段上的费用支出会涉及多种货币。币种越多,汇率和利率风险就越大。

(3) 自然风险。这是指因地震、海啸、风暴等自然灾害引起的运输事故、物流过程中断等风险。自然灾害会直接造成货品损失,中断物流过程。

第三节 国际物流的网络系统

所有的国际物流活动都是在国际物流网络系统的支持下完成的,即基于国际物流网络信息系统、跨国界的各种物流活动。

一、国际物流的构成

国际物流网络是由国际物流节点和国际物流通道连接而成的,是由多个收发货的"节点"和它们之间的"连线"所构成的物流网络以及与之相伴的信息流网络的有机整体。我们可以具体地将其分为三个部分:物流节点、物流通道和信息网络。

国际物流网络"节点"是指国际物流网络中收发货的各个环节,即物流线路的连接点或端点。具体来讲,是指国际物流网络中从事各种物流活动的空间场所,如国际物流中心、外贸仓库、自由港、自由贸易区、保税区、出口加工区、储运中心、中转站、管道站等。通过这些节点，将商品收进发出，并在这些节点中存放保管，不同类型的物流节点具有不同的作用。

国际物流网络"连线"是指各种运输方式的通道，如海洋运输通道、陆桥运输通道、铁路运输通道、航空运输通道、管道运输通道等，它们连接着各国际物流节点。

节点之间以及通道上的信息传递则构成信息流，所有节点和通道之间的信息传递和信息处理系统则构成国际物流的信息网络系统。国际物流网络中的各环节业务活动的衔接和完成都依赖于信息网络系统。国际物流是由多环节、多层次、多个子系统构成的复杂运作系统，整个物流流程中的通道和节点非常多，并且各节点之间的物理距离很远，要保证整个系统的有效运转，使各环节之间的平顺衔接，就必须保证信息传递的及时、准确，因此，信息网络的效率直接影响着国际物流运作的总体效率。国际物流活动就在信息网络支撑下，在物流节点和物流通道上进行。

确保系统中的节点与通道之间及通道与通道之间的良好衔接，有利于保证国际物流网络系统的高效运转。例如，不同运输方式和运输工具之间的衔接，通过站台和配送中心的储存场所，在收货工具和发货运输工具间建立快速运转和配送平台，采用直拨的货物运输方式，避免多次的出库入库存储过程；确定各级仓库的供应范围，使生产厂家仓库与各中间商仓库、港（站、机场）区仓库及出口装运能力配合和协同，尽可能避免某一级仓库过度储存，使物流网络系统各节点存货均衡，保证国际物流畅通。

二、国际物流网络系统规划设计的中心问题

完善和优化国际物流网络系统，有利于加速商品周转、资金流动和商品的国际流通，为促进商品尽早、尽快地打入并占领国际市场提供了切实有效的途径，也是扩大对外贸易、提高跨国公司竞争力和成本优势的重要保证。因此，国际贸易活动与国家之间的物资交流与国际物流网络系统的合理规划和设置密不可分。那么，在国际物流网络规划设计中，应明确的中心问题是什么呢？

（1）确定进出口货源点（或货源基地）和消费者的位置、各层级仓库及中间商批发点和零售点的位置、规模和数量，从而确定国际物流网络系统的合理布局。

（2）在合理布局国际物流网络系统的前提下，确定国际商品由卖方向买方实体流动的方向、规模、数量，确定国际贸易的贸易量、贸易过程（流程）的重大战略、进出口货物的卖出和买进的流程、流向、物流费用、国际贸易经营效益等。

三、国际物流网络合理化的措施

我国的国际物流网络虽然已取得一定的规模，但是，为了促进我国国际物流网络系统更加合理，应该采取以下措施：

（1）合理选择和布局国内、外物流网点，扩大国际贸易的范围、规模，以达到费用省、服务好、信誉高、效益高、创汇多的物流总体目标；

（2）采用先进的运输方式、运输工具和运输设施，加速进出口货物的流转。充分利用海运、多式联运方式，不断扩大集装箱运输和大陆桥运输的规模，增加物流量，扩大进出口贸易量和贸易额；

（3）减少出口商品的在途积压，如进货在途（如进货、到货的待验和待进等）、销售在途（如销售待运、进出口口岸待运）、结算在途（如托收承付中的拖延等）等积压现象，以节省时间，加速商品和资金的周转；

（4）改进运输路线，减少同向、迂回运输；

（5）改进包装，增大技术装载量，多装载货物，减少损耗；

（6）改进港口装卸作业，有条件要扩建港口设施，合理利用泊位与船舶的停靠时间，尽力减少港口杂费，吸引更多的买卖对方入港；

（7）改进海运配载，避免空仓或船货不相适应的状况；

（8）考虑国内物流运输段，在出口时要尽量做到就地、就近收购，就地加工，就地包装，就地检验，直接出口，即"四就一直"的物流策略。

案例分析

微软集成供应链方案如何节约库存

微软公司集成供应链方案，可节约库存并将产品快速运往市场。1994年，微软公司通新考虑调整它的整个生产和配销战略。

过去，微软公司一直是通过它在西雅图的工厂和配销设施来实现产品的生产与配销的。由于地处天国西北部，微软公司的物流网络相当松散，对客户需求反应很慢。多数微软公司的客户都在美国中西部和东海岸，但配销设施却在西雅图，这就意味着微软公司的产品要费很长时间才能到达较大的市场，这样就导致了库存周转问题。

微软公司决定找到一个方案来降低库存，并且将产品快速运往市场。通过建立物流管理方案实现库存管理在过去未曾实现的最大收益，这是当时最好的方案。于是，微软公司重新安排了它的生产方式和供应链，以期达到以最低的库存投资确保客户服务和维持生产效率的目标。微软公司通过安装一个新的需要预测系统，运用库存单元采集配销中心的库存数据，来提高生产预测精度。该系统使得公司从提出生产计划到产品交货的时间缩短为一周。通过这种方法，公司便可按市场需求来生产产品。

为了能够接受这么短的产品研制周期，微软公司将产品生产委托给予原材料供应商有较好关系的总软件承包商。这个承包商可以缩短从产品研制到交货的时间，在一周之内可将货物交至微软公司配销中心，而在过去这些环节要花5-6个星期。

1995年年初，微软公司决定将它的配销设施重新定位于具有较快操作速度的位于印第安纳州的配销中心。该中心处理微软公司70%的产品的装运。从印第安纳州的配销中心，微软公司的产品可在两天内到达其80%的市场，而在以前这需要7-10天时间。为确保印第安纳州配销中心不因装运问题或库存移动缓慢而陷入困境，微软公司在托雷多（Toledo）建立了一个超限中心，由第三方仓库公司管理。该设施可根据需要扩大和缩小。

微软公司的例子说明，将生产规划和物流管理集成是可行的。作为集成的供应链管理战略的一部分，物流是将原料、生产线结合起来的黏合剂，也是产品生产线的润滑剂。过去，许多公司功能性地看待自身和它们的伙伴，花很多时间和精力试图使每个功能成为世界一流。结果是，公司的功能虽然达到了世界一流，但其业务却未与之匹配。商业供应链集成管理的观点，对那些几年前强调自身定位的公司来说，将是一个长远的呼吁。

资料来源：张理. 现代物流案例分析［M］. 北京：中国水利水电出版社，2008.

案例思考

（1）微软传统的物流管理存在哪些问题？
（2）微软采用供应链管理的意义是什么？

复习与思考题

1. 简述国际物流的特点。
2. 简述国际构成国际物流的内容。
3. 简述国际物流网络系统规划的中心问题。
4. 简述国际物流网络合理化的措施都有哪些？

第二章
>>> 国际贸易

▶ 本章要点

1. 国际贸易概述
2. 国际贸易术语
3. 2000年国际贸易术语解释通则
4. 收付方式

▶ 学习目的

● 了解国际贸易的含义，清楚国际贸易的分类以及国际物流与国际贸易的关系；

● 大致了解贸易术语中的国际惯例以及贸易术语通则，清楚贸易术语的分类，掌握六种运用较多的贸易术语；

● 了解在国际贸易中主要的收付方式，运用哪些工具作为支付工具，掌握主要的收付方式。

▶ 案例导入

索兰国的国际贸易故事

有一天，一位爱索兰国的发明家发明了一种极低成本的炼钢方法。但是生产过程极为神秘，而且发明家坚持保密。奇怪的是，发明家不需要多投入任何工人或者钢铁炼矿，唯一需要的是本国的小麦。发明家因此被誉为天才。

因为钢铁在爱索兰的应用如此之广，所以这项发明降低了许多物品的成本，并使爱索兰的民众生活水平大大提高。当钢铁厂关门以后，一些原先的工人蒙受了痛苦。

但最终，他们通过各种方法找到了新的工作。一些人成了农民，种植发明家需要的小麦。另一些人则进入由于生活水平提高而出现的新行业。每一个人似乎都能理解，这些工人被代替是技术进步所不可避免的一部分。

几年以后，一位多事的报社记者决定调查这个神秘的炼钢过程。她偷偷潜入发明家的工厂，终于发现发明家原来是一个大骗子。发明家根本没有炼钢，他只是违法地把小麦运送到其他国家进口钢铁。发明家所做的唯一事情就是从国际贸易中获取私利。

当真相被披露时，政府停止了发明家的经营。钢铁价格上升了，工人回到了原先的钢铁厂工作。爱索兰国的生活水平退回到以前。

发明家被投入狱中并遭到大家的嘲笑。毕竟他不是发明家，他仅仅是一个经济学家！

资料来源：曼昆. 经济学原理 [M]. 北京：北京大学出版社，2017.

第一节　国际贸易概述

一、国际贸易的含义

国际贸易泛指世界各国（或地区，仅限单独关税地区）之间进行的以货币为媒介的商品交换活动。它既包含有形商品（实物商品）交换，也包含无形商品（劳务、技术、货币、咨询等）交换。国际贸易亦可称为世界贸易。

二、国际贸易的分类

从不同的角度来划分，国际贸易有不同的种类。下面，我们来逐一阐述。

1. 按照商品的移动方向划分

进口贸易，又称输入贸易，是指将外国商品输入本国市场销售。输往国外的商品未经消费和加工又输入本国，称为复进口或再输入。

出口贸易，又称输出贸易，是指本国生产或加工的商品输往国外市场销售。从国外输入的商品未在本国消费，又未经本国加工而再次输出国外，称为复出口或再输出。

过境贸易，指的是别国出口货物通过本国国境，未经加工改制，在基本保持原状的条件下运往另一国的贸易活动。过境贸易又可分为直接过境贸易和间接过境贸易。直接过境贸易是外国商品纯系转运性质经过本国，并不存放在本国海关仓库；间接过境贸易是外国商品运到本国国境后，先存放在海关保税仓库，后未经加工改制，又从海关保税仓库提出，再运出国境。

转口贸易，是指商品生产国与商品消费国通过第三国参与进行的商品交易。第三国对此类商品的买进，是专为销往商品消费国的。第三国参与了这笔交易的商品价值转移活动，但不一定参与商品的实体运动，即这批货物可以运往第三国的口岸，但不能入境，称为间接转口贸易；也可直接运往商品消费国，称为直接转口贸易。

2. 按照商品的形态划分

有形贸易，是指买卖那些看得见、摸得着的物质性商品的活动，也称货物贸易。

无形贸易，又称服务贸易，是指国际贸易中没有物质形态的商品交易，主要包括劳务、技术、旅游、运输、金融、保险等，这类商品不具有可见和可触摸的外在物理特性。无形商品贸易通常不办理海关手续，不在海关的进出口统计中反映，而在国际收支中反映，是国际收支的重要组成部。

3. 按照生产国和消费国在贸易中的关系划分

直接贸易，是指商品生产国与商品消费国不通过第三国而直接买卖商品的交易行为。直接贸易中两国的买卖双方直接谈判、签约、结算，货物直接运输。

间接贸易，是指商品生产国与消费国通过第三国进行的商品交易行为。因政治原因或信息不畅，出口国与进口国之间不能直接进行洽谈、签约和结算，必须借助于第三国的参加。对于第三国而言，属于转口贸易。

4. 按照国境和关境划分

总贸易，是指以国境为标准划分的进出口贸易。凡进入国境的商品一律列为总进口；凡离开国境的商品一律列为总出口。总出口又包括本国产品的出口和未经加工的进口商品的出口。美国、日本、英国、加拿大、澳大利亚、中国等国均采用这种划分标准。

专门贸易，是指以关境为标准划分的进出口贸易。只有从外国进入关境的商品以及从保税仓库提出进入关境的商品才列为专门进口。德国、意大利等国都采用这种划分标准。

三、国际物流与国际贸易的关系

国际物流伴随着国际贸易的发展而产生和发展，是国际贸易的重要组成部分，同时，物流的发展水平又影响和制约着国际贸易的进一步发展。它们相辅相成，共同发展。

1. 国际物流是国际贸易的基础及必要条件

国际贸易是由国际分工引起的，它也要求形成与之相适应的国际物流。物流的基本因素，如运输方式和路线、有关价格、风险状况以及交货条件等，都是国际贸易顺利成交的基础。因此，只有国际物流较好地发展，才能保证各项国际贸易及时、保质、保量、低成本地顺利完成，从而提高本国商品在国际市场上的竞争力，扩大对外贸易。

2. 国际贸易的发展促使国际物流系统日益完善

一方面，国际贸易的快速发展，带动了国际物流需求的不断增长，为了满足这些需求，国际物流系统的基础设施建设成为了必然，这促使了国际物流系统基础设施的不断完善；另一方面，全球贸易一体化的新趋势向国际物流提出了"物流无国界"的要求，这使得多国政府致力于建设无缝连接的物流通道，如集装箱多式联运、大陆桥运输等，这些变革通过优化国际物流通道而不断完善国际物流系统。

3. 国际贸易对国际物流提出了新的要求

（1）质量控制。现代国际贸易中，除了传统的初级产品、原料等贸易品种之外，高附加值、高精密度商品流量不断增加，对物流工作的质量提出了更高要求；另一方面，物流已成为一些产品生产过程中的重要环节，即物流工作的质量也将影响产品的最终质量，物流质量控制水平将影响这些产品的质量水平；第三方面，由于国际贸易需求的多样化，物流出现了多品种、小批量化特点，要求国际物流的优质服务和多样化发展。

（2）提高效率。国际贸易活动的集中表现就是合约的订立和履行。而国际贸易合约的履行可靠性和效率是由国际物流的可靠性和效率来保证。根据国际贸易商品的不同，采用与之需要相适应的专业运输和服务，对提高物流效率起着重要作用。

（3）安全保证。国际物流所涉及的国家多、范围广、运输在途时间长、受气候条件和地理条件等自然因素和特定地区社会政治经济因素的影响大。在组织国际物流时，必须选择适当的运输方式和运输路径，密切注意相关地区的气候、地理条件以及有关政治局势、经济状况等因素，防止因人为因素和不可抗拒的自然力造成货物灭失。

（4）经济效益。国际物流的环节多，周转期长。控制物流费用对降低贸易成本具有很大影响。选择最佳物流方案、提高物流经济性，可以降低物流成本、保证服务水平、提高竞争力。显然，国际物流必须适应国际贸易和商品流通的发展。

第二节 贸易术语概述

贸易术语，又称价格术语，它是用一个简短的概念（例如"Free on Board"）或三个字母的缩写（例如"FOB"），来说明交货地点、商品的价格构成和买卖双方在手续、费用和风险方面的责任划分，确定交货条件。贸易术语具有两方面的含义：一方面表示交货条件；另一方面表示价格构成，特别是价格中包含的从属费用。每种贸易术语表示其具有不同交货条件和不同价格构成因素，相应的买卖双方各自承担的风险、责任和费用也互不相同。

一、贸易术语的国际惯例

早在 19 世纪初，在国际贸易中已开始使用贸易术语。但是，最初对各种贸易术语并无统一的解释。后来，某些商业团体、学术机构为了消除分歧，有利于国际贸易的发展，曾先后作过关于贸易术语的解释和制订规则。有些解释和规则为较多国家的法律界和工商界所熟悉、承认和接受,成为有关贸易术语的国际贸易惯例。

国际贸易术语的国际惯例是在国际贸易实践中逐渐形成的内容较为固定的贸易习惯和一般做法,它不同于法律之处在于不具有强制性,只有当事人承认并在实际业务中采用时,才对当事人有约束力。长期以来,国际贸易就是在法律和惯例的基础上进行的。

(一) 1932 年华沙－牛津规则

国际法协会修订的《1932 年华沙－牛津规则》(Warsa – Oxford Rules 1932) 主要对 CIF 贸易术语进行详细的说明,对 CIF 合同的买卖双方各项责任划分的阐述较为具体。

(二) 1941 年美国对外贸易定义修正本

1919 年美国 9 个大商业团体制定了《美国出口报价及其缩写条例》,1941 年作了修改并改称《1941 年美国对外贸易定义修正本》(Revised American Foreign Trade Definitions 1941)。该修正本对 6 种贸易术语作了解释,在美洲国家有较大的影响。由于它对贸易术语的解释,特别是对 FOB 术语的解释,在某些方面与其他国际惯例的解释有所不同,在与美洲地区国家进行交易时,应予以特别注意。

(三) 国际贸易术语解释通则

国际商会(ICC)于 1936 年首次公布了一套解释贸易术语的国际规则,名为《1936 年国际贸易术语解释通则》(简称 Incoterms 1936)。为了适应不同时期国际贸易实践的需要,之后分别于 1953 年、1967 年、1976 年、1980 年、1990 年、2000 年和 2010 年对该通则作了 7 次修订和补充。2001 年 1 月 1 日生效的《2000 年国际贸易术语解释通则》(简称 Incoterms 2000)考虑了现代国际贸易中使用电子讯息的增多、运输方式的变化以及无关税区的广泛发展,它的应用有效地促进了国际贸易的发展。时隔 10 年,国际商会为更好顺应国际贸易的发展,在 Incoterms2000 的基础上,重新编写了《2010 年国际贸易术语解释通则》(简称 Incoterms2010),并于 2010 年 9 月 27 日公布,2011 年 1 月 1 日开始全球实施。

虽然 Incoterms 2010 已正式生效,但并不意味其之前的各种版本会自动废止。因为国际贸易惯例本身不是法律,对国际贸易当事人不产生必然的强制性约束力,当事人在订立贸易合同时,仍然可以自由选择适用 Incoterms2000 甚至更早的版本。目前,上述 3 种与贸易术语有关的国际惯例中,国际商会制定的《国际贸易术语解释通则》是包括内容最多、适用范围最广、影响最大的贸易术语国际惯例。

二、2000 年国际贸易术语解释通则

(一) 贸易术语的分类

Incoterms 2000 共解释了 13 种贸易术语,分别以 3 个字母的符号作为 13 种贸易术

语的代码，又将 13 种贸易术语按卖方责任由小到大、交货地点与卖方所在地距离由近到远进行排列，按各种术语的共同特点分别归类，分成 E、F、C、D 四组。

1. E 组

E 组为启运术语，只有一个术语：EXW（Ex Works…Named Place）：工厂交货……指定地点。

2. F 组

F 组为主运费未付术语，卖方应负责将货物交给由买方指定的承运人。包括以下 3 个术语：

（1）FCA（Free Carrier…Named Place）：货交承运人……指定地点。

（2）FAS（Free Alongside Ship…Named Port of Shipment）：船边交货……指定装运港。

（3）FOB（Free On Board…Named Port of Shipment）：船上交货……指定装运港。

3. C 组

C 组为主运费已付术语，包括以下 4 个术语：

（1）CFR（Cost and Freight…Named Port of Destination）：成本加运费……指定目的港。

（2）CIF（Cost，Insurance and Freight…Named Port of Destination）：成本加保险费和运费……指定目的港。

（3）CPT（Carriage Paid to…Named Place of Destination）：运费付至……指定目的地。

（4）CIP（Carriagean and Insurance Paid to…Named Place of Destination）：运费、保险费付至……指定目的地。

C 组术语的卖方必须负责订立运输合同，并支付到合同规定的目的港或目的地的正常运费。其中 CF 和 CIP 的卖方尚需负责投保货物运输险并支付保险费。卖方还需承担作货物在装运港装上船（CFR、CIF）或在发货地将货物交给承运人接管（CPT、CIP）之前，货物的灭失或损坏以及额外增加费用的风险，并于货物越过船舷或交付承运人接管时转移给买方。

4. D 组

D 组为到达术语，包括以下 5 种术语：

（1）DAF（Delivered at Frontier…Named Place）：边境交货……指定地点。

（2）DES（Delivered ExShip…Named Port of Destination）：船上交货……指定目的港。

（3）DEQ（Delivered Ex Quay…Named Port of Destination）：码头交货……指定目的港。

（4）DDU（Delivered Duty Unpaid…Named Place of Destination）：未完税交货……指定目的地。

（5）DDP（Delivered Duty Paid…Named Place of Destination）：完税后交货……指定目的地。

按这类术语，卖方必须负责将货物运送到约定的目的港或目的地，并承担货物交到目的港或目的地为止的一切费用和风险。

（二）6种主要的贸易术语

1. FOB

FOB亦称"离岸价"，是指装运港船上交货。按此术语成交，卖方必须在合同规定的装运期内，在指定的装运港将货物交至买方指定的船上，并承担货物越过船舷为止的一切费用和货物灭失或损坏的风险。同时要求卖方对出口货物结关。买卖双方的主要义务如下：

（1）卖方义务

①在合同规定的装运港和装运期内，将符合合同要求的货物装上买方指派的船上，并及时向买方发出装船通知。

②承担货物在装运港越过船舷为止的一切费用和风险。

③办理货物出口手续，取得出口许可证或其他核准书。

④提供商业发票和证明货物已交至船上的货运单据，或等同的电子单证。

（2）买方义务

①租船或订舱、支付运费，并将船期、船名、装船地点及时通知卖方。

②承担货物在装运港越过船舷后的一切费用和风险。

③办理保险、支付保险费。

④接受卖方按合同规定交付的货物和单据，并支付货款。

⑤办理货物进口以及必要时经由另一国过境运输的一切海关手续。

（3）运用时的注意事项

①与美国对FOB术语的解释存在差异。

a. 美国对FOB术语解释为在任何一种运输工具上交货。《1941年美国对外贸易定义修正本》将FOB术语分为6种，其中只有"指定装运港船上交货"与Incoterms 2000所解释的FOB术语相近。

b. 在结关手续方面，美国规定卖方只是在买方请求并承担费用的情况下，协助买方取得出口证件。这与Incoterms 2000中要求卖方自行出口结关并承担相应费用的解释不同。

c. 在风险划分上，不是以装运港船舱为界，而是以船舷为界，即卖方应承担货物装到船上为止所发生的丢失和残损责任。

因此，我国外贸企业在与美国和其他美洲国家出口商按 FOB 术语洽谈进口业务、签订合同时，应在 FOB 术语后加注"Vessel"字样，并列明装运港名称，同时，应明确由卖方负责取得出口许可证，支付一切出口税捐及费用。在出口业务中，应明确卖方承担的风险到货物在装运港越过船舷为止。

②装船费用的负担

按 FOB 条件成交的大宗商品，买方通常采用租船运输。买卖双方对包括理舱费和平仓费在内的装船费用由谁负担需进行洽商，并在合同中作具体规定，通常是在 FOB 术语之后列附加条件，从而产生了以下 FOB 的变形：

a. FOB Liner Terms（班轮条件）。指所有装船费用如同以班轮运输那样，全部加在运费里，由支付运费的一方（买方）负担。

b. FOB under Tackle（吊钩下交货）。指卖方仅负责将货物交到买方指派船只的吊钩所及之处，从货物起吊开始的装船费用由买方负担。

c. FOB Stowed（FOBS，包括理舱费）。指卖方负责将货物装入船舱并负担包括理舱费在内的装船费用。理舱费是指货物进入舱底后，对其进行安置、整理和垫隔所支付的费用。

d. FOB Trimmed（FOBT，包括平舱费）。指卖方负责将货物装入船舱并负担包括平舱费在内的装船费用。平舱费是指为保证航行时船身平稳和不损坏船身结构，对大宗散装货物进行削平、整理所支付的费用。

在许多标准合同中，还采用 FOB Stowed and Trimmed（FOBST，包括理舱和平舱费）来表示卖方负担所有装船费用，适用于租船运输下由卖方负责装船作业的情形。

上述 FOB 的变形只是用以表明装船费用由谁负担，并不改变 FOB 的性质，即以船舷为界划分风险及交货地点。

2. CIF

CIF 亦称"到岸价"，是指卖方必须在合同规定的装运期内在装运港将货物交至运往指定目的港的船上，装运后及时通知买方。承担货物越过装运港船舷为止的一切费用和货物灭失或损坏的风险，并负责办理货运保险和租船或订舱，支付保险费和从装运港到目的港的运费。

与 FOB 相比，CIF 卖方责任加重，需增加办理保险与运输，并支付相应费用。买卖双方主要义务如下：

（1）卖方义务

①在合同规定的装运港和装运期内，将符合合同规定的货物交至运往指定目的港的船上，并及时向买方发出装船通知。

②办理货物出口手续，取得出口许可证或其他核准书。

③租船或订舱，并支付至目的港的运费。

④办理货物保险，支付保险费。

⑤承担货物在装运港越过船舷为止的一切费用和风险。
⑥提供商业发票、保险单和货物运往目的港的通常运输单据或等同的电子单证。

（2）买方义务
①办理进口手续，取得进口许可证或其他核准书。
②承担货物在装运港越过船舷后的一切费用和风险。
③按合同规定付款赎单。

（3）运用时的注意事项
①CIF 合同采用象征性交货。

象征性交货是针对实际交货而言的，是指卖方只要在约定地点按期完成装运，并向买方提交合同规定的各项单据就算完成交货义务，无须保证到货。所以，卖方凭单交货，买方凭单付款，这样的交易也被称为单据买卖。实际交货则要求卖方在规定的时间、地点将符合合同规定的货物真实地交给买方或其指定人，保证安全到货。

CIF 合同属装运合同性质，卖方只要保证装船交单，即不保证到货，也不承担货物越过装运港船舷之后的风险，是一种典型的象征性交货。只要卖方如期提交合格的单据，即使货物运输途中发生损坏或灭失，买方也必须付款。因此，在 CIF 合同的谈判中，要防止出现要求卖方保证到货或以到货作为付款条件的陷阱条款。反之，如果卖方交单不符，即使合格货物安全到达，买方仍有权拒付货款。还需要澄清的是卖方交单只是其获得货款的前提条件，他仍然要履行交货义务。如果卖方提交的货物不符合要求，买方即使已经付款，仍有权拒收货物并追偿已付款项。

由此可见，单据在 CIF 合同的重要性。在合同中明确规定卖方在什么时候、什么地方提交什么单据是十分必要的。一般地，出于及时收汇的愿望，卖方会在货物付运后尽快交单。但双方同意远期付款时，卖方就不会心急去交单。这样会使买方丧失在运输途中以转卖单据方式转售货物的权利。所以，国际上有卖方应尽快交单的默示责任。

②卸货费用的负担。

和 FOB 相类似，如大宗货物 CIF 合同使用租船运输，在目的港由谁来支付卸货费，买卖双方应在合同中订明。一般也采用在 CIF 术语之后列附加条件，由此产生以下 CIF 的变形条件：

a. CIF Liner Terms（班轮条件）。指卸货费用按班轮条件处理，由支付运费的一方（卖方）负担。

b. CIF Ex–ship's Hold（舱底交货）。由买方自行启舱，负担将货物从舱底起吊卸到码头的卸货费用。

c. CIF Ex–tackle（吊钩交货）。由卖方负担将货物从舱底吊至船边卸离吊钩为止的费用。

d. CIF Landed（卸到岸上）。卖方负责将货卸到岸上，并负担由此引起的费用。

CIF 的变形也只是说明卸货费负担问题，不会改变 CIF 的交货地点和风险划分界限。

③美国的特殊解释

美国定义的 CIF 是指定的目的地,泛指目的港和目的地的任何港口和内陆地点,因而适用范围更广。

3. CFR

CFR 亦称"到岸价",卖方必须在合同规定的装运期和装运港将货物交至运往指定目的港的船上,并及时通知买方。承担货物越过装运港船舷为止的一切费用和货物灭失或损失的风险,并负责租船或订舱、支付货物抵达目的港的正常运费。

CFR 与 CIF 合同中关于买卖双方义务的划分基本相同,而且 CFR 合同在解决卸货费负担问题上所采用的方法也与 CIF 一致。二者不同之处仅在于:CFR 合同下,货运保险手续由买方自行办理,并支付保险费。但卖方在装船后需及时向买方发出装船通知,以便买方能及时办理货运保险,否则,卖方需承担因买方未及时办理保险而货物在运输途中可能出现的风险。

上述 3 种适用于海洋和内河运输的贸易术语,就买卖双方而言,在风险划分上是一致的,主要区别在于双方承担的责任、办理的手续和支付的费用不同。

4. FCA

FCA 是由卖方办理货物出口结关手续,在指定时间和地点把货物交给买方指定的承运人监管,同时提交商业发票或等同的电子单据,就算完成交货义务。卖方承担货物交由承运人监管为止的一切费用和货物灭失或损坏的风险;而买方要自费办理运输,承担货交承运人后的一切费用和风险,并将有关承运人名称、交货时间与地点及时通知卖方,办理进口结关手续,按合同规定收取货物和支付货款。

运用 FCA 时需注意以下问题:

(1) 交货地点和方式

由于 FCA 适用于各种运输方式,它的交货地点也要因运输方式而异,通常要在合同中作明确规定。如铁路货运站、启运机场、集装箱码头、指定交货点等。无论采用哪一种运输方式,也不区别集装箱货与非集装箱货,卖方只要在其处所指定的交货地点将货物装上买方或其代理指定的承运人提供的运输工具,或卖方在其处所以外交货点将货物置于买方指定的承运人监管之下,甚至无须将货卸离卖方的运输工具,就算完成向承运人交货的义务。

(2) 风险转移与费用承担

对 FCA 合同双方来说,风险转移与费用承担的分界点在卖方向承运人交付货物时。当卖方按合同规定的时间,以约定的方式向承运人交付货物时起,货物风险转移至买方,并由买方承担货物交付时起的与货物有关的费用。鉴于出口结关手续由卖方办理,因而,由买方而非买方承担出口支付的海关费用、关税、捐税和其他费用。但这是以买方及时而充分地通知卖方运输事宜为前提的。如果买方未指定承运人或代理人，或代理人未接管或未通知卖方，则货物风险及费用从约定交付日或约定交付期届满日起由买方承担。

5. CPT

CPT 术语下，卖方订立运输合同，支付货物运至指定目的地的运费，承担货交第一承运人接管前的一切风险和费用，交货后及时通知买方，办理出口清关手续，并提供约定的各项单证或等同的电子单证；买方则应承担货交第一承运人接管时起的一切费用和风险，办理货运保险和支付保险费，在目的地接卸货物，并按合同规定领取单证和支付货款等。

运用 CPT 术语应注意的问题：

（1）合同中要明确装运期和目的地指定地点，以便卖方选定承运人和实施运输。

（2）为保证卖方运输与买方投保的衔接，明示卖方及时通知买方货已交付的责任，有助于日后纠纷的妥善解决。

（3）在允许买方确定装运时间或目的地时，订明买方负有对此及时通知卖方义务的条款也十分必要。当买方因市场波动等原因不通知或延迟通知致使卖方无法按时装运时，由此产生的风险及额外费用由买方承担，时间始于规定的启运日或装运期届满之日。

6. CIP

CIP 术语是指卖方除具有 CPT 术语相同的义务外，还需对货物在运输途中灭失或损坏的买方风险取得货物保险，订立保险合同，并支付保险费。

与 CIF 相似，CIP 合同也属于装运合同，卖方按运输合同要求向承运人交付货物后，交货义务完成，无须保证到货。此外，卖方通常是根据买卖合同约定的险别投保，如果双方事先未在合同中规定保险险别和保险金额，按惯例卖方只需按最低责任的保险险别和最低保险金额投保，最低保险金额为合同金额的 110%。

FCA、CPI 和 CIP 三种贸易术语是从 FOB、CFR 和 CIF 这三种传统术语发展而来的，其责任划分的基本原则是相同的，但也有区别，主要表现在以下几个方面：

（1）适用的运输方式不同

FOB、CFR 和 CIF 仅适用于水上运输方式，而 FCA、CPT 和 CIP 则适用于包括多式联运在内的各种运输方式。

（2）交货和风险转移地点不同

FOB、CFR 和 CIF 的交货地点及风险转移地均以装运港船舷为准。而 FCA、CPT 和 CIP 则需提前到货交承运人（多式联运时为货交第一承运人）为界。

（3）装卸费用负担不同

FOB、CFR 和 CIF 的卖方承担货物在装运港船舷为止的一切费用，CFR 和 CIF 还需要支付到目的港为止的正常运费。但货物装船是一系列连续的作业，各港口的习惯做法又不尽一致，所以，在 FOB 合同中，需明确装船费由何方负责，CFR 和 CIF 合同则要确定卸货费由何方支付。而涉及水上运输的 FCA 的卖方费用承担提前到货交承运人为止，所以装卸船的费用自然包含在运输合同中由办理运输的买方支付。至于 CPT 和 CIP 的卖方，则需支付向后延伸到目的地为止的运费，其中包括了装卸船费用，费用的划分十分明确，无须特别指明。

（4）提供的货运单据不同

FOB、CFR 和 CIF 术语下，卖方一般应向买方提交海运提单，而 FCA、CPT 和 CIP 术语则需要视运输方式而区别，由铁路运单、公路运单、邮包收据和多式联运单据等多种选择。

第三节 收付方式

从事国际贸易的买卖双方当事人经常大量发生贷款结算，以结清双方间的债权、债务关系，称之为国际贸易结算，它是伴随着国际贸易而产生发展的。国际贸易的结算方式又称为收付方式，结算工具也有货币与票据之分，但总体来讲，都是为了克服国际贸易中贸易双方所存在的各种差异。

一、支付工具

（一）货币

货币在国际货物买卖中是计价、结算和支付手段。国际贸易中货币的选择方式有：使用进口国的货币；使用出口国的货币；使用第三国的货币。国际货物买卖选择计价结算货币时，应本着平等互利的原则，充分考虑货币的通用性、稳定性和可兑换性，选用兑换方便、相对稳定的货币，减少汇率变动可能造成的损失。然而，在实际的国际贸易中，现金结算占极小的比例，而且仅限于小量的交易。

（二）票据

使用票据代替现金作为流通手段和支付手段来结算国际债权债务，在国际贸易结算中占据主要地位。票据是国际通行的结算和信贷工具，是可以流通转让的物权凭证，票据可以通过交付及背书连续转让，从而得以广泛流通，既节省了现金使用，又扩大了流通手段。和货币一样，票据可以在流通中实现票据和对价（商品或劳务）的对流。

国际结算中使用的票据主要包括汇票、本票和支票。

1. 汇票

汇票是出票人签发的，委托在见票时或者在指定日期无条件支付确定金额给收款人或持票人的票据。汇票是一种无条件的书面支付命令。根据定义，汇票涉及三方基本当事人：出票人、付款人和收款人。出票人是开立汇票的人。付款人是接受支付命令付款的人。在进出口业务中，通常是进口人或其指定的银行。收款人是受领汇票所规定金额的人。在进出口业务中，通常是出口人或其指定的银行。

根据各国票据法的规定，汇票的要项必须齐全，否则受票人有权拒付。根据《日内瓦统一票据法》的有关规定，汇票必须具备以下基本内容：

(1) 载明"汇票"字样，通常以"Exchange"或"Draft"表示。
(2) 无条件支付委托，不加任何附加条件。
(3) 付款人，即受票人。
(4) 收款人名称。
(5) 付款期限，常见的有即期付款、定期付款和延期付款。
(6) 出票人签章，汇票只有经有权签发的人签发才能生效。
(7) 出票日期和出票地点。
(8) 付款地点，通常是付款人所在地。

若未载明以上规定事项之一，则该汇票无效。

由此可见，汇票的主要当事人为出票人、持票人和受票人，而要实现票据所载明的承担债务（支付一定金额的货币）目的，必须由当事人完成下列行为过程：

(1) 出票人写成汇票并签字，交付收款人，称为出票。汇票一经交付即为不可撤销。
(2) 提示，即持票人将汇票提交付款人要求承兑或要求付款的行为，它是持票人行使债权人权利的前提条件。
(3) 承兑或付款。承兑是受票人根据出票人指令在未来的某个时间付款，但需在提示之刻在汇票上签名表示同意，承诺到时付款责任，而该承诺同样是不可撤销的；付款则是受票人在见到提示的当日或承兑付款的到期日支付给持票人规定金额的货币的行为。汇票一经付款，其所载明各项权利义务即被解除。

另外，如汇票被持票人转让则构成背书转让的行为；如汇票在持票人提示时，遭到不获承兑或不获付款时，则构成退票或拒付行为，此时，持票人拥有向其前者背书人或出票人求偿还汇票金额的权利。

2. 本票

本票是一个人向另一个人签发的保证于见票时或定期或在可以确定的将来时间，对某人或其指定人或持票人支付一定金额的无条件的书面承诺。本票是一种承诺式票据，而票据是命令式票据。

3. 支票

支票是以银行为付款人的即期汇票。出票人在支票上签发一定的金额给特定人或持票人。支票的出票人在签发支票后，应负票据上的责任和法律上的责任。出票人签发支票时，应在付款银行存有不低于票面金额的存款。如存款不足，支票持有人在向银行提示支票要求付款时，就会遭到银行的拒付，这种支票称为空头支票。

二、收付方式

目前，我国进出口业务中所使用的收付方式主要有汇付、托收和信用证三种，其中信用证的使用最为广泛。

（一）汇付

汇付又称汇款，指付款人主动通过银行或其他途径将款项汇交收款人。

汇款中有四个关系人，即汇款人、收款人、汇出行和汇入行。汇付时，汇款人将向汇出行申请取得汇款申请书，汇出行接到申请书后就有义务按汇款申请书要求通知汇入行，汇入行根据与汇出行的代理关系负责将汇款解付收款人。

汇款方式可以分为信汇、票汇和电汇三种。

（1）信汇，是指汇出行应汇款人的申请，将信汇委托证书寄入汇入行，授权解付一定金额给收款人的一种汇款方式。信汇的优点是费用低廉，但时间较长。

（2）票汇，是指汇出行应申请人的要求，代汇款人开出以其分行或代理行为解付行的银行即期汇票，支付一定金额给收款人的一种支付方式。此时，收款人持票上门取款，而无须银行通知。该汇票可以背书转让，而其他汇付方式不具有该特点。

（3）电汇，是指汇出行应汇款人的申请，通过拍发加押电报、电传或 SWIFT 给在另外一个国家的分行或代理行，指示汇入行解付一定金额给收款人的汇款方式。该方式的特点是速度快，但费用较高。

汇付多用于预付货款、定金、赊销、随订单付款、支付佣金、分期付款等场合。

（二）托收

托收是指债权人（出口人）开立以债务人（进口人）为付款人的汇票，委托银行代为收取货款的一种方式。托收方式的主要当事人有四个：

（1）委托人，也称出票人，是指委托银行代收货款的人；

（2）托收行，接受委托代为收款的出口地银行；

（3）代收行，是指受委托银行的委托，直接向付款人收取货款的进口地银行；

（4）付款人，又称受票人，是指汇票上的付款人。

此外，还有提示行，是向付款人做出提示汇票和单据的银行，以及需要时的代理，即委托人指定的必要时在付款地代为照料货物存仓、转售、运回事宜的代理人等两个可以涉及的当事人。一般提示行可由代收行兼之，代收行也可以承担需要时的代理角色。

托收的种类根据托收时金融单据是否附有商业单据，分为光票托收和跟单托收。国际贸易中大多使用跟单托收。

(1) 光票托收，是指出口人开立汇票后不附有商业货运单据，仅凭汇票委托银行向付款人收款的托收，又称资金单据的托收。光票托收因不附带商业单据，所以不牵扯物权的转移和货物的处理，业务程序相当简单，且费用低廉，通常仅用于收取小额贸易从属费用，即多用于支付合同尾款、佣金、样品费等。

(2) 跟单托收，是随附商业货运单据的货款托收，或不附带金融单据的商业单据的托收方式。即出口人开具跟单汇票，委托银行托收货款。跟单托收又分为付款交单和承兑交单两种。

(三) 信用证

信用证是一种银行开立的凭装运单据付款的书面承诺。信用证结算的特点之一就是凭单付款。进口方作为申请人在向开证行申请开立信用证时需要递交开证申请书，进口方填写开证申请书的任务就是将买卖合同条款有效地转化为对出口方提交单据的要求。以 CIF 买卖合同为例，出口方按买卖合同和信用证规定，通过向保险公司投保、商检机构报检、将货物装船发运等履行合同过程，获取信用证通常要求的保险单据、商检证书、海运提单，并连同出口方自己缮制的汇票、发票、装箱单等有关单据，在信用证规定期限内送银行办理结汇手续。这些单据是出口方按买卖合同及信用证要求履约的证据，银行及进口商凭单据付款。从本质上讲，信用证就是买卖合同条款的单据要求及银行的付款保证。

由此可见，信用证是开证银行对受益人的一种付款保证，只要受益人履行信用证所规定的条件，即受益人只要提交符合信用证所规定的各种单据，开证行就保证付款。因此，在信用证支付方式下，开证行成为首先付款人，故属于银行信用。

信用证的特点：

(1) 信用证是一种银行保证文件，它是由开证行以自己的信用做出付款保证，开证行将负第一性付款责任。信用证是以银行付款保证代替商人的付款保证，是一种银行信用。

(2) 信用证是一项自足文件，它是以买卖合同为基础订立的，但一经开出就成为独立于买卖合同以外的另一种契约。买卖合同只对买卖双方有约束力，而信用证是开证行与受益人之间的契约，开证行与受益人以及参与信用证业务的其他银行均受信用证的约束。

(3) 信用证业务是一种纯粹的单据业务，它处理的是单据，而不问有关货物的真实情况。只要受益人或其指定人能提交符合信用证规定的单据，开证行就应承担付款、承兑或议付的责任，开证人就有义务向开证行付款并接受单据。

信用证的种类：

(1) 可撤销信用证和不可撤销信用证。前者是指开证行可不经过受益人同意随时修改信用证或撤销信用证，后者是指信用证一经开证行开出在有效期内未经有关当事人同意，开证行不得撤销或修改信用证。我国的出口业务中原则上不接受可撤销信用证，在国际贸易中也极少采用这种信用证。一般信用证上未注明"可撤销"字样即为不可撤销信用证。

（2）保兑信用证与不保兑信用证。卖方为了保证安全收汇，要求开证行开出的信用证必须由另一家银行（保兑行）保证兑付，即构成保兑信用证。信用证经过保兑后，就由开证行和保兑行两家银行对信用证承担付款的责任，而且首先是由保兑行负责，只要单据正确，保兑行就必须付款。未经保兑的信用证，即为不保兑信用证。

（3）跟单信用证与光票信用证。当信用证规定卖方出具的汇票为跟单汇票时，即为跟单信用证；汇票为光票时即为光票信用证。所谓"跟单"，大多是指代表货物所有权和证明货物已交付运输的单据，主要有货物发票、提单或运单、检验检疫证书、海关及产地证明等国际贸易中主要使用跟单信用证。

（4）即期信用证与远期信用证。前者是指该信用证规定受益人开立即期汇票，开证行见票即付款的信用证，而后者是指该信用证规定受益人开立远期汇票，开证行见票承兑后在规定的期限到期付款的信用证。

（5）可转让信用证与不可转让信用证。前者是指受益人有权指示通知行或议付行，把开具汇票的权利全部或部分转让给另一个人使用。受让人通常称为第二受益人。信用证转让后，由第二受益人办理交货，但原受益人仍需负责合同买卖中卖方的责任。而在信用证上未明确规定"可转让"者均属不可转让信用证。

（6）循环信用证。它是指信用证在被受益人全部或部分利用后，其金额能重新恢复至百分之百新再被利用，直到规定的循环次数或总金额被用完为止。它适用于一些定期、分批、均衡供应和分批结汇的长期供货合同。

（7）备用信用证，又称担保信用证。它代表开证人对受益人承担一项义务的凭证，在此凭证中开证行承诺偿还开证人的借款或开证人未履约时，开证行代开证人支付给受益人代为付款或赔款。如果开证人按期履行合同义务，开证行就无须支付给受益人货款或赔款。

案例分析

国际货物买卖合同中的交单期和交单条件

1. 我国A公司与美国B公司签订了一份国际货物买卖合同，由A公司向B公司销售一批工艺品，双方在合同中约定采用信用证方式付款。合同订立后，B公司依约开来信用证。该信用证规定，货物最迟装运期至9月30日，提单是受益人A公司应向银行提交的单据之一，信用证到期日为10月15日，信用证未规定交单期。A公司于9月12日将货物装船并取得提单，提单的日期为9月13日。10月5日A公司向银行交单仪付，银行以过交单期为由拒绝付款。

请问：银行的做法是否合理？

2. 2008年8月1日，上海A贸易公司［Shanghai A E. &I. Co., No. 1023, Nanjing Road（East）Shanghai, China］与香港N贸易有限公司（Hongkong N Trading Co., Ld, 21Locky Road, Hongkong）签订出口合同（合同号：SAHN0895）。8月4日，上海A贸易公司装运5000打、价值50000美元的纯棉男式衬衫（Pure Cotton Men's Shirts, An No. 9-71323, Size Assortment：S/3 M/b and L/3 per doz.），委托中国银行上海分行办理托收，交单条件为D/P即期，并指定要求中国银行香港分行作为代收行。

任务：请画出该托收流程图。

复习与思考题

1. 什么是国际贸易？
2. 国际贸易有哪些种类？
3. 国际物流与国际贸易有着怎么样的关系？
4. 六种主要的贸易术语分别是什么？这六种贸易术语又是如何使用的？
5. 主要的国际贸易收付方式有哪些？

第三章

>>> 国际物流与电子商务管理

学习目的与要求

- 了解电子商务的基本理论，掌握电子商务的影响以及电子商务的运作模式；
- 牢记电子商务与物流的关系，明白在电子商务下物流的管理模式；
- 了解什么是电子物流，掌握电子物流的功能，熟练掌握电子商务下第三方物流的管理模式。

案例导入

DHC公司的体验营销与整合营销

DHC是日本的一个化妆品品牌，它进入中国市场的时间要比其他欧美品牌晚很多，而对于化妆品营销而言，想在一个新市场中抢得一席之地，即使有大量的营销投入，也未必完全可以实现目标。相比DHC的营销策略，应该说他们很懂市场，他们所做的事情，完全符合市场切入的需要与开展营销的必要元素。

关注DHC的体验营销和整合营销的这些环节，可以对DHC所制定的策略进行深入的洞察。

一、网络病毒营销

互联网是消费者学习的最重要的渠道，在新品牌和新产品方面，互联网的重要性第一次排在电视广告前面。

DHC采用广告联盟的方式，将广告遍布大大小小的网站，因为采用试用的策略，广告的点击率比较高，因为采用了大面积的网络营销，其综合营销成本相对降低，并且营销效果和规模要远胜于传统媒体。

二、体验营销

一次良好的品牌体验（或一次糟糕的品牌体验）比正面或负面的品牌形象要强有力得多。DHC采用试用体验的策略，用户只需要填写真实信息和邮寄地址，就可以拿到 4 件套的试用装。当消费者试用过 DHC 产品后，那么就会对此有所评价，并且和其他潜在消费者交流，一般情况交流都是正面的（假如试用品很差的话，估计牌子就砸掉了）。

三、口碑营销

31% 的被采访对象肯定他们的朋友会购买自己推荐的产品。26% 的被采访对象会说服朋友不要买某品牌的产品。

消费者对潜在消费者的推荐或建议，往往能够促成潜在消费者的购买决策。在铺天盖地的广告攻势下，媒体逐渐有失公正的公关，已经让消费者对传统媒体广告信任度下降，口碑传播往往成为化妆品消费最有力的营销策略。

四、会员制体系

类似于贝塔斯曼书友会的模式，只需通过电话或上网索取 DHC 免费试用装，以及订购 DHC 商品的同时自动就成为 DHC 会员，无须缴纳任何入会费与年会费。DHC 会员还可获赠 DM 杂志，成为 DHC 与会员之间传递信息、双向沟通的纽带。采用会员制大大提高了 DHC 消费者的归属感，拉近了 DHC 与消费者之间的距离。

五、多渠道营销

网络营销是 DHC 营销体系的一部分，当然传统媒体依然会有 DHC 的广告，包括重金聘请代言人等行为，都是在提升品牌的形象，多渠道的营销推广加深了消费者对 DHC 的品牌印记，在接触到试用的机会后，促成购买的可能也大大增加。

整体来看，DHC 近几年的高速发展和其营销策略是密不可分的，或者可以说 DHC 更了解市场，懂得利用新媒体为品牌传播。通过传统媒体、形象代言人提升品牌形象和品牌可信度，对于新产品而言是核心关键；网络的病毒营销能够将传播的点放大化，投入 1 分的成本看到的也许是 10 分的效应；通过体验营销的方式，直面消费者，用产品去改变消费者的消费观念；一旦能够建立品牌信任，DHC 就会在这个消费者影响范围内传播开来，更多的人申请试用，更多的人尝试购买；最终用 DHC 的会员 DM 杂志将用户和品牌紧紧捆绑在一起，不断关注和提醒消费者，自然会促成更多的购买决策和传播影响。

从以上的分析而言，互联网对 DHC 最大的促进有三方面：

（1）降低了营销成本。

（2）大幅度提高了品牌占有市场的速度。

（3）消费者通过互联网对潜在消费者有效的口碑。

这组数据和案例可以引起我们很多的思考，一方面是传统企业如何针对消费者的心态，利用互联网新媒体工具进行有效的营销推广。另一方面，消费者的心态和消费交流的欲望，本身也是一种非常有价值的需求，进而进行商业的转化也十分便利，帮助品牌凝聚精准用户产品的应用，必然会受到商业的青睐。也许这就是社会化商务应该做的事情，而这只是一个时间问题。

第一节 电子商务概述

一、电子商务的基本理论

电子商务是指利用网络,实现整个贸易活动的电子化,即利用简单、快捷、低成本的电子通讯方式,使得买卖双方不需要面对面便可以进行各种商贸活动的商业运营模式。

从贸易活动的环节来看,电子商务可以在多个环节实现,因此,我们也可以将电子商务分为两个层次,一是较低层次的电子商务,如电子商情、电子贸易、电子合同等。二是最完整的也是最高级的电子商务应该是利用互联网进行全部的贸易活动,也就是在网上将信息流、商流、资金流和部分的物流完整地实现,即用户可以从寻找客户开始,一直到洽谈、订货、在线付(收)款、开具电子发票直到电子报关、电子纳税等通过互联网一并完成。

二、电子商务的影响

电子商务是互联网高速发展的产物,是网络技术应用的全新发展方向。互联网所具有的特点,也成了电子商务的内在特征,例如开放性、共享性、全球性、低成本、高效益。目前,电子商务已经极大地超越了作为新的贸易形式所具有的价值,它不仅会改变公司本身的生产和经营活动,而且将影响整个社会的经济运行与结构。

(1)电子商务将传统的商务流程电子化、数字化,一是用电子流代替实物流,如此可以大量减少人力、物力,降低成本;二是突破时间和空间的限制,使得交易活动能够在任何时间、任何地点进行,从而极大地提高效益。

(2)电子商务所具有的开放性和全球性的特点,能够为公司创造更多的贸易机会。

(3)电子商务使公司可以以低的成本进入全球电子化市场,使得中小公司有可能拥有和大公司一样的信息资源,从而提高中小公司的竞争能力。

(4)电子商务重新定义了传统的流通模式,减少了中间环节,使得生产者和消费者的直接交易成为可能,从而在一定程度上改变了整个社会经济运行的方式。

(5)电子商务破除了时空的壁垒,又提供了丰富的信息资源,从而为各种社会经济要素的重新组合提供了更多的可能,这将影响到社会的经济布局和经济结构。

电子商务所带来的这些影响是长久的,在为我们带在来巨大的经济利益的同时,也将大幅提高促进社会生产力,并改变人类的工作方式和生活方式。

三、电子商务的运作模式

电子商务的运作模式有很多种,例如企业对消费者的 B2C 模式(Business to Consumer)、企业对企业的 B2B 模式、消费者对消费者的 C2C 模式、消费者对企业的 C2B 模式，以及企业内部公司对职员的 C2E（Consumer to Employee）模式等。其中最主要的是 B2C 和 B2B 两种模式。

1. B2C 模式

企业对消费者的电子商务，指的是企业与消费者之间进行的电子商务活动。这类电子商务主要是借助于国际互联网所开展的在线式销售活动。最近几年，随着国际互联网的发展，B2C 电子商务的发展像一个新生力量一样方兴未艾。例如，早在 1999 年，南航就意识到，要想在新的竞争环境下占据优势，必须将先进的信息手段充分掌握并加以运用，从而达到降低销售成本、提高企业竞争力之目的。为此，南航开始尝试网上售票的电子商务运营模式并取得成功，凭借电子商务系统和电子客票系统的支持，2005 年网上交易额达到了 40 多亿元，目前南航的网上注册用户已经超过 1100 万人。

2. B2B 模式

企业与企业之间进行的电子商务活动，是指采购商与供应商通过互联网完成谈判、订货、签约、接收发票和付款以及索赔处理、商品发送管理和运输跟踪等整个的商务过程，这种电子商务模式已经存在多年。事实上，这种模式也成了电子商务的重点。

第二节　电子商务与物流

一、电子商务与物流的关系

（一）物流对电子商务的作用

1. 物流是电子商务的重要组成部分

电子商务是集合信息流、商流、资金流以及物流于一体的贸易过程。物流作为电子商务必不可少的环节，通过对物品的储运、包装、运输配送和装卸检验来进行。由于物流环节是直接服务于最终客户的，那么，物流服务水平的高低也在某种程度上决定了顾客的满意度，同时也决定了电子商务能否实现。因此，物流成为电子商务不可缺少的一部分。

2. 物流是实现电子商务的保证

一方面，在当今电子商务高速发展的态势下，使得商品的所有权转移与商品实物的转移相匹配，成为电子商务发展的重中之重。匹配度好，利于提高用户体验，使得物流服务于商流，从而促进电子商务的实现；另一方面，商品的生产与加工都离不开原材料和半成品的运输，而原材料与半成品的运输都需要依靠物流来实现，也就是我们所说的物流保障生产，从而进一步实现电子商务的实现。

（二）电子商务对物流的影响

1. 电子商务促进了物流行业地位的极大提高

在电子商务的环境下，物流企业承担了更加重要的任务，一方面，它为生产企业储存货物，另一方面又为消费者提供了商品实物。随着绝大多数商店、银行的虚拟化，商务事务处理的信息化，多数生产企业的柔性化，可以说，在整个市场上，几乎只剩下物流企业成了区域市场供应的唯一主体，从而极大地提高了物流企业的地位，为物流提供了前所未有的发展前景。

2. 电子商务促进了物流企业的快速发展

随着电子商务的发展，信息流、商流、资金流倾向于电子化发展，但由于物流的实物特性，难以与其他三个环节相适应，这就导致了电子商务整体的脱节。为了弥补这种不足，物流也应该向信息化、自动化、网络化、智能化、柔性化、多功能、高质量化、全球化上发展，从而实现电子商务整体的高速发展。

二、电子商务下的物流管理

1. 优化物流系统网络

物流并不是简单的送货和库存问题，它所要达到的目标也不是简单的送货、库存，建立一个完备的物流系统，才是物流经营者真正应该考虑的问题。

建立完备的物流系统，首先应该明确电子商务的销售目标；其次，要确定物流、配送的服务目标和成本目标（可用一些指标来衡量，如送货频率、反应时间、订货满足率、配送成本等）；接着，要对可用的物流、配送资源进行评估；然后，决定物流、配送的运作流程；最后，决定采用哪一种方式构造物流、配送系统（委托第三方、自己承担、与其他企业合作），从而完成配置物流、配送资源（送货车辆及仓库资源等），物流、配送运作系统设计以及物流、配送系统的管理制度设计。

2. 发挥自己在电子商务中的作用

电子商务企业想要实现较好的发展，需要将自己核心业务以外的业务外包出去，从而起到聚拢资金、人力发展核心业务的作用。如此一来，对于物流企业来讲就是一个寻求合作、促进发展的机会。物流企业应积极地为合作企业培训出适合于合作企业的业务流程，赢得投资机会，从而达成双方长期稳定的合作关系，谋得双赢。

3. 建立符合电子商务要求的物流信息系统

作为电子商务的重要环节，物流行业的发展极为关键，那么，建立适合电子商务需要的物流、配送信息系统也显得尤为重要。物流信息系统的建设趋于透明化也成为了物流信息系统的发展方向。这样一来，有利于消费者对商品的具体情况，消除消费者顾虑，从而刺激订货，达到电子商务与物流的共同发展。

第三节　电子物流与电子商务下第三方物流

电子物流是利用电子化的手段，尤其是利用互联网技术来完成物流全过程的协调、控制和管理，来实现从网络前端到最终客户端的所有中间过程服务。它的主要特点就是前端服务与后端服务的集成。

一、电子物流的功能

1. 订单管理功能

订单管理业务较为复杂，因此，需要通过复杂的软件应用来处理。为了得到较高的效率，订单管理业务需要做到以下工作：

（1）确认订单来源。当电子物流服务提供商接收到一份订单时，电子物流系统会自动识别该订单的来源以及下订单的方式，统计顾客是通过何种方式（电话、传真、电子邮件等）完成的订单。当一切工作结束后，系统还会自动根据库存清单检索订单上的货物目前是否有存货。

（2）支付处理。在顾客提交订单后，还需要输入有关的支付信息，电子物流系统会自动处理信用卡业务以及赊欠账务。如果客户填写的支付信息有误，系统将及时通知顾客进行更改，或者选择其他合适的支付方式。

（3）订单的确认与处理。当顾客的支付信息被处理之后，电子物流系统会为顾客发送订单确认。在这一切工作就绪之后，电子物流系统会对客户的订单进行格式化，并发送到离客户最近的仓储中心。

2. 仓储与分拨

（1）分拣。当仓储中心接收到订单后，就会根据订单内容承担起分拣、包装和运输的任务。在这个阶段中，有的电子物流服务提供商还会提供一些增值服务，如根据客户特殊需求对物品进行包装等。

（2）存货清单管理。仓储与分拨中心同时负责存货清单管理以及存货的补给工作，并由电子物流服务系统进行监测。这种服务将会为制造商提供有效的库存管理信息，使制造商和经销商保持合理的库存。

3. 运输与交付

这一步骤包括对运输的全程管理，具体包括处理运输需求、设计运输路线、运输的实施等。这个过程同时还包括向客户提供通过互联网对货物状态进行实时跟踪的服务。电子物流服务提供商在提供运输与交付业务时也会选择将该项业务向具有运输服务力量的第三方运输公司外包。

4. 退货管理

退货管理业务承担货物的修复、重新包装等任务，这个过程需要处理退货授权认证、分拣可修复货物、处理受损货物等工作。

5. 客户服务

客户关系管理服务包括了售前和售后服务，同时还包括对顾客的电话、传真、电子邮件的回复等工作，处理内容包括存货信息、货物到达时间、退货信息以及顾客意见。客户关系管理不是一个孤立的业务步骤，这项工作与订单管理、仓储分拨、运输、退货管理等环节密切联系，需要相互支持。目前，许多电子物流服务提供商通过内部或者外部的呼叫中心向顾客提供了客户关系管理服务。

6. 数据管理与分析

对于顾客提交的订单，电子物流系统有能力对相关数据进行分析，产生一些深度分析报告。这些经过分析的信息可以帮助制造商以及经销商及时了解市场信息，以便随时调整目前的市场推广策略。这项服务同时也是电子物流服务提供商向客户提供的一项增值服务。

二、电子商务下第三方物流公司的管理模式

1. 供应链模式

供应链对于代理配送的第三方物流公司来讲是一个中心环节。作为物流公司，要管理的就是以一个中间者的身份介入顾客之间的供应链。它的管理与传统的物流公司一样，是构建在一个相互利用、互为先后的流程过程中的，以服务的配套化为导向。

2. 电子化管理模式

全球电子商务的发展将第三方物流推向了技术化、科技化、信息化。TEEMS 是目前全球通行的电子化管理模式，它完全避免了单从某些问题去解决公司问题而永远解决不了公司问题的状态。

3. 系统化管理模式

物流系统就是指公司在活动中各种物流功能，随着采购、生产、销售活动而发生，使得货物的流通效率得以提高的系统。

4. 后勤管理模式

对于第三方物流公司来讲，后勤工作成为了公司正常运作的有力支持。通过后勤工作的协调与活动，第三方物流公司能合理安排代理配送业务活动中的各个环节，对于公司协调与厂商、消费者之间以及公司协调自身运作有着不可估量的作用。

5. 全过程管理模式

全过程控制是物流管理的核心问题。供应商必须全面、准确、动态地把握散布在全球和全国各个中转仓库、经销商、零售商以及汽车、火车、飞机、轮船等各种运输环节之中的产品流动状况，并以此为根据随时发出高度指令，制定生产和销售计划，调整市场求略。对于大型商业机构而言，没有全过程的物流管理，就根本谈不上建立有效的分销网络和供应配送体系。

案例分析

百胜物流降低连锁餐饮企业运输成本之道

对于连锁餐饮业来说靠物流手段节省成本并不容易。然而，作为肯德基、必胜客等业内巨头的指定物流提供商，百胜物流公司抓住运输环节大做文章，通过合理的运输安排来降低配送频率、实施歇业时间送货等优化管理方法，有效地实现了物流成本的"缩水"，给业内管理者指出了一条细致而周密的降低物流成本之路。对于连锁餐饮业 QSR 来说，由于原料价格相差不大，物流成本始终是企业成本竞争的焦点。据有关资料显示，在一家连锁餐饮企业的总体配送成本中运输成本占到 60% 左右，而运输成本中的 55% 至 60% 又是可以控制的。因此，降低物流成本应紧紧围绕运输这个核心环节。以下介绍的是百胜物流降低运输成本的途径。

一、合理安排运输排程

运输排程的意义在于尽量使车辆满载，只要货量许可就应该做相应的调整以减少总行驶里程。由于连锁餐饮业餐厅的进货时间是事先约定好的，这就需要配送中心就餐厅的需要制作一个类似列车时刻表的主班表。此表是针对连锁餐饮业餐厅的进货时间和路线详细规划制定的。餐厅的销售存在着季节性波动，因此，主班表至少有旺季、淡季两套方案。有必要的话，应该在每次营业季节转换时重新审核运输排程表。安排主班表的基本思路是：首先计算每家餐厅的平均订货量，设计出若干条送货路线，覆盖所有的连锁餐厅，最终达到总行驶里程最短、所需司机人数和车辆数最少的目的。

规划主班表远不止人们想象的那样简单。运输排程的构想最初起源于运筹学中的路线原理。从起点 A 到终点 O 有多条路径可供选择，每条路径的长度各不相同要求找到最短的路线。实际问题要比这个模型复杂得多。首先，需要了解最短路线的点数。从图上的几个点增加到成百甚至上千个，路径的数量也相应增多到成千上万条。其次，每个点都有一定数量的货物流需要配送或提取，因此，要寻找的不是一条串联所有点的最短路线，而是每条串联几个点的若干条路线的最优组合。另外，还需要考虑许多限制条件，比如车辆装载能力、车辆数目、每个点在相应的时间开放窗口等。问题的复杂度随着约束数目的增加呈几何级数增长。要解决这些问题，需要用线性规划、整数规划等数学工具。目前，市场上有一些软件公司能够以这些数学解题方法作为引擎，结合连锁餐饮业的物流配送需求做出优化运输路线安排的软件。

在主班表确定以后，就要进入每日运输排程，也就是每天审视各条路线的实际货量。根据实际货量对配送路线进行调整，通过对所有路线逐一进行安排，可以去除几条送货路线，至少也能减少某些路线的行驶里程，最终达到增加车辆利用率、增加司机工作效率和降低总行驶里程的目的。

二、减少不必要的配送

对于产品保鲜要求很高的连锁餐饮业来说，尽量与餐厅沟通，减少不必要的配送频率，可以有效地降低物流配送成本。

如果连锁餐饮餐厅要将其每周配送频率增加1次，会对物流运作的哪些领域产生影响呢？

在运输方面，餐厅所在路线的总货量不会发生变化，但配送频率上升，结果会导致运输里程上升，相应的，油耗、过路桥费、维护保养费和司机人工时都要上升。在客户服务方面，餐厅下订单的次数增加，相应的，单据处理作业也要增加；餐厅来电打扰的次数相应上升，办公用品、纸、笔、电脑耗材等的消耗也会增加。在仓储方面，所要花费的拣货、装货的人工会增加。如果涉及短保质期物料的进货频率增加，那么，连仓储收货的人工都会增加。在库存管理上，如果涉及短保质期物料进货频率增加，由于进货批量减少，进货运费很可能会上升，处理的厂商订单及后续的单据作业数量也会上升。

由此可见，配送频率增加会影响配送中心的几乎所有职能。最大的影响在于运输里程上升所造成的运费上升。因此，减少不必要的配送，对于连锁餐饮企业显得尤其关键。

三、提高车辆的利用率

车辆时间利用率也是值得关注的。提高卡车的时间利用率可以从增大卡车尺寸、改变作业班次、二次出车和增加每周运行天数四个方面着手。由于大型卡车可以每次装载更多的货物，一次出车可以配送更多的餐厅，由此延长了卡车的在途时间，从而增加了其有效作业的时间。这样做还能减少干路运输里程和总运输里程。虽然大型卡车单次的过路桥费、油耗和维修保养费高于小型卡车，但其总体上的使用费用绝对低于小型卡车。运输成本是最大项的物流成本。所有其他职能都应该配合运输作业的需求。所谓改变作业班次，就是指改变仓库和别的职能的作业时间，适应实际的运输需求，提高运输资产的利用率。否则，朝九晚五的作业时间表只会限制发车和收货时间，从而限制卡车的使用。

如果配送中心实行24小时作业，卡车就可以利用晚间二次出车配送，大大提高车辆的时间利用率。在实际的物流作业中，一般会将餐厅分成可以在上午、下午、上半夜、下半夜4个时间段收货，据此制定仓储作业的配套时间表，从而将卡车利用率最大化。

四、尝试歇业时间送货

目前城市的交通限制越来越严,卡车只能在夜间时段进入市区。由于连锁餐厅运作一般到夜间 24 点结束,如果赶在餐厅下班前送货,车辆的利用率势必非常有限。随之而来的解决办法就是利用餐厅的歇业时间送货。歇业时间送货避开了城市交通高峰时间,既没有顾客的打扰,也没有餐厅运营的打扰。由于餐厅一般处在繁华路段,夜间停车也不用像白天那样有许多顾忌,可以有充裕的时间进行配送。由于送货窗口拓宽到了下半夜,使卡车可以二次出车,提高了车辆利用率。

在餐厅歇业时段送货的最大顾虑在于安全。餐厅没有员工留守,司机必须拥有餐厅钥匙,掌握防盗锁的密码,餐厅安全相对多了一层隐患。卡车送货到餐厅,餐厅没有人员当场验收货物,一旦发生差错很难分清到底是谁的责任。双方只有按诚信的原则妥善处理纠纷。歇业时间送货要求配送中心和餐厅之间有很高的互信度,如此才能将系统成本降低。所以,这种方式并非在所有地方都可行。

▶ 案例思考

(1) 试述运输成本的分类与构成。
(2) 结合实际讨论提高车辆利用率的途径。
(3) 百盛物流降低成本的方法存在哪些局限性?

▶ 复习与思考题

(1) 什么是电子商务?
(2) 简述电子商务下的物流体系。
(3) 电子商务与物流存在着什么样的关系?
(4) 电子商务下的第三方物流管理模式是什么?
(5) 电子商务的运作模式有哪些?

第四章
>>> 国际物流中心

学习目的与要求

- 学习什么是国际物流中心以及掌握国际物流中心的特点、类型；
- 了解外贸仓库的含义，学习外贸仓库的类型；
- 掌握保税仓库允许存放的范围以及报税仓库的类型；
- 学习保税区的含义以及形式，了解中国保税区的发展情况；
- 学习了解什么是保税物流中心，以及它的分类有哪些；
- 掌握自由经济贸易区的分类、分布以及将自由经济贸易区对国际物流和国际贸易的影响作为重点加以理解、掌握；
- 了解贸易口岸的含义、分类，学习其作用和地位，了解我国现如今贸易口岸的现状。

案例导入

2025年郑州将建成国际航空物流中心，成为"中国孟菲斯"

目前，中国民航发展的不均衡性比较突出，缺少一个内陆的枢纽来支撑全国的民航网络，而郑州刚好具备建设成全国性甚至全球性区域交通枢纽的条件。

为此，河南计划用12年的时间，把郑州建成国际航空物流中心，建成名副其实的中国的"孟菲斯"：到2025年，货邮吞吐量突破300万吨，郑州机场将跻身全国前列。

一、枢纽条件

按照适度超前的原则，推进大型航空枢纽建设，强化陆空交通衔接，构建设施先进、网络完善、支撑有力、运行高效的航空货运集疏系统。

建空中货运枢纽郑州最具条件

国家发改委基础产业司副司长吴晓认为，目前我国民航发展的不均衡性比较突出，缺少一个内陆的枢纽来支撑全国的民航网络，因为北京、上海、广州"三大"枢纽都在沿海地区。到底内陆地区谁具备条件和实力？中西部地区省份都在争。国家发改委印发的《规划》一锤定音，为各地之争画上了句号。

"我们从交通和民航的角度认为，郑州具备建设成全国甚至全球性区域交通枢纽的条件。"吴晓表示。

关于航空枢纽的问题，被称为中国临空经济第一人的中国民航大学临空经济研究所所长、航空物流研究中心主任曹允春博士表示，虽然郑州机场客货运的增长率都排在全国第一，但未来可持续发展这一块，还必须有一个更深的研究和规划。

二、国际枢纽

建设机场货运枢纽，有序推进《郑州新郑国际机场总体规划》实施，建成第二跑道、第二航站楼，适时研究建设货运专用跑道、第三航站楼。

孟菲斯，一座位于美国中南部农业区的中等城市，因为拥有全球第一大货运吞吐量的空港而扬名天下。资料显示，孟菲斯机场的航空货运业务经济影响力占到孟菲斯经济和就业的94%。

郑州机场的发展目标，就是做中国的"孟菲斯"，成为我国重要的国际航空物流中心。

隶属于郑州机场的河南民航客货服务公司总经理马飞介绍，下一步，郑州机场计划新建4个货机位，使货机位达到9个。开工建设近7万平方米的新货运仓库，为货代企业建设二级周转库。而且，机场二期建设中，还专门规划了货运专用跑道。

到2025年，货邮吞吐量突破300万吨，郑州机场将跻身全国前列。

根据规划目标，我省争取用12年的时间，把郑州机场建成国内重要的国际航空物流枢纽，届时它将成为名副其实的中国"孟菲斯"。

三、交通中心

建成郑州机场综合交通中心，实现客运零距离换乘。哪种交通工具都可"零换乘"。

在2012年已开工建设的郑州机场综合交通枢纽工程，是郑州三大枢纽站之一。建成后，郑州机场将成为继上海虹桥机场之后，全国第二个将城际铁路、高速公路、高速铁路等多种交通方式立体引入、有效衔接的机场。

届时，想到郑州机场乘坐飞机，无论选择城际铁路、高铁，还是长途汽车、出租车、公交等交通工具，下车后都可直奔候机大厅转乘，实现"零距离"换乘。

四、航线网络

强化与国内外大型枢纽机场的合作，发展货运中转、集散业务。拓展优化航线网络。以连通国际枢纽机场为重点，开辟航线、加密航班，打造轮辐式航线网络，积极发展全货机航班，构建联系全球的空中通道。

针对美欧亚非澳都开新航线建成全球空中通道

美国北卡罗来纳大学柯南-弗拉格勒商学院教授约翰·卡萨达博士，在接受河南商报记者采访时表示,随着"速度经济"的重要性堪比规模经济和范围经济等,许多产业被吸引到机场地区周边,因为在那里它们能够快速地与全球市场连通。

中国国际货运代理协会副会长刘学德认为,郑州机场货运市场并不是和一个地区竞争,而要参与到国际竞争中。正因为如此,在开辟航线上,下一步我省将有针对性和具体目标。

美洲方向,以安克雷奇、芝加哥、洛杉矶等枢纽机场为主要通航点,辐射美洲各主要机场。

欧洲方向,以莫斯科、阿姆斯特丹、法兰克福等枢纽机场为主要通航点,辐射欧洲各主要机场。

亚洲方向,以香港、迪拜、东京等枢纽机场为主要通航点,辐射亚洲、串飞其他机场。

澳洲方向,以悉尼、墨尔本机场为主要通航点,辐射澳洲大陆。

非洲方向,以迪拜机场为中转点,连接非洲主要机场。

五、空运货量

支持国内外大型航空公司、快递物流企业在郑州机场设立基地、增加运力,建设区域运营中心和快件处理中心。聚集航空货量吸引快递物流企业。

中国临空经济研究中心秘书长马剑说,郑州可以利用自身的区位优势、交通优势,聚集航空货量。"如果你的量很大的话,在与国外的快递企业、航空公司的谈判中就有优势,谈判能力就强了。"

去年,我省新引进的国泰、UPS、国货航和南航等航空公司投放了全货机运力,新开辟货运航线6条,新增通航城市10个。不仅如此,还把富士康、辛克、乔达、顺丰、申通等国内外航空物流和货运代理企业引入郑州。

前段时间,卢森堡货运航空公司、比利时TNT航空公司等,先后到郑州机场考察,洽谈合作事宜。

六、基地航空

做大做强现有基地航空公司,培育发展地方航空公司。

俄罗斯空桥将建亚洲货运基地。俄罗斯空桥货运航空公司副总裁、亚洲区总裁罗伯特·宋说,下一步,空桥货运航空公司要在郑州建亚洲航空货运基地。为了把这个基地建在郑州,他去年来了约40趟洽谈具体细节。

南航方面也表示,将在郑州新建7万平方米的国际货运仓库,计划把郑州打造成南航货运区域枢纽。

罗伯特·宋说,不但要投飞机,而且要把郑州作为亚洲的基地。这也是对郑州想要成为国际航空货运枢纽的一个非常好的消息。

第一节 国际物流中心概述

一、国际物流中心的含义

物流中心是指组织、衔接、调节和管理物流活动的节点,是仓库在功能和形态上发生变化的产物。仓库最原始、最基本的功能是储存功能,是为生产和其他使用部门储存、保管必要的原材料、半成品或成品的,是对入库物品进行维护、保管的静态管理。但是,随着市场经济的发展,市场竞争日趋激烈,产品的周期越来越短,产品的周转速度越来越快,仓库的功能便由最初的静态管理变为了动态管理,这一点在现代物流上体现得尤为明显。仓库作为物流系统的节点,致力于物品在仓库中不停留或者少停留,在对货物进行分货、配货后立即出库,从而使得仓库有了流转功能,也就成了现代意义上的物流中心。

相对于一般的物流中心,国际物流中心的概念就更为广泛了。国际物流中心是指大规模的集结、吞吐货物的场所,是国际物流网络中的主要节点,其中包括外贸仓库、保税仓库、保税区、保税物流中心、自贸区、港口等。这些场所通常由政府部门和物流服务企业共同筹建。

二、国际物流中心的特点

1. 综合性功能强

国际物流中心除了具有物流中心的功能,例如运输、储存、保管、分拣、装卸、搬运、配载、包装、加工、信息传递、结算等之外,还具有服务于对外贸易功能,例如单证处理、物品展示、货运代理、报关检验、报税及对外产品加工等功能。

2. 为国际贸易服务

国际物流中心都是围绕本国贸易或者转口贸易来提供物流服务的,国际物流中心承担着大规模的外贸物流,拥有完善的物流服务体系,并聚集了大量的国际知名物流企业,能够提供国际化、专业化、多样化的综合物流服务。

3. 物流辐射的范围广

国际物流中心既为本国或本地区提供物流服务,也为其他国家或者其他地区提供物流服务,其服务网络从国内延伸至国外。

4. 提供高效的物流服务

国际物流中心因拥有现代化的仓储设施,又因交通便利,集合运输设备、公共物流信息平台等硬件条件与软件条件,从而具有现代化的物流基础设施和高效率的物流技术，能够为客户提供全方位的综合物流服务。

三、国际物流中心的类型

1. 按照物流中心的建设者划分，可以将物流中心分为生产企业物流中心、商业企业物流中心、仓储运输物流中心、社会公众物流中心；

2. 按照物流中心经营主体来划分，可以将物流中心划分为自营物流中心、公共物流中心；

3. 按照物流中心的功能划分，可以将物流中心划分为集货中心、分货中心、转运中心、加工中心、配送中心以及物资交换中心；

4. 按照物流中心的布局来划分，可以将物流中心划分为辐射型物流中心、吸收型物流中心、聚集型物流中心。

第二节 外贸仓库

一、外贸仓库的含义

在外贸活动中，进出口货物都会存在或长或短的相对停滞阶段，这就是外贸仓库的储存保管阶段。作为国际物流的重要节点，外贸仓库既担负着进出口商品存储保管工作，又担负着出口的加工、挑选、整理、包装、刷唛、备货、组装和发运等一系列的任务。外贸仓库管理水平的高低是影响仓储企业经营管理水平和效益高低的重要因素，也对一个国家或地区对外贸易的发展有着深刻影响。

二、外贸仓库的分类

为了较好地发展对外贸易，需要充分利用外贸仓库的各种功能，加强管理。所以，首先应该对各种的外贸仓库有一个了解，根据不同的标准，可以将外贸仓库分为不同的种类。

1. 按照仓库在商品流通中的重要职能划分

（1）口岸仓库

口岸仓库大多设立在商品集中发运的沿海港口城市，它的主要职能是售出口岸和内地外贸业务部门收购的代运出口商品和进口分拨的商品，因此，我们也称口岸仓库为周转仓库。

（2）中转仓库

中转仓库主要设立在商品集中生产的地区和出运港口之间，其主要职能是按照商品的合理流向，收储转运本省和外地经过口岸出口的商品。

(3) 加工仓库

加工仓库也叫加工工厂，它的特点是将商品加工业务与仓储业务结合在一起，主要职能是对某些出国商品进行必要的挑选、整理、分装、改装和为适应流通需要的加工，以方便存储、运输和满足国际市场的需要。

(4) 存储仓库

存储仓库的主要职能是用于储存代销的出口商品、援外的储备物资、进口待分拨和出口业务需要的物资等。

2. 按照储存商品的性能来划分

(1) 通用仓库

它的主要职能是用来储存一般没有特殊要求的工业品或农业用品的仓库。在各类对外贸易仓库中占比重最大。

(2) 专用仓库

其主要职能是用于储存某一类商品的仓库。在保养技术设备方面，拥有密封、防虫、防霉、防火以及监测等设施，以确保特殊商品的质量安全。

(3) 特种仓库

主要职能是存储具有特殊性质，要求使用特别保管设备的商品，例如化学危险品、易腐蚀品、石油及部分医药商品等。利用专门的设备，如冷藏库、保温库、危险品仓库等来完成存储。

3. 按照仓库的主体来划分

(1) 自用仓库

由各进出口专业公司经营管理的仓库。

(2) 公用仓库

由外贸运输公司经营管理，为各进出口专业公司的商品流通服务的仓库。

(3) 保税仓库

根据有关法律和进出口贸易的规定，专门保管国外进口而暂未缴纳进口税的商品的仓库，由海关统一进行监督和管理。

第三节　保税仓库

一、保税仓库的含义

如今，国际贸易的快速发展，使得贸易方式日益多样化且日趋灵活，例如进口原材料、配件进行加工装配后复出口、补偿贸易、转口贸易、期货贸易等贸易方式。假如每一笔贸易往来都要经历在进口时征收关税，复出时再申请退税的流程，这种烦琐的手续必然会加大货物的成本，增加国际贸易风险，对发展外贸不利。而保税仓库的建立，恰好能够降低进口货物风险，有利于鼓励进口，鼓励外国企业在本国投资，营造良好的投资环境。

保税仓库的设立需要专门的批准，其中外国货物的报税期一般最长为两年，在这个时期中可将货物存放在保税仓库中，经营者在此期间内如果能够找到适当的销售时机，那么，在销售实现之后，可以再进行关税等通关手续；反之，如果在期限内未能将货物销售完毕，可将余货再运往其他国家，保税库所不再收取关税。

二、保税仓库允许存放的范围

根据我国的保税仓库制度可以知道，我国的保税仓库是由海关批准并进行监督的，保税仓库允许存放的货物范围如下：

（1）缓办纳税手续的进口货物

主要包括进口国因工程、生产等需要而在造成的预进口货物，这些货物存储在保税仓库中，随需随提，并办理通关手续，余货免税退运。也包括因进口国情况变化、市场变化等因素所造成的暂时无法决定去向的货物，或者是无法做出最后处理的进口货物。

（2）需做进口技术处置的货物

货物到库后，根据进口国需要，通过进行包装装潢，更改包装尺寸或其他处理之后，便可以进入报税仓库，符合进口国要求则内销完税，否则免税退返。

（3）来料加工后复出的货物

为鼓励"两头在外"的国际贸易战略的实施，对于在保税区或者保税仓库完成的某些来料进行加工，加工后这些货物复出口，则可以保存在保税仓库。

（4）过境转口的外销货物

这种货物分为三类，一是内销无望进行转口的货物；二是存放在报税仓库中有利于转口的货物；三是无法向第三国直接进口而需要转口的货物。

三、保税仓库的类型

（1）专业性报税仓库

专业性保税仓库由有外贸经营权的企业，经海关批准而建立的自己管理、自己使用的保税仓库。

（2）公共保税仓库

公共保税仓库是具有法人资格的经济实体，是由海关批准建立的综合性的保税仓库。这类保税仓库只为国内外保税货物持有者服务，不参与进出口商品的经营。

（3）保税工厂

保税工厂是在海关的监管下，整个工厂或者专用车间专门的进行生产进料加工、进料装配复出口产品的工厂。

(4) 海关监管仓库

主要用于存放已经入境但其所有人未能前来提取的货物或者行李物品；或者是无证到货、单证不齐、手续不完备以及违反海关规程，导致海关不予放行，需要暂时存放在海关，由海关进行监管处理的货物；或出口监管仓库，专门存储已经对外成交并已经结汇但是海关暂时不批准出境的货物。

第四节 保税区

一、保税区的含义及其形式

保税区，又称保税仓库区，是海关设置的或经海关批准注册的受海关监管的特定地区和仓库。国外商品存入保税区内，可以暂时不缴纳进口税；若再出口，也无须缴纳出口税沉品，可以在保税区内进行储存、分装、混装、加工、展览等。有的保税区允许在区内经营保险、金融、旅游、展销等业务。

保税区的形式包括指定保税区、保税货栈、保税仓库、保税工厂、保税展厅等。

(1) 指定保税区

为了在海港或国际机场简便、迅速地办理报关手续，为外国商品提供装卸搬运和临时储存的场所。

(2) 保税货栈

报税货栈是经海关批准用于装卸、搬运或暂时储存进口商品的场所。

(3) 保税工厂

保税工厂是经海关批准，可以对外国商品进行进料加工、制造、分类以及检修等业务活动的工厂或专用车间。

(4) 保税展厅

保税展厅是经海关批准，在一定期限内用于陈列外国货物进行展览的保税场所。

二、中国保税区的发展状况

1990 年，经国务院批准，借鉴国际通行做法，中国按照自由贸易区模式建立了中国第一个自由经济区——上海外高桥保税区，随后在短短几年里，又先后建立了深圳沙头角、深圳福田、烟台、青岛、天津港、大连大瑶湾、张家港、宁波、厦门、福州、广州和海口等保税区，总启动面积达 17.6 平方千米。截至 2013 年 1 月，我国政府已经批复了 31 个综合保税区。由海关参照有关规定对综合保税区进行管理，执行保税港区的税收和外汇政策集保税区、出口加工区、保税物流区、港口的功能于一身，可以发展国际中转、配达、采购、转口贸易和出口加工等业务。

在目前的保税区中,有依托港口的,如天津港、沙头角、上海外高桥、广州、青岛、宁波、汕头的保税区;有依托开发区的,如大连、厦门、福州的保税区;还有既不在开发区又不临港口的福田保税区,依托内河港口的张家港保税区。为吸引外资,各保税区都投入了大量的资金用于保税区的基础设施建设,并参照国外自由贸易区的有关经验,结合我国具体情况,制定了一系列政策法规,以确保保税区按国际惯例办事,为投资者提供可靠的保障。

保税区是中国目前开放度最大的地区,其设立目的在于改善投资环境和吸引外资,是20世纪90年代实行全方位开放战略、发展外向型经济和对外开放纵深发展的新产物,是对我国20世纪80年代建立的"经济特区""经济技术开发区"等开放形式的补充和发展。保税区在大力发展对外贸易的同时,积极开展出口加工、仓储、金融、保险等业务,在招商引资、出口加工、国际贸易、转口贸易和仓储等方面发挥了重要的作用,有力地带动了区域经济的发展,推动了所在地区和全国经济的发展。

20世纪80年代以来,国际上自由经济区发展的一个重要特点是突破传统的自由港、自由贸易区、出口加工区的模式,由原来的单一功能向着多功能综合型方向发展,它们不仅重视对外贸易,也重视出口加工,并把金融、保险、旅游等第三产业引入自由经济区。我国综合保税区从其性质、功能以及运作方式上看,基本上类同于国外的自由贸易区或自由经济区。

保税区和保税仓库的出现,为国际物流的海关仓储提供了既经济又便利的条件。在国际贸易中,有时会出现对商品无法处理的情况,买主(或卖主)就可以将商品暂时存在保税仓库。若商品最终复出口,则无须缴纳关税或其他税费;若商品内销,可将纳税时间推迟到实际内销时为止。这就可以减少货物的运输时间,加速商品和资金周转,实现国际物流的高效率运转。

第五节 保税物流中心

保税物流中心是指封闭的海关监管区域,并且具备口岸功能。我国保税物流中心的设立一般靠近海港、空港、陆路交通枢纽及内陆国际物流需求量较大、交通便利、设有海关机构且便于海关集中监管的地方,设置符合海关监管要求的安全隔离设施、视频监控系统等监管、办公设施;计算机管理系统应能提供海关查阅数据的终端设备,并按照海关规定的认证方式和数据标准,通过"电子口岸"平台与海关联网,以便海关在统一平台上与国税、外汇管理等部门实现数据交换及信息共享;并需经省级人民政府确认,符合地方经济发展总体布局,满足加工贸易发展对保税物流的需求。仓储面积一般东部地区不低于10万平方米,中西部地区不低于5万平方米。

我国的报税物流中心分为两种：

1. A 型保税物流中心

A 型保税物流中心是指经海关批准，由中国境内企业法人经营、专门从事保税仓储物流业务的海关监管场所。A 型保税物流中心可以分为公用物流中心和自用物流中心。公用物流中心是指由专门从事仓储物流业务的中国境内企业法人经营，向社会提供保税仓储物流综合服务的海关监管场所。自用物流中心是指中国境内企业法人经营仅向本企业或者本企业集团内部成员提供保税仓储物流服务的海关监管场所。

2. B 型保税物流中心

B 型保税物流中心是指经海关批准，由中国境内一家企业法人经营、多家企业进入并从事保税仓储物流业务的海关集中监管场所。设立 B 型物流中心的申请由直属海关受理，报海关总署审批。企业自海关总署出具批准其筹建物流中心文件之日起一年内向海关总署申请验收，由海关总署会同国家税务总局、国家外汇管理局等部门或者委托被授权的机构进行审核验收。

物流中心验收合格后，由海关总署向物流中心经营企业核发"保税物流中心（B 型）验收合格证书"和"保税物流中心（B 型）注册登记证书"，颁发标牌。物流中心在验收合格后方可开展有关业务。获准设立物流中心的企业确有正当理由未按时申请验收的，经直每关同意可以延期验收，但延期不得超过 6 个月。如果有特殊情况需要二次延期的，报关总署批准。获准设立物流中心的企业无正当理由逾期未申请验收或者验收不合格的，视同其撤回设立物流中心的申请。

（1）可存入 B 型保税物流中心的货物主要包括：
①国内出口货物；
②转口货物和国际中转货物；
③外商暂存货物；
④加工贸易进出口货物；
⑤供应国际航行船舶和航空器的物料、维修用零部件；
⑥供维修外国产品所进口寄售的零配件；
⑦未办结海关手续的一般贸易进口货物；
⑧经海关批准的其他未办结海关手续的货物。

（2）物流中心经营企业可以开展以下业务：
①保税存储进出口货物及其他未办结海关手续货物；
②对所存货物开展流通性简单加工和增值服务；
③全球采购和国际分拨、配送；
④转口贸易和国际中转业务；
⑤经海关批准的其他国际物流业务。

第六节 自由经济贸易区

自由经济贸易区是一个国家和地区对外开放程度较高的区域,是指一个国家或地区在关境之外的港口或者其他特殊的地区设立的区域。在这个区域内,进出口的商品几乎免征关税,并且允许开展商品的自由储存、展览、拆散、改装、重新包装、整理、加工和制造等业务,从而促进本地区的经济和外贸发展。由于在自贸区关税政策宽松和投资环境良好,所以,不仅对所在国家和地区的外贸、经济发展起到了积极的促进作用,同时也对该地区及其辐射的区域的物流发展起到了极大的带动作用。

一、自由经济区的分类

1. 按照地理位置分类

（1）港口自由贸易区

港口自由贸易区是在港口内划出一个封闭式的隔离区作为自由经济区。它既可以与专用码头连在一起,也可以通过专用通道与码头相连。港口自由贸易区的数量最多,世界上许多成功的自由贸易区都紧靠国际运输港。例如,德国的汉堡港。

（2）机场自由经济区

机场自由经济区是以国际机场为依托的经济区,例如,美国肯尼迪国际机场对外贸易区。

（3）内陆边缘口岸自由贸易区

内陆边缘口岸自由贸易区利用它地处两国（多国）边境的特殊地理位置来发展边境贸易、转口贸易和出口加工,例如,墨西哥在美墨边境上的下加利福尼亚。

2. 按照功能分类

（1）自由港

自由港是世界上出现得最早的自由经济区,划分在本国国境以外,又不属于任何一个国家海关管辖的港口或海港地区。在自由港中,外国商品可以免税进口,可以在自由港中装卸、储存、加工、包装、再出口,也能供自由港内的居民消费。自由港借助于自身在码头港口的良好条件、有利的地理位置、先进的运输装卸设施以及免进出口货物关税、免受海关监督等优惠条件,发挥着国际商品集散地和转运中心的作用。

自由港的分类：

按照开放地区的范围,自由港可以分为两类,一是将港口及其所在城市完全划为自由港；二是限定在港口或者毗邻港口的一块小区域。

按照海关监管范围和贸易管制程度,自由港可以分为完全自由港和有限自由港。

完全自由港的数量较少，一切国外商品都可以免税进出口，在自由港内进行的储存、整理、加工、分级、包装或者其他作业不受海关监督，外国商品只有在进入所在国管制区域时才需要纳税。有限自由港只对少数指定的出口商品征收关税或者实行不同程度的贸易管制，其余商品可享受免税待遇，例如中国香港、新加坡、马来西亚的槟榔屿等，都属于有限自由港。

（2）自由贸易区

自由贸易区又叫作免税贸易区、自由关税区、保税区。自由贸易区数量多、分布广，主要功能是国际贸易。外国商品可以免税进入，在该区内自由储存、分类、包装和简单再加工，然后免税出口。目前，自由贸易区也准许经营出口加工，开设工厂企业，乃至经营房地产、金融、商务、信息咨询等各项业务。有些自由贸易区是由自由港扩展而成的，有些则与自由港无直接联系。自由贸易区可以不设在港口或港口地区，但必须靠近国际航空线、航海线、铁路干线，并且能够提供现代化的高效服务，以便于吸引本国或国外的投资者前来投资、开展贸易等。

（3）出口加工区

出口加工区又称工业自由贸易区。它是指一个国家或地区划出某一区域，准许外国厂商在区内办企业，享受关税优惠待遇。外资企业可以免税进口原材料、机械设备及其他零部件，制成品出口也享受免税待遇。它以开拓国外市场为目标。

出口加工区一般分为两类，即综合性出口加工区和专业性出口加工区。综合性出口加工区是指区内可以生产经营多种出口加工产品，目前世界上绝大多数出口加工区是这种类型。而专业性出口加工区是指区内只准生产经营某种特定的出口加工产品。

（3）科技工业园区

科学工业园区是将科研、教育、生产与贸易相结合的新型自由经济区，是一种特殊的自由经济区的形式。一般设在科研机构和名牌科技大学比较集中、居住环境和教育环境比较优越的大城市或城市近郊，能够提供比出口加工区更大的租税优惠，通过吸引外国资金和高技术人才，研究和开发尖端技术产品，将智力、资金高度积聚在一起，从事高科技研究并对其成果进行测试、生产，有力地促进了科技和经济的发展。例如，美国的"硅谷"、我国台湾的"新竹科学工业园区"等。这种科学工业园区采用一般自由经济区的开发管理手段，对原料、零部件及仪器设备的进口和高技术产品的出口给予关税优惠，并通过其他优惠措施吸引了大量的外资、高技术和专门人才，主要进行高技术产品的研究、开发和生产。

二、自由经济区的分布

1. 欧洲的自由经济区

在欧洲，以南欧、中欧、西欧分布最为集中，东北欧分布密度较低。在南欧中，西班牙建设的自由贸易区最多，中欧瑞士最多。

2. 美洲的自由经济区

北美洲中美国设立自由经济区最多,在1990年已经超过200个,遍及全美各个地区。拉丁美洲的自由经济区呈线性分布。

3. 亚洲自由经济区

世界上一般的出口加工区大部分都集中在亚太地区,其中东盟地区(菲律宾、马来西亚、新加坡、印度尼西亚和泰国)的出口加工区密度高,在世界自由经济区中占有重要地位。近年来,亚太地区的发展中国家和地区正由劳动密集型的纺织、成衣业向技术密集型的电子工业转型。

4. 非洲自由经济区

自20世纪70年代起,非洲共有20个国家设立130多个自由经济区,主要集中在毛里求斯、突尼斯和埃及3个国家。

5. 大洋洲的自由经济区

澳大利亚政府于1986年建立了大洋洲第一个自由经济区。1988年,斐济宣布设立自由贸易区。

三、自由经济区对国际物流以及国际贸易的作用

1. 自由经济区对国际物流的作用

自由经济区可以促进本地区物流以及国际物流的发展。自由经济区是国际物流中多功能的综合物流节点。由于各国的自由经济区普遍的豁免关税和减免其他税收,还在土地使用、仓库、厂房租金、水电供应、劳动工资等方面采取低收费的优惠政策,在自由经济区内,企业可以提供仓储、再加工、展示及各种服务,未售出的各种商品可以暂时储存在这里,可以针对市场需要在区内对商品进行分类、分级、改装和商品展销,以便选择有利时机,就地销售或改运临近市场销售。因其具有优越的地理位置和各种方便及优惠条件,许多自由贸易区都直接经营转口贸易,大量货物流经自由经济区后投放世界市场。

2. 自由经济区对国际贸易的作用

自由经济区具有强大的功能来促进国际贸易的发展。自由经济区凭借减免税收,提供方便商品进出、储存及整理等服务等独特的优势,能够大幅度地降低产品成本,从而增加产品的市场竞争能力,吸引了广大的投资者,极大地促进了国际贸易的发展。据统计,全世界各类自由经济区的贸易额占全世界贸易总额的比重不断提高。中国-东盟自贸区建立后,双方对超过90%的产品实行零关税。中国对东盟平均关税从9.8%降到0.1%,东盟六个老成员国对中国的平均关税从12.8%降到0.6%。关税水平大幅降低有力推动了双边贸易快速增长。

第七节 贸易口岸

一、口岸的概述

口岸，也称为通商口岸，最早是指设在海口的商埠，即国家制定对外通商的沿海港口。但随着现代贸易经济以及国际交往的发展，口岸的功能不仅是原来的经济贸易往来，现在更是在政治、外交、科技、文化、旅游、移民等方面具有重大影响。现在，口岸已经不仅仅是指设在沿海的港口了，而是伴随着陆、空交通运输的发展，国家在开展国际联运、国际航空、国际邮包邮件交换业务以及其他有外贸边贸活动的地方也设置了口岸。例如国际航空港、国际铁路、国际公路上对外开放的汽车站等。

因此，综合来看，口岸是指对外经贸、政治、外交、科技、文化、旅游、移民等往来，并供往来人员、货物和交通工具出入国（边）境的港口、机场、车站和通道，是国家指定的对外往来的门户。

二、口岸的分类

1. 按照批准开放的权限划分

按照批准开放的权限，可以将口岸分为一类口岸和二类口岸。一类口岸是由国务院批准开放的口岸（包括中央管理的口岸和由省、自治区、直辖市管理的部分口岸）；二类口岸是指由省级人民政府批准开放并管理的口岸。

2. 按照出入国境的交通方式来划分

按照出入国境的交通方式来划分，可以将口岸分为港口口岸、陆地口岸和航空口岸。

港口口岸是指在江河湖海沿岸开设供人员和货物出入国境以及船舶来往停靠的通道。港口提供船舶停靠、上下旅客、装卸、储存和驳运货物的服务设施。港口一般由一个或者多个港区组成。

现代化的港口作为一个重要的功能区，也被赋予了更多全新的功能：

（1）装卸和仓储功能：装卸和仓储是港口最基本的功能，主要是对各种货物的装卸、搬运、储存保管、分拨和配送。

（2）运输组织和管理功能：作为一个综合运输体系中的重要枢纽，用最有效的运输组织管理，将各种运输方式有机地结合在一起，能够更好地完成满足客户需求的目标。

（3）贸易功能：在全球的国际贸易中，由90%的贸易运输都是由海运完成的，现代的港口也正在向经济活动的物流中心、贸易中心和资源配置中心发展。

（4）信息功能：一方面，现代港口能够为客户提供市场决策的信息，另一方面，通过是电子数据交换系统的增值服务网络，还能够为客户提供订单管理、供应链控制等物流服务。

（5）服务功能：港口能够提供优质的口岸服务以及生产生活服务，其中包括一关三检、海事、维修、物资供应、居住餐饮、金融、代理、中介、咨询等。

（6）生产加工功能

（7）辐射功能：港口对其腹地的城市有很重要的作用。港口面向国内、外两个扇面的腹地，作为城市的窗口和门户，聚集了国外资本、设备、技术等重要渠道。

（8）现代物流功能：现代港口提供了货物多式联运、仓储、配送、加工改装、包装、通关、商检、保险和信息交换等商品全过程提供供应链服务。

三、口岸的地位和作用

（1）口岸象征着一个国家的主权

口岸权是国家主权的重要体现，哪些港口、车站、机场等通道对外开放，哪些不对外开放，对外开放的程度以及方式的确定，口岸的关闭或者暂时关闭，都是国家的主权。

（2）口岸是对外开放的门户

国家之间的交流与合作在很大程度上是通过口岸得以实现的，同样的，外部的危险腐朽的东西也能够通过口岸的开放趁机而入。因此，加强口岸管理，对维护国家安全、国际利益，保障国内安定局面也具有极其重要的作用。

（3）口岸是国际货物运输的枢纽

作为国际物流系统中的一个子系统和国际货物运输的枢纽，口岸必须与交通运输发展规划相配套；作为对外开放的门户，又必须与外经外贸的发展规划相协调。因此，科学合理地建设口岸，能够吸引外商到本国进行商业洽谈、投资设厂，为货物的直进直出提供方便，从而促进经济，尤其是外向型经济的发展。

四、我国的口岸

1. 我国主要的航空港

我国主要的航空港有北京首都机场、上海虹桥国际机场、广州白云国际机场、香港机场、成都双流机场。而在2013年3月7日，作为国务院批复的全国首个国家级的航空港经济试验区，郑州航空港日后的发展也是不可小觑。

2. 我国的边境口岸

我国的边境口岸有满洲里口岸、二连浩特公路铁路口岸、绥芬河铁路公路口岸、阿拉山口铁路的陆运口岸、凭祥铁路公路陆运口岸、瑞丽公路陆运口岸、霍尔果斯公路运输口岸、图珲长铁路口岸。

3. 我国主要的港口

我国主要的港口有上海港、大连港、秦皇岛港、天津港、青岛港、黄埔港、湛江港、连云港、烟台港、南通港、宁波港、温州港、福州港、北海港、澳门港、香港维多利亚港。

案例分析

世界四大港口向国际物流中心转变

世界港口的发展大体经历了三代，第一代港口功能定位为纯粹的"运输中心"，主要是提供船舶停靠、海运货物的装卸、转运和仓储等；第二代港口的功能定位为"运输中心+服务中心"，除了提供货物的装卸仓储等，还增加了工业和商业活动，使港口具有了货物的增值功能；第三代港口功能定位为"国际物流中心"，除了作为海运的必经通道在国际贸易中继续保持有形商品的强大集散功能并进一步提高有形商品的集散效率之外，还具有集有形商品、技术、资本、信息的集散于一体的物流功能。第三代港口是国际海陆间物流通道的重要枢纽和节点，是区域性乃至国际性的商务中心，是区域性的信息中心目前，世界主要港口中第二代港口仍是发展的主流，但随着经济全球化、市场国际化和信息网络化，一些大型港口已经开始向第三代港口转型。

1. 鹿特丹港

鹿特丹港是西欧水陆交通的要塞，是荷兰和欧盟的货物集散中心，运入西欧各国的原油、石油制品、谷物、煤炭、矿石等都经过这里，有"欧洲门户"之称。目前，该港年吞吐量有超过5亿吨的纪录，当之无愧地占据着世界第一大港的地位。鹿特丹港口物流的发展经验与模式分析如下。

（1）多样化的集装箱运输形式。鹿特丹港是欧洲最大的集装箱码头，它的装卸过程完全用电脑控制，集装箱装卸量已超过30万箱。鹿特丹的集装箱运输形式主要有公路集装箱运输、铁路集装箱运输和驳船集装箱运输。

（2）港城一体化的国际城市。鹿特丹港作为重要的国际贸易中心和工业基地，在港区内实行"比自由港还自由"的政策，是一个典型的港城一体化的国际城市，拥有大约3500家国际贸易公司，拥有一条包括炼油、石油化工、船舶修造、港口机械、食品等部门的临海沿河工业带。

（3）现代化的港口建设。鹿特丹港以新航道为主轴，港池多采用挖入式，雁列于主航道两侧，按功能分设干散货、集装箱、滚装船、液态及原油等专用和多用码头，实行"保税仓库区"制度，构成由港口铁路、公路、内河、管道和城市交通系统及机场连接的集疏运系统。

（4）功能齐全的配送园区。鹿特丹港在离货物码头和联运设施附近大力规划建设物流园区，其主要功能有拆装箱、仓储、再包装、组装、贴标、分拣、测试、报关、集装箱堆存修理以及向欧洲各收货点配送等，发挥港口物流功能，提供一体化服务。

（5）不断创新的管理机制。鹿特丹港务管理局不断在进行功能调整，由先前的港务管理功能向物流链管理功能转变，继续扩大港口区域，尝试使用近海运输、驳船和铁路等方式，来促进对物流专家的教育和培训，建设信息港，发展增值物流。

2. 安特卫普港

安特卫普港是欧洲第二大港、世界第四大港，港口接近欧洲主要生产和消费中心，吞吐量的一半为转口贸易，是欧洲汽车、纸张、新鲜水果等产品的分拨中心，港口运输量几乎100%是国际运输，是强有力的国际物流中心。其港口物流发展的经验与模式分析如下。

（1）完善的交通网络。安特卫普港与世界上100多个国家和地区建立了贸易关系，拥有300多条班轮航线与世界上800多个港口相连，水运与密集的高速公路、铁路为核心的陆运相衔接，形成完善的交通运输网络，保证商品运输的畅通。

（2）良好的硬件设施。安特卫普港拥有汽车、钢材、煤炭、水果、粮食、木材、化肥、纸张、集装箱等专业码头，备有各式仓库和专用设备，建有炼油、化工、石化、汽车装备和船舶修理等工业开发区。

（3）现代化的信息服务。安特卫普港拥有现代化的 EDI 信息控制和电子数据交换系统，使用"安特卫普信息控制系统（APICS）"。私营行业还建立了"安特卫普电子数据交换信息系统（SEAGHA）"，并与海关使用的"SADMEL 系统"以及比利时铁路公司使用的"中央电脑系统"等其他等电子数据交换网相连。

3. 香港港

香港连续7年保持"世界第一繁忙货柜港"的美誉，是世界最大的港口物流中心。其港口物流发展的经验与模式分析如下。

（1）发挥自身特点，利用独特的地理优势。香港以中国内地特别是经济发达的珠江三角洲为腹地发挥自身特点，依托中国大陆，连接欧美，面向东南亚，重点做好占其港口吞吐量83%以上的转口贸易中的中转货运物流，把香港建设成为虚拟供应链控制中心，使得香港物流业的覆盖面积遍及整个内地。

（2）建设基础设施，提供良好的发展条件。香港是世界最大的集装箱港口，其港口物流的基础设施建设投入大、起点高，先进的港口设备堪称世界一流，其物流运作的速度和效率也是首屈一指。

（3）政府扶持，创造优越的发展软环境。中国香港政府一直重视物流业的发展，提出要把香港建成国际及地区首选的运输及物流枢纽中心，香港成立了物流发展督导委员会和香港物流发展局，强化与港口物流相匹配的服务功能，健全法律制度，提供金融与保险等一系列物流援助或服务、快捷高效的海关通关服务等。

（4）重视人才，提高物流管理水平。香港与大学和教育机构合作，培养一流的港口物流操作管理人才，同时通过建立全球公认的公务员廉洁制度，提高港口物流从业人员全员素质，从而提供优质的物流服务。

4. 新加坡港

新加坡不仅有优良的深水港，还兴建了4个集装箱码头，每年可装卸超过1500万个集装箱，是世界上第二大集装箱枢纽港。新加坡的远景目标是把该国发展成为集海陆、空、仓储为一体的全方位综合物流枢纽中心。新加坡港口采取了一系列新举措实这一目标：一方面，调整港口管理策略并制定新措施，准备开放港口允许船舶公司以合资方式拥有自营码头，并欢迎国际上的港口经营集团到新加坡投资发展码头；另一方面，注重技术改造，通过挖掘内部潜力来提高生产力。2002年3月，新加坡海事及港务管理局进行了一项试验性计划，在新加坡海港采用自动识别系统，避免船舶相撞并提高港口航行的安全。其港口物流发展的经验与模式分析如下：

（1）政府支持"一条龙"发展物流。1997年7月，新加坡物流倡导委员会制定发展纲领，同年新加坡贸易发展局联合13个政府机构，展开"1997年物流业提升及应用计划"，先后推出了"1999年物流业提升及应用计划"以及"2001年物流业提升及应用计划"，成功地将运输、仓储、配送等物流环节整合成"一条龙"服务。

（2）物流与高科技的结合。新加坡物流公司基本实现了整个运作过程的自动化，新加坡政府启动"贸易网络"系统，实现企业与政府部门之间的在线信息交换，物流企业都先后斥资建成了电脑技术平台。

（3）专业性强，服务周全。新加坡境内的物流公司专业化、社会化程度高，可以为某一行业的企业提供全方位的物流服务，也可以为各行业的客户提供某一环节的物流服务，物流企业以满足客户需要为出发点和最终归宿点，由物流公司和客户共同研究选择出一种或几种最理想的服务方式，最终找出能最大限度地为客户提供低成本的解决方案。

从以上四大港口发展的状况和措施可以看出，向国际化、规模化、系统化发展形成高度整合的"大物流"，进一步拓展服务功能的"增值物流"，打造技术密集型的"智能港"，以及发展"虚拟物流链控制中心"，是当前港口物流发展的主要特点和趋势。在港口物流发展过程中，港口物流发展轨迹是一个由成本理念到利润理念再到综合物流服务理念的过程。成本理念追求的是降低物流的总成本，利润理念追求的是获取最大利润，而综合物流服务理念则除追求商品自然流通的效率和费用外，还要强化客户服务意识，实转换经营和管理方式，按现代物流的要求进行整合，以客户为中心进行管理和控制，提供完善的物流服务。

案例思考

1. 鹿特丹港是如何向第三代港口转型的？

2. 国际四大港口的国际物流中心建设各自有什么样的特点？
3. 简述把港口将设成为物流中心所具有的优势。

复习与思考题

（1）国际物流中心有哪些特点？
（2）国际物流中心分为几种类型？各自又具有哪些功能？
（3）请分别叙述外贸仓库、保税仓库和保税区的运作模式以及它们之间的区别。
（4）自由贸易区在国际物流中发挥了怎样的作用？

第五章
>>> 国际物流运输方式及其基础设施

学习目的与要求

- 了解并掌握国际航空运输的特点、航空货运组织、航空运输设备、航空运输业务以及操作流程；
- 了解并掌握水路运输的特点、水路运输的基本设备和条件以及水路运输的组织；
- 了解并掌握公路运输的相关概念、公路运输的特点、公路运输的基本设施以及公路运输的类型；
- 了解并掌握铁路运输的相关特点、设备设施以及铁路货物运输的相关概念；
- 了解并掌握国际多式联运的基本定义、特征以及国际多式联运的类型。

案例导入

国际商品车运输集装箱化

有关国际汽车销售商曾经统计过，从瑞典歌德堡沃尔沃汽车生产厂出品的一辆汽车，通过滚装船运输，中间至少有17个人摸过这辆汽车的方向盘，最终到真正消费者手中的时候，这辆汽车几乎是一辆"旧"车了，且不说"赤膊"汽车在运输过程中是否遇到剐蹭或者其他伤害。而用集装箱运输商品车就可以避免这样的问题。

作为一种标准化的先进运输方式，集装箱化运输运用到商品车上，大大提高了运输效率。据估计，国际汽车产量的10%可以用集装箱运输。商品车采用集装箱运输的优势越来越明显。

汽车贸易的发展促进了商品车运输业的发展，商品车运输是一个巨大的市场。但迄今为止，商品车运输手段仍以传统的汽车运输船、铁路运输和公路运车半挂车为主流，商品车已是最后一大类尚未实现集装箱化运输的货物。

20世纪80年代初，人们已开始对集装箱进行汽车堆码技术的研究，1995年英国CSA公司推出了世界上第一台折叠式专用运车箱。近些年，汽车运输集装箱化技术有了较大发展。

商品车集装箱化运输市场竞争激烈。丹麦承运人船务公司为了适应国际汽车市场发展的需要，从2002年2月份开始采用滚装船运输和集装箱化运输两种方式，继续大量运输商品车，使用的是丹麦承运人自己设计制造的一种能装载4辆轿车的40英尺集装箱。与此同时，马士基海陆船务公司也在积极利用自己的优势，发展商品车集装箱化运输，特别是在扩大汽车物流服务范围方面已经超常传统集装箱运输班轮航线，与汽车生产厂商联手引进发展汽车集装箱化运输的关键设备。马士基海陆汽车物流链在管理上进一步透明化，如对汽车装箱时，一律采用条码扫描仪器进行检测，把从厂区运出、进入港口区域的汽车全部进行扫描，凡是汽车身上的所有数据包括存在的问题，全部检测和记录在案，供目的港收货人过目检查，此举深得汽车制造厂商的欢迎。

集装箱化商品车运输，有利于汽车生产的分批经营和把成品车连续小批量送到市场，每天生产出多少辆汽车，就立即按照市场需要，送达市场多少，减少汽车库存量，避免扩大成品车积压造成的非生产性成本上涨。如果不用集装箱装运汽车，而是用滚装船装运，汽车生产厂商必须在汽车产品库存量达到6000辆，再让一艘单船装运量为6000辆的滚装船把它们运走。等候时间太长本身就在给汽车增加成本。

现在汽车从离开装配流水线直到市场销售的流程时间已经缩减到10天以内，否则，将无利润可言。在这种紧迫的市场压力下，汽车生产厂商就不可能指望用滚装船来几千辆一趟装运汽车。商品车集装箱化运输就方便灵活得多。现在全世界有960万只专用集装箱，专门用来装运汽车。每一条国际航运线上的每一艘班轮至少可以有40只装有汽车的特种集装箱。汽车生产厂商当然希望自己的产品走向市场的速度越快越好。

对于国际集装箱承运人来讲，这又是稳定、量大的集装箱货源，非常乐意提供积极和密切的配合。再说商品车集装箱沿用国际集装箱标准，装船绑扎非常容易，集装箱船上的绑扎工具和箱脚插口完全相符，绑扎费用比滚装船低廉得多，绑扎工艺也非常简单而又牢固。

成品汽车从出厂到市场的过程中，汽车本身的质量得到保证。托运人在生产厂把汽车装入集装箱，加上封条，到了目的地后，收货人打开封条和开箱检验汽车，就会发现汽车完好无损。当然，也有人对单船运力达到6000辆汽车的滚装船情有独钟，那就是一些日本汽车生产厂商，用滚装船运输上千辆汽车是常有的事情。但是高档品牌汽车，根据客户的定购要求，大多用集装箱装运，销售高档名车的代理商说，客户通常不愿意定购后再等上6个星期取到汽车，只有商品车集装箱化运输才能确保高档名牌车能够在几天内送到客户手中。

采用集装箱运输，汽车生产厂商可以在自己的厂里进行对产品交货之前的全面检查。汽车在装箱的时候，使用的是自动装置，不用人力，一次性到位，从而避免在目的地的销售市场和汽车成交之前，对在汽车质量全面检查花费过多的人力和物力，此举又可以节约大批成本。

第一节 国际航空货物运输

一、航空运输的特点

自飞机诞生之后,航空运输凭借自身拥有的优势,发展迅速。航空货运同其他运输方式相比有着鲜明的特点,然而这些特点与其他运输方式相比,具有优势也有劣势。

1. 运送速度快

航空货运所使用的运送工具是飞机,最常见的喷气式飞机的飞行时速也高达每小时600到800公里,因此,比其他的交通运输方式要快很多。航空线路通常可在两点之间直线飞行,因此不收地面条件限制,航程就比地面要短上许多,并且运程越远,这个特点就越显著。这一特点恰恰适应了一些特种货物的需求,例如鲜活易腐的货物。在如今的信息化社会,时间成本同生产成本一样,也需要企业考虑的重要因素。

2. 破损率低、安全性好

采用航空货运的货物一般自身价值比较高,因此,地面的操作流程比较严格,这也就降低了货物破碎的概率,同时在运输过程中也不易破损,因此,整个航空货物运输环节中的破损率也比较低,安全性好。

3. 可节省包装、保险、利息等费用

由于航空运输的便捷性和快速性,所要运输的商品在途时间短,周转速度快,从而降低了仓储费用、保险费以及利息支出。又因航空货运周转速度快,这也就加快了资金的周转速度,可以大大增加资金的利用率。再加上航空运输保险制度的完善,货物损失少,货物的包装较其他运输方式都较为简化,包装费用也会适当地降低。

4. 不易受到地面条件的影响,可以内陆地区

航空运输的通道是天空,不会受到地面的限制。这一特点对于地面条件恶劣、交通条件不便的内陆地区非常合适,有利于当地资源的出口,促进当地经济的发展。同时,航空运输相较于公路、铁路运输相比占地面积少,对于寸土寸金、地域狭小的地区发展对外交通十分合适。

5. 运价较高

航空货运技术要求高、运输成本高,因此它的运价也相对较高。考虑到运输成本的问题,一般价值较低、时间要求不高的货物不会选择航空货运。

6. 载量有限

飞机本身载重和容积的限制,因此,运量较其他运输方式较小。

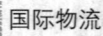

7. 易受天气影响

航空货物运输受天气的影响非常大,如果遇到大雨、大风、大雾等恶劣天气,航班就不能保证准时发出,这对航空货物运输造成的影响较大。尤其是对于鲜活货物,超出一定时间就会降低价值或者失去价值。

二、国际航空货物运输组织

目前,世界上有很多国际性的航空组织,具有较大影响力的主要有两个:一是国际民用航空组织,二是国际航空运输协会。

1. 国际民用航空组织

国际民用航空组织是各国政府之间组成的国际航空运输机构。成立于1947年4月4日,于1947年5月13日正式成为联合国的一个专门机构,总部设于加拿大的蒙特利尔,最高权力机关至少三年举行一次全体成员大会,常设机构是理事会。我国于1974年正式加入该组织,也是理事国之一。

2. 国际航空运输协会

国际航空运输协会是全世界航空公司中最大的一个国际性民间组织。1945年4月在古巴哈瓦那成立,总部设立在加拿大蒙特利尔。

三、航空运输设备

1. 机场

机场是为飞机提供起飞、着陆、停驻、维护、补充营养及组织飞行保障活动所用的场所。

(1) 按照航线的性质划分,可以将机场分为国际航线机场(国际机场)和国内航线机场。

国际机场有国际航班的进出,并设有海关、边防检查(移民检查)、卫生检疫和动植物检疫等政府联检机构。国内航线机场是专门为国内航班使用的机场。我国的国内航线机场包括"地区航线机场"。地区航线机场是指我国内地城市与港、澳等地区之间定期或不定期航班飞行使用的机场,并设有相应的类似国际机场的联检机构。

(2) 按照机场在民航运输网络中所起的作用划分,可分为枢纽机场、干线机场和支线机场。

在我国内地,枢纽机场仅北京、上海、广州三大机场;干线机场是指各直辖市、省会、自治区首府以及一些重要城市或旅游城市(如大连、厦门、桂林和深圳等)的机场,共有30多个。干线机场连接枢纽机场,客运量较为集中。而支线机场则空运量较少,航线多为本省区内航线或邻近省区支线。

(3) 按机场所在城市的性质、地位划分,可分为一类机场、二类机场、三类机场和四类机场。

（4）按旅客乘机目的分，可分为始发/终程机场、经停（过境）机场和中转（转机）机场。

始发/终程机场中，始发和终程旅客占旅客的大多数，始发和终程的飞机或掉头回程架次比例很高。目前国内机场大多属于这类机场。

（5）按服务对象机场可分为军用机场、民用机场和军民合用机场。

2. 飞机

由于飞机的性能、构造和外形基本上由用途来确定的，故按用途分类是最主要的分类方法之一。现代飞机按用途主要可分为军用机和民用机两类，另有一类专门用于科研和试验的飞机，可称为研究机。下面主要是介绍民用机。

（1）旅客机

旅客机用于运载旅客和邮件，联络国内各城市与地区或国家之间的城市。旅客机可按大小和航程进一步分为洲际航线上使用的远程（大型）旅客机，国内干线上使用的中程（中型）旅客机，地方航线（支线）上使用的近程（轻型）旅客机。目前各国使用的旅客机大多是亚音速机。超音速旅客机有两种，其最大巡航速度为两倍音速。中型旅客机使用较为广泛，既有喷气式的，也有带螺旋桨的，如"三叉戟"。

（2）货机

货机主要用于运送货物，一般载重较大，有较大的舱门，或机身可转折，便于装卸货物；货机修理维护简易，可在复杂气候下飞行。

（3）教练机

教练机（民用）用于训练民航飞行人员，一般可分为初级教练机和高级教练机。

（4）农业机、林业机

农业机、林业机用于农业喷药、施肥、播种、森林巡逻、灭火等。大部分属于轻型飞机。

（5）体育运动机

体育运动机用于发展体育运动，如运动跳伞等；可作机动飞行。

（6）多用途轻型飞机

这类飞机种类与用途繁多，如用于地质勘探、航空摄影、空中游览、紧急救护、短途运输等。

农业机、林业机、体育运动机、多用途轻型飞机均属于通用航空范畴。在美、英等国，通用航空一般指既不属于军用航空、也不属于定期民用客货运输的航空活动。

3. 通信与导航设备

通信与导航设备主要包括三部分：通信设备、导航设备以及监视设备。

(1) 通信设备

民航客机用于和地面电台或者其他飞机进行联系的通信设备,主要包括高频通信系统、甚高频通信系统以及选择呼叫系统。

(2) 导航设备

民航客机的导航主要依赖于无线电导航系统,主要的设备有甚高频全向无线电信标/测距仪系统、无方向性无线电信标系统、仪表着陆系统等。

(3) 监视设备

目前实施空中交通监视的主要设备是雷达。它是利用无线电波发现目标,并测定其位置的设备。雷达系统一般分为两种类型,即一次雷达(包括气象雷达、航行雷达、多普勒雷达及监视雷达)和二次雷达。

4. 航路

民航运输服务是航空器跨越天空在两个或多个机场之间的飞行。为了保障飞行安全,必须在机场之间的空中为这种飞行提供相对固定的飞行路线,使之具有一定的方位、高度和宽度,并且在沿线的地面设有无线电导航设施。这种经政府有关当局批准的、飞机能够在地面通信导航设施指挥下沿具有一定高度、宽度和方向在空中做航载飞行的空域,就成为航路。

四、航空运输业务

1. 运输方式的选择

(1) 班机运输

班机是指定期开航的定航线、定始发站、定途经站和定目的站的飞行。可分为两种情况:一是使用客货混合型飞机,即搭载旅客,又运送小批量的货物;二是使用全货机运输的定期的货运航班。

由于班机固定航线和停靠港,并定期开航,收发货人可确切掌握起运和到达的时间,使国际贸易能安全、迅速、准确地到达世界上各通航地点投入市场,特别是对运送国际市场上急需的商品,鲜活易腐货物以及贵重货物的运送是非常有利的,因此,颇受贸易界人士的欢迎。

(2) 包机运输

①整架包机。整架包机即包租整架飞机。指航空公司或包机代理公司,按照与租机人事先约定的条件和费率,将整架飞机租给租机人,从一个或几个航空站装运货物至指定的目的地的运输方式。这种方式适合于运输大批量货物。

包机的费用按次接算,随国际市场供求情况而变化。中国民航包机运费是按每1飞行公里固定费率核收,并对空驶里程按每1飞行公里运价的80%收取空驶费。

②部分包机。部分包机是指由几家航空货运代理公司(或发货人)联合包租一架

飞机，或者是由航空公司把一架飞机的舱位分别卖给几家航空货运代理公司装载货物。这种部分包机形式适合于一吨以上，但不是整架飞机的货物。

部分包机的运费较班机低廉，但运送时间则比班机要长。尽管部分包机有固定的时间表，但往往因天气、航班等原因不能按时起飞，另外，包机方式的活动范围比较狭窄受各国政府的限制。这种部分包机方式，目前在西欧和香港之间开办的较多。

③集中托运。集中托运方式是指航空货运代理公司把若干批单独发运的货物组成一整批货物，集中向航空公司托运，填写一份总运单发运到同一到达站，由航空货运代理公司委托到达站的当地代理人负责收货、报关并分拨给各实际收货人的运输方式。这种托运方式可争取到较零星托运低廉的运价，在国际航空运输中使用比较普遍，也是航空货运代理的主要业务之一。

因为航空公司有按不同重量公布的多种运费，一般来说，每批货物越多越重，按每千克或每磅收取的运费就越低。这就使航空货运代理公司可以把从不同的发货人那里收集的小件货物集中起来，作为一批货物，使用航空公司的较便宜的运价，办理空运。对航空公司来说，若干批货物集中托运，可减少许多手续；对货主来说，可免于自行办理托运之繁，且可节省费用，因为航空航运代理公司公布的集中托运的运价一般都低于航空协会的运价，对货运代理人来说，可争取业务，收取手续费，又可从运费的差价中获得利益。但是，并非所有货物都可办理集中托运。

④联合运输方式。这里指的联合运输方式主要是指陆空联运，即指包括空运在内的两种以上的运输方式的紧密结合的方式，主要有三种类型。火车—飞机—卡车的联合运输方式；火车—飞机的联合的运输方式；卡车—飞机的联合的运输方式。我国空运出口货物经常采用陆空联运方式。具体做法是：用火车、卡车或船舶将货物运至香港，然后利用香港的优势，把货物经香港由飞机空运至目的地或中转地航空站再通过当地代理，用卡车将货物运至目的地。整个运输时间缩短，一般至欧洲用15天左右，且费用为正常班机运费的一半或三分之二。

⑤航空快递业务。

航空快递业务又称快件、快运或速递业务，是由专门经营该项业务的航空货运公司与航空公司合作，派专人用最快的速度，在货主、机场、用户之间传送急件的运输服务业务。这种方式又称为"桌至桌"的运输。航空快运业务有三种形式即从机场到机场；门到门；派专人送货。上述三种运输方式中第一种简单收费低，但不方便；第三种服务周到，但费用较高；一般采用第二种方式。

2. 货物办理托运

进出口公司将合同副本一份或空运货物委托书一份，寄送有关中国对外贸易运输公司，由运输公司办理提货报关托运等工作。

各外贸公司及工贸企业在备齐货物，收到开来的信用证经审核（或经修改）无误后，就可办理托运，即按信用证和合同内有关装运条款，以及货物名称、件数、装运日期、目的地等填写《托运单》并提供有关单证,送交外运公司作为订航班的依据。

办理急件运输的货物,托运人应当在货运单上注明发运日期和航班,承运人应当按指定的日期和航班运出。需办理联程急件货物,承运人必须征得联程站同意后方可办理。限定时间运输的货物,由托运人与承运人约定运抵日期并在货运单上注明。承运人应当在约定的期限内尽快将货物运抵目的地。

货物托运的一般有以下几点规定值得注意:

(1) 托运人托运货物一般应在民航营业时间到航空公司市内货运营业处或承办航空货运业务的航空代理公司货运部办理。托运人如托运大量、超大、超重、大批贵重易碎以及需要特殊照料和赶班机运送的货物,可请托运人或应托运人的要求按约定时间在机场办理。

(2) 托运人托运货物凭本人居民身份证或者其他有效身份证件,填写货物托运书,向承运人或其代理人办理托运手续。如承运人或其代理人要求出具单位介绍信或其他有效证明时,托运人也应予提供。

(3) 托运政府规定限制运输的货物以及需办理公安和检疫等手续的货物,均应随附有效证明文件。

(4) 托运货物的重量、体积、包装、标记均应符合民航的规定。

(5) 在货物中不得夹带政府禁止运输和限制运输的物品及危险品。

(6) 每张货物托运书,只能托运到一个地点一个收货人的货物。属于下列情况者不能用同一张货物托运书托运:

①运输条件不同的货物,如急救药物和普通货物;

②不同运价的货物,如动物和普通货物。

(7) 个人托运的物品,必须在货物托运书上详列物品的内容和数量。

3. 发出装运通知

货物装机完毕,由中国民航签发航空总运单,外运公司签发航空分运单,航空分运单有正本3份、副本12份。正本3份,第一份交给发货人,第二份由外运公司留存,第一份随货同行交给收货人。副本12份作为报关、财务结算、国外代理、中转分拨等用途。

货物装机后,即可向买方发出装运通知,以便对方准备付款、赎单、办理收货。进出口公司凭中国对外贸易运输总公司的分运单或民航的运单办理结汇。货物在运输途中发生是短少破损等事故,属于航空公司责任的,由民航直接向进出口公司赔偿,属于航空你运代理公司责任的,由中国对外贸易运输公司负责联系赔偿。

4. 货物的到达与交付

货物到达和交付是货物运输的最后环节。到达站应迅速、准确地办理提货通知和货物交付，以便于收货人及时使用。

（1）货物到达

①货物到达之后，应该分清货物是在机场还是市区进行提取。对于市区提取的货物，应该按照批次填写货物交接清单（也叫舱单），一般应该在到达当日送市区，最迟不能晚于次日。

②市内货运处在接收到达货物时，应根据清单（舱单）交接，如货物有不正常情况，应在到达清单（舱单）上做出记录，已备考查和明确责任。

③如发现到达货物的重量和货运单所列不符，需补退运费时，应通知出发站向托运人补退运费。如出发站无法办理时，可在交付时向收货人补退。

（2）通知提货

①货物运至到达站后，除另有约定外，承运人或其代理人应当及时向收货人发出到货通知。

②对于能预知收货人名称及到达时间的货物，如报纸纸型、包机货物等，应有知道飞机到达时间后即时通知提货。

③急件货物的到货通知应当在货物到达后 2 小时内发出，普通货物应当在 24 小时内发出。

④如货运单未随货到达，应根据货物外包装的发货标记通知收货人提货；如有疑问，应发电查问清楚或持收到货运单后再作处理，以免通知错误。

⑤通知提货的方法：

a. 电话通知：凡能用电话通知的应尽量用电话通知。在用电话通知时，应交代有关事项，问明受话人姓名，并将通知日期和受话人姓名记录在货运单有关栏内，以备查考。

b. 书面通知：对于不便用电话通知的收货人，可采用邮寄提货通知的办法进行通知。提货通知书采取单页卡片式，交邮局时一律按挂号明信片形式交寄。

（3）提货手续

收货人提取货物应提供下列证明：

①收货人凭到货通知单和本人居民身份证或其他有效身份证件提货；委托他人提货时，凭到货通知单和货运单指定的收货人及提货人的居民身份证或其他有效身份证件提货。如承运人或其代理人要求出具单位介绍信或其他有效证明时，收货人应予以提供。

②收货人提取海关监管和需要检疫等货物时，应办妥有关手续，并携带放行和检疫等证件来提货。

③收货人如遗失提货证明，应向承运人声明，并提出有效证明文件前来提货。

④经常有货物到达的单位，与承运人协商同意后可以出具委托书指定专人凭印鉴提货，不必每次开具证明。

(4) 货物交付程序

①查验收货人的身份证明及其他证件和印鉴，注意防止冒提和误交，查核收货人提货是否超过免费保管期限。

②收清应当向收货人收取的运费、保管费和其他费用。

③根据货运单核对发货标记和货物标签无误后，将货物点件，对号交给收货人；请收货人查看货物是否完整无损，对贵重和重要货物，更应该查验清楚。如果发现不正常情况，可以按照下列办法处理：

    a. 货物包装破损，内件缺少或损坏、重量不符，应和收货人当面检查和复评，填制事故记录。如属承运人责任事故，应按有关赔偿规定办理。

    b. 如货物的缺少或损失、损坏责任不明，应负责进行调查，明确责任，并按调查结果处理。

    c. 保险货物发生短少、损坏应告知收货人，在承运人出具事故记录的 10 天内向所在地保险公司申请办理赔偿。

④将货物点交以后，如收货人对货物的完整无损未提出异议，则视为货物已经完好交付，请其在货运单收货人栏内签收。如货运单未随机到达，应请收货人在货物分批发运单收货人栏内签收。

⑤收货人提取货物并在货运单上签收后，承运人即告完成该次承运任务，解除运输责任。

⑥承运人也应在货运单或分批发运单交付人栏签字，并在提货日期栏注明日期。

⑦到达站应将已交付货物的货运单逐日整理，按日期装订，妥善保存，以备查考。

⑧为了便于查询提取情况，特编制"提取货物登记簿"在交付货物时双方应同时在该登记簿登记签字。

(5) 货物保管期限与保管费

①从发出到货通知的次日起，货物免费保管 3 日。逾期提取，承运人或其代理人挖按规定核收保管费。

②货物被检察机关扣留或因违章等待处理存放在承运人仓库内，应由收货人或托运人负担保管费和其他有关费用。

③动物、鲜活易腐物品及其他指定日期和航班运输的货物，托运人应当负责通知收货人在到达站机场等候提取。对于 14 日无人提取，又无托运人意见的货物，按无法交付货物处理。

五、航空货物运输的业务操作程序

1. 航空公司出港货物的操作程序

航空公司出港货物的操作程序指的是代理人把货物交给航空公司后，直到货物装上飞机的整个操作流程。

（1）预审国际货物订舱单（CBA），此单由国际吨控室开具，作为配载人员进行配载工作的依据，配载人员一般应严格按照 CBA 要求配货。根据 CBA，了解旅客人数和货邮订舱情况，估算本航班最大可利用货邮业载和舱位，预划平衡，了解相关航线上待运货物情况。

（2）整理单据。整理的单据主要包括三个方面的单据：已入库的大货单据、现场收运的货物单据、中转的散货单据。

（3）过磅和入库。检查货物板、箱组装情况，高度、收口等是否符合规定；将货物送至电子磅，记录重量，并悬挂吊牌；对装有轻泡货物的板箱，察看运单，做好体积记录；在电脑中输入板箱号码、航班日期等，将货物上货架。

（4）出港。制作平衡交接单；制作舱单。

2. 航空公司进港货物的操作程序

航空公司进港货物的操作程序指的是从飞机到达目的地机场，承运人把货物卸下飞机，直到交给代理人的整个操作流程。

（1）进港航班预报。填写航班预报本，以当日航班进港预报为依据，在航班预报本中逐项填写航班号、机号、预计到达时间；预先了解货物情况，在每个航班到达之前，从查询部门拿取航班 FFM、CPM、LDM、SPC 等电报，了解到达航班的货物装机情况及特殊货物的处理情况。

（2）办理货物海关监管。有关人员将货运单送到海关办公室，由海关人员在货运单上加盖海关监管章。

（3）分单业务。在每份货运单的正本上加盖或书写到达航班的航班号和日期；认真审核货运单，注意运单上所列目的港、代理公司、品名和运输保管注意事项；联货运单交中转部门。

（4）核对运单和舱单。若舱单上有分批货，则应把分批货的总件数标在运单号之后，并注明分批标志；把舱单上列出的特种货物、联程货物圈出；根据分单情况，在整理出的舱单上标明每票运单的去向；核对运单份数与舱单份数是否一致，做好多单、少单记录。将多单运单号码加在舱单上，多单运单交查询部门。

（5）电脑输入。根据标好的一套舱单，将航班号、日期、运单号、数量、重量、特种、代理商、分批货、不正常现象等信息输入电脑，打印出国际进口货物航班交接单。

（6）交接。中转货物和中转运单、舱单交出港操作部门，邮件和邮件路单交邮局

第二节 水上运输

一、水路运输的工具与条件

（一）船舶的种类

1. 运输船舶的种类

运输船舶是指用于水上客货运输的船舶。运输船舶主要有客船、杂货船、散货船、木材船、集装箱船、滚装船、冷藏船、油船、液体化学船、液化气船、多用途船、驳船等。

2. 集装箱船

集装箱船就是用于装运集装箱货物的船舶，主要是用来专门装运规格统一的标准货箱。集装箱运输可以提高装卸效率，减轻劳动强度，加速了车船周转速度，加快了货物的运达，减少营运费用，降低了运输成本，结合种种优势，集装箱船得到了较快的发展。

目前，集装箱船主要是指全集装箱船。在这种船舶上，全部的货舱和上甲板都装载集装箱，它适用于货源充足稳定的航线。

集装箱船与一般货船相比，具有以下优点：

（1）集装箱船的装卸速度高、在岗时间短。因为集装箱采用规格统一的集装箱的来装运货物，能够提高装运货物的效率，因此，装货速度一般为每小时装卸20－30箱，比一般的杂货船的装卸速度要低得多。因此，集装箱船可以大大节省因为装卸作业而停留在港口的时间。

（2）集装箱船运输能力强。因为集装箱的装卸效率高，停留港口的时间短，因此，船舶周转的速度更快，从而增加了载货量，集装箱船舶的吨位和航速都比较高，大大提高了集装箱船舶的运输能力。

（3）集装箱船劳动强度低。装卸集装箱改变了以往的装卸方式，它的装卸作业实现了机械化，降低了工人的劳动强度，因此能够减少劳动人数。据统计，集装箱运输船的人工数大约缩减了90%。

（4）港口的吞吐能力得到了提高。装卸效率提高后，船舶在港口停留的时间大大缩短，使得港口的使用率高，吞吐能力提高。

（5）集装箱船使得货物的货损和货差有所减少。在集装箱船中，货物都装在集装箱内，所以避免了货物在运输过程中的货损和货差。

在全集装箱船中，其货舱和甲板均能装载集装箱，货舱内也设有格栅式货架，利于货箱的固定，其甲板和货舱平直，上面能够装在2-4层集装箱，通常船上不设起货设备，有利于用码头上的专用设备装卸。

（二）航线的设置与配船

1. 国际海运主要航线

（1）太平洋航线：太平洋航线分为7条航线，分别是远东—北美西海岸各港航线、远东—加勒比海及北美东海岸各港航线、远东—南美西海岸航线、远东—澳新航线、远东—东南亚航线、澳新—北美东西海岸航线、北美—东南亚航线。

（2）大西洋航线：大西洋位于西欧、北美两个世界经济发达的地区，同时也拥有许多优良港湾和深入大陆的内河、内海。苏伊士内河和巴拿马运河与印度洋和太平洋相连接。大西洋航线分为6条，分别是西北欧—北美东海岸航线；西北欧—北美东岸、加勒比海各港口航线；北美东岸、西北欧—地中海、苏伊士运河东方航线；西北欧、地中海—南美东海岸航线；西北欧、地中海—南美东海岸航线；西北欧、北美大西洋—好望角、东方航线；南美东海岸—好望角航线。

（3）印度洋航线：印度洋航线横贯印度洋东西的航线；进出印度洋北部国家各港口的航线；进出波斯湾沿岸国家的航线。

2. 国际海上主要集装箱运输航线

目前，世界上规模最大的三条集装箱航线：

（1）远东—北美航线。远东—北美航线实际上可以分为两条航线，即远东—北美西岸航线和远东—北美东岸、墨西哥海湾航线。

（2）远东—欧洲、地中海航线。远东—欧洲、地中海航线、地中海又称为欧地线。可以分为远东—欧洲航线和远东—地中海防线。

（3）北美—欧洲、地中海航线。北美—欧洲、地中海航线又称为跨大西洋航线。该航线实际上包括三天航线：北美东岸、墨西哥海湾—欧洲航线，北美东、墨西哥海湾—地中海航线和北美西岸—欧洲、地中海航线。

二、水路运输的特点

水路运输作为国际贸易中运用较为广泛的运输方式，同样是优点与缺点并存。

水路运输的优点表现在以下几个方面：

（1）水路运输的运输能力大

水路运输与其他运输方式相比，运输能力基本上是不受限制的。一方面，船舱的货舱容积较大，因此能够载运体积较大的货物；另一方面，船舶的载重量较其他运输方式相比，载重量较大，因此能够承载更多货物。

（2）水路运输的成本较低

海洋货物运输的航道主要是利用天然水域，水域航道的投资主要集中在建设港口和购置船舶之中，因此基础设施建设成本低；同时，水上运输能够节约能源；再加上水上运输运载量大，运输路程远，这些因素综合而来，便成就了水上运输的较低的运输成本的优点。

（3）水路运输的适货性强

由于船舶的运量大，基本上可以适合各种各样的货物，例如超重货物、石油天然气等液态货物等。

水路运输的缺点表现为以下几点：

（1）水路运输的速度慢

大型船舶的体积大、受到水的阻力大，因此航速一般较低。

（2）水路运输的风险高

水路运输中，尤其是海上运输，由于水上运输的运输环境复杂、气象多变，因此，随时随地都可能遇到暴雨、海啸等自然灾害的影响，加之在海上运输中有可能会受到海盗，海上运输遭遇危险的机会大大增加。货物受损之后，因为船舶载物量极大，因此损失也会极大。

（3）水路运输不能提供"门"到"门"服务

水路运输受到自然条件的影响大，如果受到季节影响，例如冬季结冰等因素，则难以保证全年通航，因此，海洋货物运输的安全性和准确性性对较差。另外，水上运输往往需要与陆路运输方式或者通过国际多式联运的方式相结合来完成货物的运输。

三、水路运输与组织

水运的方式有内河运输、沿海运输、近海运输和远洋运输。水路运输的组织方式可以分为两大类，即班轮运输和租船运输。

（一）班轮运输

班轮运输又叫作定船期运输，是指按照船舶事先制定的船期表，在特定的航线上，以定好的挂靠港口顺序和相对确定的定价，经常地从事航线上各港口间的船舶运输。根据班轮运输所采用的运输工具不同，有杂货班轮运输（传统班轮运输）、集装箱班轮运输。

班轮运输的主要特点如下：

（1）班轮运输具有"四定"的特点，"四定"，即定船期、定航线、定港口和相对固定的运价，这也是班轮运输最基本的特征。

（2）班轮运输在货物装船后，由船公司或其他代理人签发提单，并且以此为依据处理运输中的相关问题，因此，在货物装船之前并不需要签订书面合同或者是租船合同。

（3）一般情况下，船公司会要求托运人将货物送到承运人指定的码头仓库进行交货或者指定的码头仓库提货。承运人与货主之间仅约定托运人或收货人必须按照承运人的送货、提货的时间要求交货、提货，否则，应赔偿承运人的仓储、码头作业延长时间等费用。

（4）在班轮运输中，承运人负责货物的装卸、理货作业等工作，一般还负责仓库到码头之间，或相反方向的搬运作业，并承担相关费用。以上费用都已经计入班轮运费率表所规定的费率中，不另收取费用。

（二）杂货班轮运输

杂货班轮运输的服务对象不是特定的、分散的众多货物，而是为多种性质的杂货。

1. 组织杂货班轮运输的条件

组织班轮运输必须满足以下条件：

（1）船舶必须技术性能高、设备齐全；
（2）船员需具有较高的技术、业务水平；
（3）货运程序适合小批量货物接收、运送的货运程序；
（4）有相关的航线港口的船务代理和货运代理网络。

2. 杂货班轮运输的作用

杂货班轮运输的作用如下：

（1）班轮运输只要有舱位，不论货物数量的多少、直运或转运都可以接受。班轮运输有利于一般杂货和不足整船货的小批量货物的运输，货主能节省货物等待集中的时间和仓储费。

（2）由于"四定"的特点，交货时间可以保证，运价相对固定，为贸易双方洽谈贸易价格和运输条件提供依据。

（3）班轮运输长期在固定的航线上航行，能提供专门的、优质的服务，能满足各种货物对运输的要求，能对货物运输质量提供保障。

（4）运输条款的格式化、通用化，使得运输手续简便，方便货主结算。

3. 杂货班轮运价的特点

杂货班轮运价有以下主要特点：

（1）班轮运价是按班轮公司事先公布的运价表和规定计收运费。它具有相对固定的行情。

（2）班轮运价包括货物从装港的船边（船舷）或吊钩至目的港的船边（船舷）或吊钩的全部运输费用。

（3）班轮运输中，承运人不涉及滞期和速遣的费用。

（4）班轮公司或班轮公会一般都有自己的运价表，托运人以此作为支付运费的依据。由于班轮公司一般在某条航线上采取垄断经营的方式，因此，班轮运价属于垄断运价。

(5) 班轮运价由基本费率和附加费两部分构成。

(三) 集装箱班轮运输

由于传统杂货班轮运输中存在手续繁杂、货损货差多、装卸效率低等问题，即使杂货班轮运输采用托盘运输装卸、优化装卸组织流程等技术手段，仍然无法大幅度提高传统杂货班轮的装卸效率。而采用集装箱班轮运输，则具有提高运输效率、便于开展多式联运等优点。

与杂货班轮运输组织相比，集装箱班轮运输组织最大的特点是船舶大型化、高速化，船舶在港停泊时间短、周转快，需要专门对集装箱进行调度和跟踪管理。

(四) 租船运输

租船运输又称不定期船运输，是相对于班轮运输，即定期船运输而言的另一种远洋船舶营运方式。它和班轮运输不同，没有事先制定的船期表、航线、港口和运价。船舶的营运是根据船舶所有人（或船舶经营人）与需要船舶运输的货主双方事先签订的租船合同来安排运输，故称为租船运输。由于租船运输的特点，决定了其适合运输大宗、低值货物，如粮食、煤炭、矿砂、化肥、石油、木材和水泥等。

第三节　公路运输

一、公路运输的相关概念

公路运输是指货物和旅客借助运输工具，例如人力车、汽车等沿着公路向某个方向做有目的移动的过程。

作为现代运输主要的交通方式之一，公路运输与铁路运输一起，构成了陆上运输的两个基本运输方式。公路运输是一个独立的运输系统，与此同时，它又连接铁路车站、港口和机场，是货物集散的重要手段。

在国际贸易中，国际公路运输是指国际货物借助一定的运载工具，沿着公路跨越两个或两个以上的国家或地区移动的过程。

随着汽车保有量的增长和公路网的建设，各国公路运输获得了极大的发展。在此过程中，工业发达国家在发展公路运输过程中采取了一系列相应的技术组织措施，大大提高了公路运输的生产效率和经济效益。

在我国现代化建设过程中，运输是制约经济和社会发展的重要因素，是必须充实和加强的战略重点，而在运输业中，公路运输又是其突出的薄弱环节。因此，重视公路运输、振兴公路运输，已成为关系到我国经济和社会发展的重大战略决策问题。我国公路运输必须要有一个大发展、大提高，这是不可懈怠的历史任务和现实需要。

二、公路运输的特点

与其他运输方式一样，公路运输也具有不同的优缺点。

（一）公路运输的优点

1. 公路运输的适应性强

公路运输中，运载工具即车辆形式多样，并且技术性能各异，受到地理和气候条件的影响较小，运行范围比较广。

2. 公路运输具有灵活性

汽车的单位运输量小，因此易于集散，调度灵活，能够提供及时有效的服务。

3. 公路运输的直达性能较好，能够提供"门到门"服务

水路、铁路、航空运输只能直达港站，剩下的路程就需要公路运输为其完成。只有汽车能够做到取货接客上门，送货送客到家，实现门到门直达运输。

4. 公路运输投资少、见效快

公路运输中，设备和资金转移的自由度大，具有投资少、见效快、利润高、投资回收期短的特点。

5. 公路运输可以广泛地与其他运输方式展开联合运输

公路运输是沟通铁路、水路、航空和管道运输的有效方式，可以为运输方式分流，在开展现代化国际集装箱多式联运中具有独特优势。

（二）公路运输的缺点

1. 公路运输的运量小

汽车作为公路运输的运输工具，它的载重量相较于火车、飞机、船舶来讲是极少的，因此，公路运输不适合运输大宗货物。

2. 公路运输的运价较高

公路运输的运价高，在一定程度上比铁路、水路的竞争力弱一些。

3. 公路运输的平均运程较短，持续性较差

受到国界限制，国际公路的运输往往较短，持续性也比较差。

三、公路运输的基本设施

公路运输的基础设施主要包括公路、桥梁、涵洞和隧道等。

1. 公路和等级

公路主要是为汽车的行驶提供一定的技术和设施的道路。根据公路的作用以及使

用的性质，公路可以分为国家干线公路（国道）、省级干线道路（省道）、县级干线道路（县道）、乡级干线道路（乡道）和专用公路。

公路根据交通量以及它的使用任务、性质，可以分为五个等级，分别是高速公路、一级公路、二级公路、三级公路、四级公路。

2. 公路运输所用的车辆

公路运输用的车辆主要是指汽车，大致可以分为客车、载货汽车、特种车、牵引车（牵引车及挂车）。

3. 公路运输站场

公路运输站场是指公路运输办理客、货物运输业务以及保管、保养、修理车辆的场所，是构成公路运输的重要组成部分，是物流运输的节点。

公路运输的站场是要有停车场（库）、客运站、汽车保养场、汽车修理、汽车加油站等。

四、公路运输的类型

公路货物运输类型主要涉及公路整车运输、公路零担运输和集装箱运输。

1. 整车货物运输

整车运输是指托运人一次性托运的货物，其计费重量在 3 吨或 3 吨以上，并且货物在性质、体积、形状上都需要一辆整车来运输的货物运输类型。

整车货物装卸作业一般在货主仓库或者货场中进行，由货主负责组织货物装卸；而零担货物的装卸作业一般在车站内进行，由运输部门负责组织装卸。收货人确认货物无误在货票回收联上签字后，就算是交付完成。

2. 零担货物运输

零担货物运输是指托运人一次性托运的货物，由几批或者十几批构成，这些货物的计费总重量在 3 吨或者 3 吨以下；零担货物以每张托运单为一批。零担货物运输可以分为普通零担货物和特种零担货物。

3. 特种货物运输

特种货物运输是指被运输货物本身的特殊性质，在装卸、储存、运送过程中有特殊的要求，以保证货物的完整无损以及安全性。特种货物运输需要利用特殊的汽车进行货物运输，一般用大型汽车、挂车、罐装车、冷藏车、保温车等车辆。

4. 集装箱汽车运输

集装箱汽车运输是指以集装箱为单位办理托运并且由集装箱拖挂车载运的运输方式。

集装箱汽车运输采用集装箱作为集装单元进行运输。把一定量的商品或物资按照一定的标准重量或体积,整齐地码放在集装箱、托盘等一类的成组工具上,以便于利用机械手段进行作业。集装箱的生命力在于多式联运。

第四节 铁路运输

一、铁路运输的特点

铁路运输适合于运输远距离的大宗客、货运输。在世界各个国家,铁路运输都是运输网络中的骨干力量。

1. 铁路运输具有以下优点:

(1) 铁路运输的运送力量巨大;

(2) 铁路运输运送大宗货物的运价相对较低;

(3) 铁路运输受到气象、季节等自然条件的影响较小,因此能够保证运行的经常性和持续性;

(4) 铁路运输由规定的时间表,因此,其计划性强,安全准时;

(5) 在铁路运输的运输成本中,固定的设施建设成本所占比重较大,因此,随着铁路运输的运营,收益与运输业务量成正比。

2. 铁路运输具有以下缺点:

(1) 铁路运输初始建设成本高,且建设时间长;

(2) 铁路运输在货物运输选择上具有局限性。一般适用于运输距离较长的货物运输,对于运距较短的货物运输来讲,不是最佳选择;

(3) 铁路运输受到铁路轨道的限制,灵活性较差,需要与其他运输方式相结合,以完成客、货运输;

(4) 铁路运输中大量的资金、物资投入到了建筑工程,例如站场,因此,不能够停止运营,否则难以收回投资成本。

铁路的运输线路是专用的。因此,列车在线路上的占用时间越少,列车的载重量也就越大,铁路的运输能力也就越大。由此看来,提升列车的运行速度和载重量是提高铁路运输能力的重中之重,世界各国也正在为此努力。

二、铁路运输的设施设备

1. 线路与轨道

线路与轨道是列车运行的基础设施,由轨道、路基和桥隧等建筑物构成一个整体的工程结构。

(1) 轨道

轨道又称为线路上部建筑，是由道床、轨枕、钢轨、道岔、联结零件等组成。道床是铺设在路基面上的道碴层，在道床上铺设轨枕，在轨枕上架设钢轨。

(2) 路基和桥隧

二者都是轨道的基础。路基必须坚实稳固才能承受沉重的压力，水的危害往往是破坏路基坚实稳固的主要原因。因此，为了排泄地面水和拦截地下水，路基要设置排水沟、截水沟或渗沟、渗管等排水设备。当铁路线通过江河、溪沟、谷地和山岭等天然障碍或跨过公路和其他铁路线时，需要修建各种桥隧建筑物。桥隧建筑物包括桥梁、涵洞、隧道等。

(3) 桥梁

桥梁主要由桥跨、桥墩、桥台和桥梁防护构筑物等组成。隧道是修建在地下、山中或水下并供机车列车通行的建筑物。按其所在位置可分为山岭隧道、水下隧道和城市隧道三大类。这三类隧道中修建最多的是山岭隧道。在隧道内，除了通过特别坚硬的石层外，一般还要用砖、石、混凝土或钢筋混凝土等材料作内部衬砌，以防四周岩石塌落变形、涌水或渗水。在隧道口应修筑洞门，以便保持洞口上方的仰坡和两侧边坡的稳定。洞顶修筑截水沟是必不可少的，可以用来拦截从山坡下来的流水以保护洞口。

2. 铁路机车与车辆

(1) 机车

机车是铁路运输的基本动力。由于铁路车辆大都不具备动力装置，列车的运行和车辆车站内有目的移动均需机车牵引或推送。

从原动力来看，机车分为蒸汽、内燃及电力机车。按照运用可以分为客运机车、货运机车和调车机车。客运机车要求速度快，货运机车需要功率大，调车机车要有机动灵活的特点。

(2) 车辆

铁路车辆是运送旅客和货物的工具。车辆一般不具备动力装置，需要连挂成车列后由机车牵引运行。根据其用途，车辆可分为客车和货车两大类。

为了适应不同货物的运送要求，货车种类很多，主要有以下几类：棚车（P），装运怕湿及贵重货物的敞车（C），装运不怕湿的散装货物及一般机械设备的平车（N），装运长大货物与集装箱的罐车（G），装运液体、半液体或粉状货物的保温车（B），又称冷藏车，适合装运新鲜易腐货物。

3. 铁路车站以及枢纽

(1) 车站

车站是铁路运输的基本生产单位，它集中了和运输有关的各项技术设备，并参与整个运输过程的各个作业环节。车站按技术作业性质可分为中间站、区段站、编组站；按业务性质可分为客运站、货运站、客货运站；按等级可分为特等站、一至五等站。

在车站内除与区间直接连通的正线外，还有供接发列车用的到发线，供解体和编组列车用的调车线和牵出线，供货物装卸作业的货物线，为保证安全而设置的安全线路，避难线以及供其他作业的线路，如机车走行线、存车线、检修线等。

（2）铁路枢纽

铁路枢纽是在铁路网点或铁路网端，由各种铁路线路、专业车站以及其他为运输服务的设备所组成的技术设备总称。铁路枢纽是客货流从一条铁路线转运到另一条铁路线的中转地区，也是城市、工业区客货到发和联运的地区。它除办理枢纽内各种车站有关作业外，在货物运转方面，还办理各方向的无调中转和改编列车的转线以及枢纽地区车流交换的小运转列车作业。在旅客运转方面，办理直通、市内和市郊旅客列车有关的运转作业。此外，还要提供列车动力，进行机车车辆的检修等作业。

4. 信号与通信设备

铁路信号是信号、闭塞设备的总称。它是保障行车安全和运输效率所必需的。

（1）信号

信号是指示列车运行和调车工作的命令。有关行车人员必须按照信号的指示办理作业。铁路信号可分为视觉信号（如信号机、手信号）和听觉信号（如汽笛、口笛）两类。也可分为固定设置的固定信号和临时设置的移动信号两种。固定信号一般设在列车运行方向的左侧或所属线路中心线的上空。

（2）闭塞设备

闭塞设备是用来保证列车在区间运行安全并提高区间通过能力的区间信号设备。它能控制列车运行，保证在一个区间内同时只能有一个列车占用。我国《铁路技术管理规程》规定行车基本闭塞方法有电气路签牌闭塞、半自动闭塞、自动闭塞。

（3）通信设备

通信设备是实现铁路运输生产高度集中与统一指挥的保证。铁路通信按传输方式分为有线通信和无线通信；按服务区域分为长途通信、地区通信、区段通信及站内通信；按业务性质分为公用通信、专用通信及数据传输等。

三、铁路货物运输

铁路运输一般分为整车运输、零担运输和集装箱运输。如果一批货物的重量、体积或者形状需要一辆30吨或者30吨以上的货车来运输，那么我们可称之为整车运输，否则即为零担运输。只要符合集装箱货运条件，即可按照集装箱托运。

零担货物或使用集装箱运输的货物，以每张货物运单为一批。使用集装箱运输的货物，每批必须是同一箱型，至少1箱，最多不得超过铁路1辆货车所能装运的箱数。

运输条件不同或根据货物性质不能在一起运输的货物不得按一批托运。个人托运的物品中不得放有贵重物品、危险品以及没有市场价格的物品。我国零担货物的运量较少，但它仍是铁路货物运输中重要的组成部分。

零担货物运量零星，到站分散，品种繁多，性质复杂，包装条件不一，需要组织几批甚至几十批以上的货装在同一车内运输，因而组织工作困难，运输成本较高。

零担货物分为普通零担货物、笨重零担货物和依零担办理的危险货物。

零担车的种类有直达整装零担车、中转整装零担车、沿途零担车。

在零担货物运输组织工作中，应贯彻"多装直达，合理中转，巧装满载，安全迅速"的原则。在零担货流条件许可的情况下，应以直达整零车装运。在零担货运量较小，流向分散，没有条件组织直达整零车时，才组织中转整零车装运。同时，应多装一站直达整零车或一站中转整零车，没有条件组织一站整零车时，才组织两站整零车。

第五节　国际多式联运

一、国际多式联运的定义

国际多式联运是指按照多式联运合同，以至少两种不同的运输方式，由多式联运经营人将货物从一国境内接管货物的地点运至另一国境内指定交付货物的地点。

国际多式联运的优点主要表现为以下几个方面：

（1）统一化、简单化

主要表现为在国际多式联运方式下，所有一切运输事项均由多式联运经营人负责办理。因此，货物运程不管有多远，不论由几种运输方式共同完成对货物的运输，且不论运输途中货物经过多少次转换，货主只需要办理一次托运、订立一份运输合同、一次支付费用和一次保险。

（2）减少中间环节、缩短货物运输时间，降低货损货差事故、提高货运质量

多式联运系通过集装箱为运输单元进行直达运输。货物在发货人工厂或仓库装箱后，可直接运送至收货人的工厂或仓库。运输途中换装时无须换箱、装箱，减少了中间环节。

（3）降低运输成本，节省运杂费用

由于多式联运可实行"门到门"运输，对货主来说，节省了人力、物力，在将货交由第一承运人后即可取得货运单证，并根据货运单证来结算，减少了利息的支出。又由于货物装载集装箱运输，从某种意义上说，可节省货物的包装费用和保险费用。

（4）提高运输组织水平，实现合理化运输

多式联运可提高运输组织水平，实现合理化运输，改善不同运输方式间的衔接工作。

二、国际多式联运的基本特征

国际多式联运的基本特征主要表现为：

（1）必须订立多式联运合同。在国际多式联运中，多式联运经营人必须与托运人订立多式联运合同。

（2）必须由多式联运经营人对全程运输负责。按照多式联运合同，多式联运经营人必须从接货地至交货地的全程运输负责。

（3）必须是两种或两种以上不同运输方式组成的连贯运输。多式联运至少是两种不同运输方式的连贯运输，如海铁、海公、海空联运等。

（4）必须是国际间的货物运输。多式联运所承运的货物必须是从一国境内接管货物的地点运至另一国境内指定交付货物的地点，是一种国际货物运输，这有别于同一国境内采用不同运输方式组成的联合运输。

（5）必须签发多式联运单证。多式联运经营人作为多式联运的总负责人，在接管货物后必须签发多式联运单证，从发货地直至收货地，一单到底，发货人凭多式联运单证向银行结汇，收货人凭多式联运单证向多式联运经营人或其代理人提领货物。

（6）必须是单一的运费率。托运人与多式联运经营人订立的多式联运全程中的运费率是单一的，即以一种运费率结算从接货地至交货地全程的运输费用，从而大大简化和方便了货物运费计算。

三、国际多式联运的类型

从运输方式的组成看，国际多式联运必须是两种或两种以上不同运输方式组成的连贯运输。按这种方法分类，理论上国际多式联运有海铁、海空、海公、铁公、铁空、公空、海铁海、公海空等共 11 种类型，但由于当今国际运输中海运占绝大多数的比例，因此，目前多式联运主要有海铁多式联运、海空多式联运以及江海多式联运三种类型。

1. 大陆桥运输

凡是越过大洋的运输只要有一段陆上行程，就称为陆桥运输。所谓大陆桥运输，是指采用集装箱专用列车，利用横贯大陆的铁路当成联结两端海运的桥梁，采用这样的运输方式，使集装箱船和专用列车结合起来，达到快速运输和降低运输成本的目的。

最典型的大陆桥运输多式联运路线有北美大陆桥、西伯利亚大陆桥、新欧亚大陆桥。除此之外，还有"小陆桥"和"微陆桥"等。

我国对美出口贸易中采用的 OCP 运输、MLB 运输、1PI 运输均属于陆桥运输。

2. OCP 运输

OCP 即"内陆公共点"，也称为"陆上公共点"，其含义是可享有优惠费率通过陆上运输抵达的区域。

由于 OCP 运输的便捷，使原来的海陆直达至美国东海岸各港的货物被吸引到美国西海岸港口，因此，经营该航线的船公司越来越多。现在，OCP 一词不仅是一个地理上的区域名称，而且意味着货物的陆上运输，成为当今国际贸易和国际运输的一个专用名词。

3. MLB 运输

MLB 的英文全名是"Miniland Bridge"，意为小陆桥运输。所谓 MLB 运输，是指远东海运至美西港口再转运铁路将货物运至美东或加勒比海沿海地区交货的一种海铁多式联运方式。

4. IPI 运输

IPI 运输的英文全名"Interior Point Intermodal"，意为内陆公共点多式联运。IPI 运输，是指远东海运至美西港口，再转运铁路将货物运至 OCP 地区指定目的地的一种海铁多式联运。

案例分析

铁路运输改革与现代物流的发展

近年来，随着我国经济的持续快速增长，物流业也得到了迅速发展。现代物流从概念产生到形成理念，从理论研究到进入实质操作阶段，人们亲身经历和目睹了物流业的快速进步和巨大变化。铁路运输是我国交通运输体系的骨干和中坚，在现代化的物流体系中发挥着十分重要的作用。近年来，铁路部门在实现跨越式发展的伟大实践中，积极探索我国现代物流业快速发展的有效途径，为加快市场化进程，建立健全市场营销机制，进行了多方面的重要改革。铁路为构筑货畅其流、方便准时、经济合理、用户满意的现代物流环境，建设和完善专业化、社会化、现代化的物流服务网络做出了积极贡献。

一、加快发展现代物流铁路具有明显优势

我国铁路现有营业里程 7.4 万公里，年发送旅客 11 亿人次，发送货物 25 亿吨，旅客周转量和货物发送量两大指标均居世界第一位。铁路运输的综合指标换算周转量达 25000 亿吨公里，已超过美国，跃居世界第一位。我国铁路以占世界铁路 6% 的营业里程，完成了世界铁路 24% 的运输量，铁路平均运输密度遥居世界第一位，是世界上最繁忙的铁路。铁路客货运输量在国内运输市场中所占的份额分别为 35% 和 55% 左右，也居世界同行首位。铁路为国民经济持续快速发展提供了强大的运力支持，为物流业的快速发展奠定了坚实的物质基础。发展现代物流，铁路具有五大优势：一是统一的全国铁路路网体系，为发展现代物流提供了网络化的基础设施。二是遍布全国的铁路仓储设备，为发展现代物流提供了基本的物质条件。三是发达的路网通讯能力和具有丰富市场信息的铁路运输信息系统，为发展现代物流提供了共享的信息资源。四是完善的规章制度、管理技术和经验丰富的技术人才，为发展现代物流提供了重要的职工队伍。五是大运量、低运价、全天候、持续均衡运输，为发展现代物流提供了最重要的经营基础。现代物流是经营者运用系统思想对物资流动的全过程及相关环节进行全面优化和调整的过程。实践证明，发展现代物流离不开运输系统的大力支持，铁路应当在发展现代物流中充分发挥自己的优势，在现代物流领域里大有作为，一展身手。

二、改革铁路运输方式主动融入现代物流

物流企业对运输部门的核心要求是方便、快捷和准时。近年来，铁道部门加快运输组织方式改革，以各种类型的货物列车作为载体，组织开发了多种货运新产品，千方百计满足物流需求。

（1）开行行包快运专列。整列装载行李包裹等小件物品，固定发到站、发到时刻车辆编组和运行路径，按照旅客列车组织管理，以时速120公里运行。目前，铁路共组织开行14对行包专列，且全部由物流企业承包经营。行包专列的开行，发挥了铁路在小件零散货运市场中，长距离、全天候、安全正点等方面的优势，在运输组织和管理上实现了多方面突破，取得了良好的经济效益和社会效益。2004年5月，铁路又推出了行包专列的升级产品——行邮特快专列，最高运行时速达到了160公里，再次成为物流界的新宠。

（2）开行货运五定班列。从始发站至终到站间实行直通运输，运行线和车次全程不变，五定班列始发、终到日期和时间固定，实行以列、组、车或箱为单位的报价包干办法，即定点、定线、定车次、定时、定价的货运列车，创出了"送达速度快捷，运到时限确定，途中信息可知，运输价格透明，服务承诺保证，违约赔付损失"的品牌形象。最近，铁道部对五定班列开行方案进行了四方面优化：扩大了开行范围，联结起70多个大中城市，覆盖了全路的主要货源集散地；增加了开行数量，跨局运行线已从初期的28条增加到96条；提高了开行密度，其中50%以上的达到了每天一列；推行承包经营，进一步明确承运双方的权利、义务和责任，提高了货源稳定性和运行正点率。2004年，五定班列运输实现了历史性突破，全路跨局五定班列开行列数首次突破10000列，达到10932列，同比增加2590列，增长31%，是近5年来增幅最大的一年。组织开行列数最多的是上海铁路局，共组织2353列，占全路总量的21.5%。

（3）开行集装箱专列。整个列车全部由集装箱组成，按五定班列运行和管理。自2000年6月起，中国铁路开行北京、上海、温州到莫斯科的集装箱专列，15天内就可到达，快捷、准时、安全，在国际物流界引起很大反响。天津至二连、连云港至阿拉山口、上海至成都、深圳至成都的集装箱专列，呼和浩特至上海、广州的牛奶集装箱专列，也都取得了明显成效。2004年4月起，在北京至上海间开行了双层集装箱专列，全部使用专用凹底平车，每车装载两层2-4个国际标准箱，使运输能力非常紧张的京沪铁路集装箱运行线利用率提高35%以上。2004年是中国铁路集装箱实施公司化运作的开局之年，全年共发送集装箱311.2万TEU，发送5952万吨。

（4）开行大宗货物直达列车。对发到站间年运量在40万吨以上的煤炭、石油、矿石、粮食等大宗货物，按照"管理规范，定时发到，一站直达，承诺服务"的原则，组织发货人、收货人和发到铁路局签订四方互保协议，纳入跨局开行方案。直达列车的开行，稳定了供需关系和供货质量，减少了企业库存和物流成本，加速了物资流通和车辆周转，提高了物流效率和企业效益，实现了"多方共赢"。跨局大宗货物直达列车开行数量增长很快，1999年每天开行24列，到2005年，每天增加到272列，年递增50%以上2004年，共开行大宗货物直达列车26055列，其中运输煤炭直达列车15923列，杂货直达10132列，兑现率达到72%，成为大宗物流市场上最受欢迎的货运产品。铁路在为客户提供货运产品的同时，或步融入供应链管理，进行物流系统综合设计和供应链全面优化，保证了客户生产经营的正常进行，有效降低了客户的物流成本，由传统运输融入现代物流。

三、改革铁路货运管理推动发展现代物流

近年来，在不断改进铁路货运产品的同时，铁路货运管理部门还围绕物流企业关心的运输价格、服务质量等问题，推出了一系列改革措施。

（1）整顿规范货运收费。铁道部明确规定，取消一切未经国务院批准的其他单位收费，延伸服务必须执行货主自愿的原则，到站一律不准搞延伸服务收费，对大件运输收费进行重点整顿，等等。同时，有禁则止，加强督查，对违规违纪者，发现一起，处理一起，绝不姑息。

（2）提高运价透明度。在全路推行集装箱运输"一口价"。所谓"一口价"，是指托采取运人从发站把空箱提走的那一刻起，回去装货、送来重箱、运达到站、取走重箱、还回空箱的那一刻止，全部过程的所有费用以一个数字表示出来。在全路各集装箱办理站，都可以看到该站到全路各站5种箱型、3种状态的集装箱"一口价"，客户按此交费，提高了运价透明度，遏制了价外收费。

（3）下放运价下浮权。允许各铁路局根据市场变化、竞争需要和运输成本，实行灵活的运价下浮政策。自实行这一办法以来，铁路每年争取空车方向货源和轻浮货物货源2000万吨以上。

（4）提高服务质量。完全尊重用户意愿，专运线和货场作业，用户根据需要可以任意选择。加固材料只要符合铁路安全标准，用户可以自备自购。他们调整货物办理作业流程，实行一个窗口办理、一次收取费用、一张支票结算，并开办货运信息服务项目，利用电传、计算机等现代化手段，为用户提供进货、到货、运费等信息服务。他们还从保价理赔角度做出硬性规定，坚持"先赔付，后划分内部责任"的原则，从货物交付之日起，车站和铁路局要分别在规定的时间之内将货运保价理赔办理完毕。这些措施的出台，大大提高了铁路货运质量，促进了现代物流的快速发展。

四、改革运输管理体制加快转型现代物流

现代物流是充分利用现代科技手段,把运输、仓储、包装、配送、信息服务等环节有机结合起来的综合服务。传统的铁路货运业向现代物流转型,是适应物流发展趋势的客观需要,是促进铁路货运自身发展的内在需要,也是应对运输市场对外开放的迫切需要。2003年底,中国铁路组建了中铁集装箱运输、中铁特货运输、中铁行包快递三大专业公司,明确三大公司是具有承运权的铁路专业运输企业。同时,他们提供相应的仓储、装卸、包装、配送、信息等物流服务。作为新的市场主体,三大公司跻身物流领域,已经进入我国现代物流企业30强的行列。

中铁集装箱运输公司将铁路集装箱运输承运人由18个铁路局集中为一个公司,形成了覆盖全路的集装箱运输网络和规范的运输市场,网络优势更加突出,责任主体更加明确,以集装箱为主的物流服务也得到了较大发展。针对集装箱运输中存在的办理站规模小、运量少、滞留时间长等弊端,公司加快集装箱办理站布局调整。同时,公司还组织建设北京、上海、昆明、广州、兰州、哈尔滨等18个集装箱中心站,使其具备整列运输、装卸、搬运、仓储、配送、一关两检、信息服务等设施和功能,形成地区物流中心带动和促进区域物流的发展。

中铁特货运输公司主要经营铁路保温车和大件货物特种车的相关业务。公司致力于盘活遍布全路的6000多辆保温车这一庞大资产,提高利用效率,改善经营状况。公司采取了老旧车型技术改造、组织开行冷藏快运专列等措施,有效地解决了车辆资产与市场需求结合问题。公司正积极介入特种货物的运输、仓储、配送等环节,为客户提供高质量、全方位的现代物流服务。

中铁行包运输公司按照铁路和邮政部门签订的战略合作框架协议,大力开发行包邮件物流市场。公司在北京、上海、广州、哈尔滨等地建设了物流基地,实行连锁经营模式,为多式联运、物流服务和供应链管理提供了业务平台。公司利用物流基地,组织开行了整列装载行李、包裹和邮件的行邮专列。京哈、京沪、京广间对开的行邮特快专列,最高时速达160公里,京乌、广沪间对开的行邮快速专列,最高时速也达140公里,20多家有较大影响的物流企业争相竞标。行邮专列是有效控制库存,显著降低流通成本,充分发挥铁路和邮政双方的优势,促进现代物流发展的重大举措。

三大专业公司的组建和运作,标志着铁路货运在向现代物流转型的征途上迈开了实质性步伐。

五、加快发展现代物流铁路发挥更大作用

铁路是国民经济的大动脉,是国家重要的基础设施,在推动和促进现代物流的发展中,担负着重要使命和责任。在实现中国铁路跨越式发展的伟大实践中,铁路将紧紧围绕物流市场需求,进一步加快改革步伐,为发展现代物流提供更好的条件,创造更好的运输环境。

(1) 快速扩充铁路运输能力。针对铁路运输能力严重不足状况，铁道部正抓紧实施《中长期铁路网规划》。从现在起到2020年，逐步在省会城市及大中城市间，建设1.2万公里客运专线；完善中东部铁路网结构，扩大西部网规模，建设1.6万公里新线；加强既有铁路网技术改造和枢纽建设，建设大能力煤运通道，增建1.3万公里既有线二线，电气化既有线1.6万公里。到2020年，全国铁路营业里程将达到10万公里，主要繁忙干线将实现客货分线，复线率和电气化率达到50%。

(2) 加快推进信息化建设。现代物流与传统物流的最大区别在于信息化和网络化的广泛应用，铁路已加快实施《铁路信息化总体规划》，尽快实现行车指挥智能化、客货营销社会化、经营管理现代化目标，实现铁路货运的实时追踪；建设铁路电子商务系统，通过网络平台和信息技术，为客户提供车皮预定、运价收费、途中信息、到货通知、投诉受理等全方位的服务。

(3) 努力提高铁路服务质量。铁路将继续实施提速战略，实现主要干线旅客列车时速200公里目标的同时，大力发展铁路集装箱、冷藏、特种货物以及多式联运等运输服务品类，组织开行时速120公里的货运快车，进一步优化运输组织，加快客流、物流、资金流和信息流的流动，满足现代物流对快捷运输的需求。

(4) 加快完善物流服务功能。要进一步发挥铁路大中型货运营业站的仓储优势，鼓励和引导企业因地制宜发展仓储、配送等物流服务，利用铁路货运营销系统，为客户提供市场分析预测等信息服务。为促进集装箱运输和多式联运发展，铁路将建设18个大型集装箱场站，组织开行场站间的集装箱直达列车，形成适应现代物流要求的新型运输组织模式。

(5) 实施物流企业战略合作。现代物流是一项跨行业、跨部门、跨地区的系统工程需要各方优势互补，密切配合。铁路将加强与海运、内河航运及公路、民航等其他交通行业实施的合作，充分发挥各自优势，共谋发展，造福于民，全面推动我国现代物流业的健康、快速发展。

(6) 积极培育物流服务市场。铁道部和有关部委联合发布了《外商投资铁路货运业审批与管理暂行办法》，明确了外商投资领域和具体的申报、审批程序，并对现行有关运输管理办法进行了全面清理，做好了相关准备工作。铁路部门将积极支持国外物流企业按照WTO的有关规则和《暂行办法》进入中国市场，加快实现国内外物流市场一体化进程。

案例思考

1. 结合所学理论，谈一谈我国铁路运输和现代物流发展的关系。
2. 讨论我国铁路运输改革的途径和由此带来的改善。

复习与思考题

1. 五种国际运输方式的特点分别是什么?
2. 公路运输有哪些类型?
3. 五种国际运输方式分别需要哪些基础设备与设施?
4. 五种国际运输方式能否分出优劣?为什么?

第六章
> >> 配送管理

▶ 学习目的与要求

- 了解配送的基本概念与作用；
- 了解并掌握各种配送的种类以及不同的配送形式；
- 了解并掌握配送模式的种类和不同类型的配送模式；
- 了解并掌握配送管理的含义、内容和原则。

▶ 案例导入

沃尔玛对配送中心的高效应用

沃尔玛诞生于1945年的美国。创立之初，由于地处偏僻小镇，几乎没有哪个分销商愿意为它送货，于是不得不自己向制造商订货，然后再联系货车送货，效率非常低。在这种情况下，沃尔玛的创始人山姆·沃尔顿决定建立自己的配送组织。1970年，沃尔玛的第一家配送中心在美国阿肯色州的一个小城本顿维尔建立，这个配送中心供货给4个州的32个商场，集中处理公司所销商品的40%。

沃尔玛配送中心的运作流程是：供应商将商品的价格标签和UPC条形码（统一产品码）贴好，运到沃尔玛的配送中心；配送中心根据每个商店的需要，对商品就地筛选、重新打包，从"配区"运到"送区"。

由于沃尔玛的商店众多，每个商店的需求各不相同，这个商店也许需要这样一些种类的商品，那个商店则有可能又需要另外一些种类的商品，沃尔玛的配送中心根据商店的需要，把产品分类放入不同的箱子中。这样，员工就可以在传送带上取到自己所负责的商店所需的商品。那么在传送的时候，他们怎么知道应该取哪个箱子呢？传送带上有一些信号灯，有红的、绿的，还有黄的，员工可以根据信号灯的提示来确定箱子应被送往的商店，来拿取这些箱子。这样，所有的商店都可以在各自所属的箱子中拿到需要的商品。

在配送中心内,货物成箱地被送上激光制导的传送带,在传送过程中,激光扫描货箱上的条形码,全速运行时,只见纸箱、木箱在传送带上飞驰,红色的激光四处闪射,将货物送到正确的卡车上,传送带每天能处理20万箱货物,配送的准确率超过99%。

20世纪80年代初,沃尔玛配送中心的电子数据交换系统已经逐渐成熟。到了20世纪90年代初,它购买了一颗专用卫星,用来传送公司的数据及其信息。这种以卫星技术为基础的数据交换系统的配送中心,将自己与供应商及各个店面实现了有效连接,沃尔玛总部及配送中心任何时间都可以知道,每一个商店现在有多少存货,有多少货物正在运输过程中,有多少货物存放在配送中心等;同时,还可以了解某种货品上周卖了多少,去年卖了多少,并能够预测将来能卖多少。沃尔玛的供应商也可以利用这个系统直接了解自己昨天、今天、上周、上个月和去年的销售情况,并根据这些信息来安排组织生产,保证产品的市场供应,并使库存降低到最低限度。

由于沃尔玛采用了这项先进技术,配送成本只占其销售额的3%,其竞争对手的配送成本则占销售额的5%,仅此一项,沃尔玛每年就可以比竞争对手节省下近8亿美元的商品配送成本。20世纪80年代后期,沃尔玛从下订单到货物到达各个店面需要30天,现在采用了这项先进技术,这个时间只需要2~3天,大大提高了物流的速度和效益。

从配送中心的设计上看,沃尔玛的每个配送中心都非常大,平均占地面积大约有11万平方米,相当于23个足球场。一个配送中心负责一定区域内多家商场的送货,从配送中心到各家商场的路程一般不会超过一天行程,以保证送货的及时性。配送中心一般不设在城市里,而是在郊区,这样有利于降低用地成本。

沃尔玛的配送中心虽然面积很大,但它只有一层,之所以这样设计,主要是考虑到货物流通的顺畅性。有了这样的设计,沃尔玛就能让产品从一个门进,从另一个门出。如果产品不在同一层就会出现许多障碍,如电梯或其他物体的阻碍,产品流通就无法顺利进行。

沃尔玛配送中心的一端是装货月台,可供30辆卡车同时装货;另一端是卸货月台,可同时停放135辆大卡车。每个配送中心有600~800名员工,24小时连续作业;每天有160辆货车开来卸货,150辆车装好货物开出。

在沃尔玛的配送中心,大多数商品停留的时间不会超过48小时,但某些产品也有一定数量的库存,这些产品包括化妆品、软饮料、尿布等各种日用品,配送中心根据这些商品库存量的多少进行自动补货。到现在,沃尔玛在美国已有30多家配送中心,分别供货给美国18个州的3000多家商场。

沃尔玛的供应商可以把产品直接送到众多的商店中,也可以把产品集中送到配送中心,两相比较,显然是集中送到配送中心的方式可以为供应商节省很多钱。所以,在沃尔玛销售的商品中,有87%左右是经过配送中心的,而沃尔玛的竞争对于仅能达到50%的水平。由于配送中心能降低物流成本50%左右，使得沃尔玛能比其他零售商向顾客提供更廉价的商品，这正是沃尔玛迅速成长的关键所在。

第一节 配送的概念与作用

一、配送的概念

配送是在经济合理区域范围内，根据用户的要求，对物品进行拣选、加工、包装、分割、组配等作业，并按时送达指定地点的物流活动。

配送是从发货、送货等业务中发展而来的。在最初，送货只是作为一种促销的手段而出现的。伴随着商品经济的发展以及人们对商品的多品种和小批量的需求的变化，配送成了能够有效满足用户需求，提升市场竞争力的重要方式。

综合来看，配送的概念反映了以下信息：

（1）配送是对客户资源配置的全过程。

（2）配送的实质是送货，但与一般的送货却有所区别。一般的送货是一种偶然的行为，并不是每次都会发生的，而配送却是一种固定方式，有确定的组织、确定的渠道、拥有自己的装备和管理力量、技术力量以及体制形式。可以说，配送是一种高水平的送货形式。

（3）配送是一种"中转"形式。配送的送货形式是将货物从物流节点运至用户。从事送货的企业是专职的流通企业，而不是生产企业，起到了从生产工厂将货物运送至用户手中的作用，并且为用户配送用户需要的东西。

（4）配送是将"配"与"送"有机地结合在了一起。配送将货物进行分拣、整合、配货的工作，能够有效地将货物以一种规模化的形式送出去，比起一件一件的送货，可以大大节省配送成本。

（5）配送以客户的要求为出发点。根据配送的定义可以看出，在配送工作中，用户的需求是主导因素。因此，配送是要从用户的利益出发的。配送企业树立"用户第一、质量第一"的理念是极为重要的。

二、配送与物流的关系

配送是物流系统中由运输派生出来的功能，也可以称作短距离运输。

对于配送来讲，配送是运距较短的物流，是物流系统的最末端；配送是物流的一个缩影，是一个小范围的物流；配送与商流和物流紧密结合，它包含商流和物流的活动，也包含物流中若干功能要素的一种形式。

对于物流来讲，配送几乎包含所有的物流功能要素，是物流的一个缩影，或者说是小范围的物流。但是，配送的主体活动与一般物流有所不同，一般的物流是运输与保管，而配送则是运输以及分拣配货，分拣配货是配送的独特要求。

对于商流来讲，配送与物流也有不同之处。物流可以说是从商流中分离出来的产物，配送又使得商物合一。从配送本身的发展来讲，配送与商流日益紧密的结合将会是一个趋势。

三、配送的作用以及意义

1. 配送完善并且优化了物流体系

随着近年来货物运输方式的发展，干线运输在各个运输方式中都得到了较快的发展，但是干线的运输也需要支线运输和小搬运的方式作为辅助，以完成货物运输。采用配送的方式，恰好可以将支线运输和小搬运结合起来，从而达到灵活性、适应性、服务性的要求，起到了完善并优化物流系统的作用。

2. 配送能够提高末端物流的效益

在物流的末端，配送将各种商品集中起来，然后，向不同的用户进行统一货物配送，从而使得末端物流的效益大大提高。

3. 配送可以通过集中库存来帮助企业实现低库存或者零库存

高水平的配货，可以实现准时配送，从而帮助企业实现低库存或者零库存。在实现零库存或者低库存之后，企业可以节省大量的资金用于企业的自身的发展，加速资金的周转，提高社会经济效益。

第二节　配送的种类

根据不同产品、不同企业、不同流通环境的要求，配送可以分为各种各样的形式，因此可以将配送划分为以下几个种类：

一、按照配送主体所处的行业划分

1. 制造业配送

制造业配送是围绕制造企业所进行的原材料、零部件的供应配送、各生产工序上的生产配送以及企业为销售产品而对客户进行的销售配送。制造业由供应配送、生产配送和销售配送三部分组成，各个部分应客户的要求而结合成为一个整体。

2. 农业配送

农业配送是在农业生产资料和农产品的送货基础上发展起来的，也是一种特殊的、综合性的农业物流活动。农业配送的主要业务是在农业经济领域，按照用户的要求，将适用于农业生产的资料、农产品进行拣选、加工、包装、分割、组配等作业，并按时准确地送达。

3. 商业配送

批发企业和零售业是商业企业的主体，他们对配送都有着不同的理解、要求和管理方式。对于批发企业而言，配送的最终环节不是消费者，而是零售商企业。就批发企业来说，其配送对象是有着多批次、小批量发货要求的零售客户，因此，批发企业要求配送系统满足这种多批次、小批量的订货以及流通加工等各方面的需要；而对零售企业来讲，它们所面对的终端客户就是各类消费者，由于经营场所面积有限且消费者需求各异，所以，零售企业希望上游供应商能够提供小批量且种类多样的商品，以满足消费者多样化的需求。

4. 物流企业配送

物流企业是专门从事物流活动的企业，因此它们并不拥有货物的所有权，而是根据客户需求，为客户提供物流服务。比较常见的配送方式是快递业提供的"门到门"物流方式。

二、按照实物配送的不同结点分类

1. 配送中心配送

组织者是专职配送的配送中心，规模较大，有的配送中心需要储存各种商品，储存量比较大，有的配送中心则专注于配送商品，储存量就相对较小，货源由附近的仓库来补给。

配送中心拥有较强的专业性，与客户有着固定的配送关系，一般对其有一定库存量的商品，实行计划配送，极少的情况下会超越自己的经营范围。配送中心根据配送需要专门设计自己的配送设施和工艺流程，从而提高自己的配送能力，能够达到配送距离远、配送品种多、配送数量大的效果。配送中心既可以为工业生产配送主要的生产物资，还可以为商店实体进行补充性货物的配送。这种配送中心配送的方式在一些发展配送较为普遍的国家已经成为配送的主体形式，在数量以及普及度上都发展较快。

配送中心也拥有一定的局限性。因为配送中心采用的是大规模的配送方式，其覆盖面较广，所以拥有一套与之相适应的大规模的配送设施有利于提高配送中心的配送效率，配送中心建筑、配送车辆、配送路线等，都是配送设施的一部分。这些固定的配送设施，建立时间长，一经建立又很难更改，因此，配送中心的灵活性较差，需要进行的投资又较多，因此在实施配送中心配送时，一时间很难做到大量基础设施的建设，因此具有一定的局限性。

2. 仓库配送

仓库配送是一种以仓库作为据点进行配送的配送形式。仓库配送可以分为完全放弃仓库职能，改造为配送中心的方式以及在保留仓库原有职能的基础上，增加配送职能的方式。由于仓库配送本身的配送设施并不是按照配送中心要求来设计建造的，仓库配送的配送规模较小，配送的专业化程度较差。同时，正是因为仓库配送能够利用之前已经建立好的基础设施，包括仓库、收发货场地、交通运输路线等，从而节省了一部分基础设施的建设，有利于利用现有的条件进行配送。

3. 商店配送

商店配送的主体是商店和门市的经营者，他们承担了商品的零售，规模较小，经营品种齐全。商店配送主要的经营业务除了日常零售业务以外，还能够根据消费者要求配齐所需商品或者应消费者要求代为订购其日常不会经营的商品。虽然商店配送的灵活性较高，但其配送往往只是零星商品的配送。

商店配送还可以分为以下两种形式：

（1）兼营配送形式：顾名思义，兼营配送是一种集合销售与配送于一体的经营方式，因此拥有较强的机动性，可以将日常销售与配送相结合，两者相互补充，可以增加销售额；

（2）专营配送形式：专营配送，即将所有的业务中心集中于商品配送中。这种形式适用于店铺位置条件不好，在门店销售中劣势较为明显的商店。

4. 生产企业配送

生产企业配送的主体生产企业，尤其是进行多品种生产的生产企业。这种生产企业可以直接进行产品的配送，无须通过配送中心，从而避免了一次物流中转。但是对于现代的生产企业来讲，其生产的产品具有大批量、品种较为单一的特点，因此，不能像配送中心那样配送多种多样的产品来满足客户多元化的需要，不过，对于就地生产、就地消费的食品、饮料、百货等地方性较强的产品，生产企业配送运用得较为广泛，对于某些不适合进行中转运输的化工产品也一般采取这种方式来进行运送。

三、按照配送商品的特征进行分类

1. 少品种或单品种的大批量配送

对于工业企业来讲，往往需要大批量的商品，一般情况下一个或者几个品种的商品就可以达到整车运输量，因此采取大吨位的车辆就可以进行配送，这样可以减少与其他商品之间的搭配，从而简化物流程序，使得配送中心内部的设置、组织、计划等工作也较为简单，降低配送成本。如果可以直接从生产企业将大批量的商品运送至客户，又不会造成客户的库存效益下降，采用直送的方式往往是最佳选择。

2. 多品种、少批量配送

多品种、少批量的配送方式，是根据客户需求，将其所需要的商品（每种商品的需求量很小）搭配齐全，凑整装车后由配送据点进行配送的方式。在现代企业的生产中，往往不止需要一种材料，一般情况下是对一种材料需求量最大，另外几种材料所需数量不大，于是，常作为生产辅助材料。对于主要的生产材料，可以采用大批量的整车运输，但对于其他的辅助材料，如果进行大批量的运输则会导致库存积压，所以，针对这一部分材料，一般采用多品种、小批量的配送方式。

多品种、少批量的配送方式对配送作业的水平要求很高，配送中心的设备复杂，配货送货的计划难度大，因此要有高水平的组织工作保证和配合。这种配送方式往往伴随着多客户、多批次的特点，在许多发达国家备受推崇。

3. 配套成套配送

按照企业生产的需要，尤其是装配型企业的生产需要，将每一台件所需要的全部零件配齐，并按照生产节奏送达生产企业，生产企业就可以立即将成套的零部件投入生产线。利用这种配送方式，生产企业可以专注于生产，配送企业承担了生产企业大部分的供应工作。

四、按照配送时间和数量进行分类

1. 定时配送

定时配送一般是按照规定的时间间隔进行配送，每次配送的品种以及数量可以按照计划来执行，也能够在配送之前通过已经商定好的联络方式进行配送品种和数量的通知。定时配送的计划性较强，对于配送企业来讲，有利于安排工作计划、使用车辆；对于客户来讲，有利于安排接货理货等工作。但是，由于定时配送是一个惯性的配送行为，因此，在配送商品的数量或者品种发生较大变化时，会给配送企业造成一定的困难，从而造成客户所需材料用品缺失，生产运作受到阻碍。

2. 定量配送

定量配送是按照规定的批量在一个特定的时间范围进行配送。这种方式属于定量不定时，其备货工作较为简单，可以在客户所需要的各种物品凑齐整车之后进行配送，这样能够提高配送效率，也能够较好地利用运输力量。对于客户来讲，每次收到的货物都是等量的，更有利于安排库存以及生产。

3. 定时定量配送

定时定量配送是按照规定的时间对规定数量的货物进行配送。这种方式集合了定是配送和定量配送的优点，但特殊性较强，计划难度大，适合采用的对象不多，并不是一种普遍的方式。

4. 定时定路线配送

定时定路线配送是在规定的运输路线上指定到达时间表,按照运输时间表进行配送,客户可以按照规定的路线以及规定的时间接货以及提出配送要求。采用这种配送方式,对于配送企业来讲有利于安排车辆,以及免去过分复杂的配送要求所造成的配送组织工作以及车辆安排的困难;对于客户来讲,可以合理地安排时间和路线进行货物接收。

5. 即时配送

即时配送是一种完全按照客户要求的配送时间以及配送物品的数量来进行配送的方式。这种配送方式具有较高的灵活性,往往用于应急,采用这种方式也可以在一定程度上实现零库存,即买即用、即时配送。

第三节 配送模式的种类

一、自营配送模式

自营配送模式是指企业物流配送的各个环节都由企业自身筹建和组织管理,从而实现企业对内部、外部的货物进行统一有效配送的模式。自营配送模式的优点在于能够将企业的供应、生产和销售集中于一体,不需要借助外部力量,则系统化程度较高。但是,缺点也十分明显。企业想要奖励配送体系,就必须大大增加投资规模,以使得企业在配送中也占有相对优势,如若配送规模较小,势必会造成配送成本相应地增加。

结合自营配送模式的优缺点来看,这种模式一般适用于规模较大的集团企业,只有企业自身资金雄厚,才能够支撑在建设配送系统时的投资,将自营配送模式的优点发挥到最大化。采用这种配送模式的最具有代表性的企业是连锁企业,他们一般都是通过自己建立的配送系统来完成企业所需的配送业务,例如对内部各门店的配送和客户需求的配送。

二、共同配送模式

1. 共同配送模式的含义

共同配送是指物流配送企业之间为了提高配送效率以及实现配送合理化所建立的一种功能互补的配送联合体。实行共同配送,能够将配送的功能发挥到最大化,将配送资源进行合理配置,互相补充合作企业在配送方面的不足,从而促使配送能力的大大提高以及配送规模的不断扩大,才能更好地满足客户需求,提高配送效率,降低配送成本,获取最大利润。

2. 共同配送的原则

采用共同配送模式是为了将配送的功能发挥到最大化，提高配送的效率，实现配送的合理化和系统化。采用这种配送方式的各物流配送企业是拥有这一共同目标、理念以及利益的，只有这样，才能使得这个物流联合体具有极强的凝聚力和竞争力，从而更好地进行合作，加快共同目标和共同利益的实现。因此，想要开展共同配送模式，各个物流配送企业之间要达成以下的原则：

（1）各个物流配送企业要坚持功能互补的原则；
（2）各个物流配送企业要坚持平等自愿的原则；
（3）各个物流配送企业要坚持互惠互利的原则；
（4）各个物流配送企业要坚持协调一致的原则。

3. 共同配送的实施步骤

共同配送的实施步骤主要包括以下几个方面：

（1）要合理地选择联合对象；
（2）组建谈判小组，做好谈判准备；
（3）签订合作意向书以及合同，并进行公证；
（4）组建领导班子，拟定管理模式；
（5）正式运作。

4. 共同配送的类型

在实际的运行过程中，共同配送的种类可以分为很多，大致可以分为按照联合体组织的紧密程度来划分的紧密型、半紧密型和松散型；资源型和管理型；功能性；按照对货物的处理方式来划分的集货型、送货型和集送型等。

三、互用配送模式

1. 互用配送模式的含义

互用配送模式是几个企业为了各自的利益，以契约的方式达成某种协议，互相利用对方的配送系统进行货物配送的模式。互用配送模式的优点在于，它可以实现企业不需要投入过多的资金和人力，就能够扩大自己的配送规模和范围。同时，想要较好地发挥互用配送模式的优点，也需要使用这种方式的企业拥有较高的管理水平以及与能够相关企业进行较好的组织协调的能力。

2. 互用配送模式的特点

互用配送模式的特点相较于共同配送模式来讲，具有以下特征：

（1）二者的注重的核心不同：共同配送模式旨在建立物流配送联合体，其核心是强化配送的功能，为社会服务；而互用配送模式旨在提高企业自身的配送能力，是以服务企业自身为核心。

（2）二者强调的对象不同：共同配送模式强调的是物流配送联合体，是一个物流整体；而互用配送模式强调的则是企业自身，是一个个体。

（3）二者的稳定性存在差异：共同配送因为是存在于一个联合体之中，因而较为稳定；而互用配送模式专注点在于自身，所以稳定性较差。

（4）二者的合作对象不同：为了将配送的功能发挥到最大，共同配送模式往往需要经营配送业务的合作对象来完成；而互用配送模式对合作对象的要求就没有那么严苛，既可以是经营配送业务的企业，也可以是非经营配送业务的企业。

四、第三方配送模式

第三方配送模式就是交易双方将自己需要完成的商品配送的业务委托给第三方来完成的配送模式。随着近些年来物流产业以及第三方物流自身的发展，第三方配送模式已经成为各种企业和电子商务网站首选的物流配送模式。

第四节 配送管理

一、配送管理的含义

配送管理是为了以最低的配送成本达到最高的用户满意水平而对配送活动进行的计划、组织、协调、控制。按照配送管理进行的顺序，可以将配送管理分为三个阶段，分别是：计划阶段、实施阶段和评价阶段。

1. 计划阶段

制定配送计划，是为实现配送预先想要达到的目标而事先对配送活动进行一定的规划，进行准备性工作。指定配送计划要根据以下步骤来进行：

（1）要明确企业想要达到的目标，进而了解为了达到这个目标所需要进行工作的先后顺序；

（2）分析研究在实现这一目标的过程中都会遇到哪些外部因素，特别是不利因素，然后针对这些不利因素制定可行性对策，将这些不利因素的影响降至最低；

（3）将为了实现这一目标所涉及的人力、物力、财力贯彻落实，做好基础准备。

2. 实施阶段

配送计划指定之后，将要付诸行动。配送的实施管理就是对正在进行的各项配送活动进行管理。这一阶段在配送的各阶段中占有最突出的部位，因为配送计划要在这一阶段中得到行动的检验。在这一阶段中，有以下几个任务：

(1) 对配送活动的组织和指挥

为了使配送活动能够按照计划稳步进行，就要对配送活动的各个环节进行有效的管理。配送的组织是指在配送活动中把各个相关联的环节合理地结合起来，让它们形成一个有机的整体，从而让各环节作用于每一个部门、每一个员工。配送的指挥是指在配送过程中对各个配送环节、部门、机构进行统一的调度。

(2) 对配送活动进行监督和检查

只有在通过监督和检查之后，配送活动的结果才能够被全面地了解。监督的作用是考核配送执行部门或者执行人员的工作完成情况，监督各项配送活动有无偏离已经制定好的目标。各级的配送部门都有被监督和检查的义务，也有监督和检查别人的责任。通过监督和检查，可以了解配送的实施情况，揭露配送活动中的矛盾，找出存在的问题，分析问题发生的原因，制定解决问题的方法。

(3) 对配送活动进行调节

在执行配送活动的过程中，总会有一些环节出现不平衡的状况，这个时候就需要对各个环节、各个部门进行全面平衡，重新分配，以实现原定目标，这就是对配送活动的进行调节。通过对配送活动的有效调节，可以解决各个环节、各个部门之间、配送内部与外部之间的矛盾，从而使得配送活动在整体上协调一致，从而保证最终目标的实现。

3. 评价阶段

在一定时期内，人们按照原先制定好的目标与配送实施后的结果进行对照、分析、比较的过程。通过对最终结果的评价，可以看出最初制定的计划是否具有合理性、科学性，重新审核配送过程与结果，为今后制定配送计划、实施计划提供有利的经验。配送评价根据不同的依据可以分为不同的种类：

(1) 根据评价范围的不同可以分为专门性评价和综合性评价。专门性评价是针对某一方面或者某一个具体活动进行的评价，而综合性评价则是对于整个配送过程，所有的环节流程所做出的评价，主要是评价某一次或者某一类配送活动是否达到了期望的目标值，完成了预定的任务。

(2) 按照各部门之间的关系可以将配送评价分为纵向评价和横向评价。纵向评价是指上一级部门对下一级部门或者机构的配送活动进行分析，分析本期配送活动的完成情况与上期或者历史完成情况之间的差别。横向分析是指将执行配送活动的各部门之间的工作效果进行统一分析，进而看出各个配送部门的配送水平的高低。

特别需要注意的是，无论采取何种评价方法，其评价手段都要借助与具体的评价指标，这种指标通常是实物指标和综合指标。

二、配送管理的内容

在不同的角度进行分析，配送管理包含不同的内容。

1. 配送模式管理

配送模式是企业对配送所采取的基本的战略和方法。一个企业选择哪种方式进行配送，主要受到以下几种因素的影响：

(1) 配送对企业的重要性；

(2) 企业的配送能力；

(3) 企业的市场规模与地理位置；

(4) 企业对客户保证的服务以及提供这些服务的成本。

综合国内外配送发展的情况，目前，主要形成了以下的配送模式：自营配送模式、共同配送模式、公用配送模式和第三方配送模式。

2. 配送业务管理

我们都知道，对于配送活动来讲，它的配送对象、所要配送的品种、配送的数量具有高度的复杂性。因此，为了使得配送活动井井有条地进行，配送活动的管理者就需要按照一定的工作程序对配送活动进行安排与管理。配送组织工作的基本程序和内容主要有以下几个方面：

(1) 配送路线的选择

配送路线的选择是否合理，对配送速度、成本、效益的影响很大，因此，要采用科学合理的方式确定配送路线。在确定配送路线时，可以采取各种数学方法和在数学方法基础上发展和演变出来的经验和方法来进行，这些方法主要有：方案评价法、数学计算法和节约里程法等。

(2) 拟定配送计划

配送活动的管理者需要拟定出配送计划，供具体负责配送的员工执行。

3. 配送作业管理

不同的产品配送可能有独特之处，但配送的一般流程基本上是：进货、储存、分拣、配货、分放、配装、送货、送达。我们所讲的配送管理也是对这一流程进行计划、组织、协调、控制的。

4. 对配送系统各要素的管理

对配送系统的管理可以分为以下内容：

(1) 对人的管理

人是配送系统和配送管理中最活跃的因素，对人的管理主要包括对配送从业人员的选拔和录用、对配送专业人员的培训与提高、对配送人员的教育、配送人才培养计划的实施。

(2) 对物的管理

物的管理是指对物质材料实体进行管理。物质材料的种类成千上万，物质材料的物理、化学性能更是千差万别。对物的管理贯穿着配送活动的始终，也渗透在配送活动的流程之中。

(3) 对财的管理

财的管理主要是针对降低配送成本，提高经济效益方面的内容而言的，是配送管理的出发点，也是配送管理的归宿。主要内容有配送成本的计算与控制、配送经济效益指标体系的建立、资金的筹措与运用、提高经济效益的方法。

(4) 设备管理

设备管理是指对配送设备有关的各项内容进行管理。主要管理内容有：各种设备的选型与优化配置、各种设备的合理使用和更新改造、各种设备的研制、开发与引进等。

(5) 方法管理

方法管理的主要内容有：各种配送技术的研究、推广普及；配送科学研究工作的组织与开展；新技术的推广普及；现代管理方法的应用等。

(6) 信息管理

信息是配送管理的神经中枢，只要将物理信息进行有效的处理并将其及时传输，才能对配送系统内部各要素进行科学正确的管理。

5. 配送活动中具体职能的管理

配送活动从职能上划分，主要包括配送计划管理、配送质量管理、配送技术管理和配送经济管理。

(1) 配送计划管理

配送计划管理是指在系统目标的约束下，对配送过程中的每一个环节进行科学的计划管理，是对配送系统内部各种计划进行编制、执行、修正和监督的全部过程。配送计划管理是物流管理工作中最重要的职能。

(2) 配送质量管理

配送质量管理主要包括配送服务质量、配送工作质量、配送工程质量等的管理。提高配送质量，就相当于提高配送管理水平，同时也意味着企业竞争能力的提高。可以说，配送的质量管理是配送管理工作的中心问题。

(3) 配送技术管理

配送的技术管理包括配送的硬技术和配送的软技术管理。对配送硬技术的管理，是对配送基础设施和配送设备的管理。例如，对配送设施的规划、建设、维修、运用；配送设备购置、安装、使用、维修和更新；如何提高设备的利用效率；对日常工具的管理。对配送软技术的管理，主要是对各种专业技术的开发、推广和引进；配送作业流程的制定；对技术情报和技术文件的处理；配送技术人员的培训等。配送技术管理是配送管理工作的依托。

(4) 配送经济管理

配送经济管理是对配送费用的计算和控制，配送劳务的确定和管理，配送活动的经济核算、分析等。配送经济管理的核心是对成本费用的管理。

6. 配送管理中心

配送中心是专门从事配送活动的场所,其管理应从管理一个企业或者部门的角度出发,对其中涉及的各项工作进行妥善的安排。

三、配送管理的意义

配送管理的意义,在于对配送活动进行合理的计划、组织、协调、控制之后,能够帮助以最合理的成本达到最合适的顾客服务水平的总目标的实现。从不同的角度来分析,配送管理的意义也会有不同的体现。

1. 对于从事配送工作企业的意义

对于从事配送工作的企业来讲,配送管理的意义主要有以下几个方面:

(1) 从事配送工作的企业通过科学合理的配送管理,能够极大地提高企业自身的配送效率。通过对配送活动的合理组织,信息传递的效率可以被极大地提高,从而提高配送决策的效率和准确性,提高各工作关节的效率,对配送活动进行实时监控,使得配送的各个环节能够合理衔接,减少失误,更好地完成配送的职能。

(2) 从事配送工作的企业通过科学合理的配送管理,能够极大地提高货物供应的保证度,从而降低客户因缺少货物而承担的风险,提高客户满意度。

(3) 从事配送工作的企业通过科学合理的配送管理,能够极大地提高企业的经济效益。货物的供应保证度和客户满意度得到了提高,会大幅提高配送企业的信誉和形象,吸引更多的客户;企业对配送方式以及路线的正确选择,能够为配送企业保持较低的库存水平,从而降低库存成本。

2. 对于客户的意义和作用

对于接受配送服务的客户来说,配送管理的意义和作用主要表现在以下几点:

(1) 对于需求方客户来说,可以通过配送管理,降低库存水平,甚至可实现零库存,减少库存资金,改善财务状况,实现客户经营成本的降低。

(2) 对于供应方客户来说,如果供应方实施自营配送模式,可以通过科学合理的配送管理提高其配送效率,降低配送成本。如果供应方采取委托配送模式,可节约在配送系统方面的投资和人力资源的配置,提高资金的使用效率,降低成本开支。

3. 对于配送系统的意义和作用

对于配送系统来说,可以通过科学合理的配送管理实现以下功能:

(1) 完善配送系统。配送是构成整体物流系统的一个重要系统,处于物流活动的末端,其完善和发展将会使整个物流系统得以完善和发展。通过科学合理的配送管理,可以帮助完善整个配送系统,从而达到完善物流系统的目的。

(2) 强化配送系统的功能。通过配送管理,将更强地体现出配送运作乃至整体物流运作的系统性，使运作之中的各个环节紧密衔接、互相配合，从而达到系统最优的目的。

（3）提高配送系统的效率。对于配送工作而言，与其他任何工作一样，需要进行工作全过程的管理，以不断提高系统运作效率，实现更好的经济效益与社会效益。

四、配送管理的原则

配送管理的具体原则很多，但最根本的指导原则是保证配送合理化的实现。所谓配送合理化，就是对配送设备配置和配送活动组织进行调整改进，实现配送系统整体优化的过程。它具体表现在兼顾成本与服务上。配送成本是配送系统为提高配送服务所投入的活劳动和物化劳动的货币表现，配送服务是配送系统投入后的产出。合理化是投入和产出比的合理化，即以尽可能低的配送成本获得可以接受的配送服务，或以可以接受的配送成本达到尽可能高的服务水平。

1. 配送合理化的基本思想

配送活动各种成本之间经常存在着此消彼长的关系，配送合理化的一个基本的思想就是"均衡"的思想，从配送总成本的角度权衡得失。不求极限，但求均衡，均衡造就合理。例如，对配送费用的分析，均衡的观点是从总配送费用入手，即使某一配送环节要求高成本的支出，但如果其他环节能够降低成本或获得利益，就认为是均衡的，即是合理可取的。在配送管理实践中，切记配送合理化的原则和均衡的思想，有利于我们防止"只见树木，不见森林"，做到不仅注意局部的优化，更注重整体的均衡。这样的配送管理对于企业取得最大的经济效益才是最有成效的。

2. 不合理配送的表现形式

对于配送的决策优劣，不能简单处之，也很难有一个绝对的标准。例如，企业效益是配送的重要衡量标志，但是，在决策时常常考虑各个因素，有时要做赔本买卖。所以，配送的决策是全面、综合决策。在决策时要避免由于不合理配送出现所造成的识大，但有时某些不合理现象是伴生的，要追求大的合理，就可能派生出小的不合理，所以，这里只单独论述不合理配送的表现形式，但要防止绝对化。

（1）资源筹措的不合理

配送是利用较大批量筹措资源。通过筹措资源的规模效益来降低资源筹措成本，使配送资源筹措成本低于用户自己筹措资源成本，从而取得优势。如果不是集中多个用户需要进行批量筹措资源，而仅仅是为某一两户代购代筹，对用户来讲，就不仅不能降低资源筹措费，相反却要多支付一笔配送企业的代筹代办费，因而是不合理的。

资源筹措不合理还有其他表现形式，如配送量计划不准，资源筹措过多或过少，在资源筹措时不考虑建立与资源供应者之间长期稳定的供需关系等。

(2) 库存决策不合理

配送应充分利用集中库存总量低于各用户分散库存总量,从而大大节约社会财富同时降低用户实际平均分摊库存负担。因此,配送企业必须依靠科学管理来实现低总量的库存,否则就会出现单是库存转移,而无法解决库存降低的不合理。

配送企业库存决策不合理还表现在储存量不足,不能保证随机需求,失去了应有的市场。

(3) 价格不合理

总的来讲,配送的价格应低于不实行配送时,用户自己进货时产品购买价格加上自己提货、运输、进货之成本总和,这样才会使用户有利可图。有时候,假如配送有较高的服务水平,即使价格稍高,用户也是可以接受的,但这不能作为普遍的原则。如果配送价格普遍高于用户的进货价格,损伤了用户利益,就是价格不合理的表现。

价格制定过低,使配送企业处于无利或亏损状态下运行,会损伤销售者,也是不合理的。

(4) 配送与直达的决策不合理

一般的配送总是增加了环节,但是这个环节的增加,可降低用户的平均库存水平,不但可抵消所增加环节的支出,而且还能取得剩余效益。但是如果用户使用批量大,可以直接通过社会物流系统均衡批量进货,较之通过配送中转送货则可能更节约费用,所以在这种情况下,不直接进货而通过配送,就属于决策不合理的范畴。

(5) 送货中不合理运输

配送与用户自提比较,尤其对于多个小用户来讲,可以集中配装一车送几家,这比一家一户自提节省运力和运费。如果不能利用这一优势,仍然是一户一送,而车辆达不到满载(即时配送过多过频时会出现这种情况),则就属于不合理。

此外,不合理运输的若干种表现形式,在配送中都可能出现,会使配送变得不合理。

(6) 经营观念的不合理

在配送实施中,有许多是经营观念不合理,使配送优势无从发挥,相反却损坏了配送的形象。这是在开展配送时尤其需要注意克服的不合理现象。例如,配送企业利用配送手段,向用户转嫁资金、库存困难;在库存过大时,强迫用户接货,以缓解自己的库存压力;在资金紧张时,长期占用用户资金;在资源紧张时;将用户委托资源挪作他用等。

3. 配送合理化的判断标志

对于配送合理化与否的判断,是配送决策系统的重要内容,目前国内外尚无一定的技术经济指标体系和判断方法,按一般认识,以下若干标志是应当纳入的:

(1) 库存标志

库存是判断配送合理与否的重要标志。具体指标有以下两方面:

①库存总量。库存总量在一个配送系统中,从分散于各个用户转移给配送中心,配送中心库存数量加上各用户在实行配送后库存量之和应低于实行配送前各用户库存量之和。

此外,从各个用户的角度判断,各用户在实行配送前后的库存量比较,也是判断合理与否的标准,某个用户的库存量上升而总体库存量下降,也属于一种不合理。

库存总量是一个动态的数量,上述比较应当是在一定经营量前提下进行。在用户生产有了一定的发展之后,库存总量的上升则反映了经营的发展,因此,必须扣除这一因素,才能对总量是否下降做出正确的判断。

②库存周转。由于配送企业的调剂作用,以低库存保持高的供应能力,库存周转一般总是快于原来各企业库存周转。

此外,从各个用户角度进行判断,各用户在实行配送前后的库存周转比较,也是判断合理与否的标准。

为取得共同比较基准,以上库存标志都以库存储备资金计算,而不以实际物资数量计算。

(2) 资金标志

总的来讲,实行配送应有利于资金占用降低及资金运用的科学化。具体判断标志如下:

①资金总量。用于资源筹措所占用流动资金总量,随着储备总量的下降及供应方式的改变必然有一个较大的降低。

②资金周转。从资金运用来讲,由于整个节奏加快,资金充分发挥作用,同样数量资金,过去需要较长时期才能满足一定供应要求,配送之后,在较短时期内就能达此目的。所以,资金周转是否加快,是衡量配送合理与否的标志。

③资金投向的改变。资金分散投入还是集中投入,是资金调控能力的重要反映。实行配送后,奖金必然应当从分散投入改为集中投入,以起到增加调控的作用。

(3) 成本和效益

总效益、宏观效益、微观效益、资源筹措成本都是判断配送合理化的重要标志。对于不同的配送方式,可以有不同的判断侧重点;例如,配送企业、用户都是各自独立的以利润为中心的企业,则不但要看配送的总效益,而且还要看对社会的宏观效益及两个企业的微观效益,不顾及任何一方,都必然出现不合理。又例如,如果配送是由用户集团自己组织的,配送主要强调保证能力和服务性,那么,效益主要从总效益、宏观效益和用户集团企业的微观效益来判断,不必过多顾及配送企业的微观效益。

由于总效益及宏观效益难以计量,在实际判断时,常常以是否按国家政策进行经营,完成国家税收的情况以及配送企业和用户的微观效益来判断。

对于配送企业而言(投入已确定的情况下),则企业利润反映配送合理化程度。

对于用户企业而言,在保证供应水平或提高供应水平(产出一定)的前提下,供应成本的降低,反映了配送的合理化程度。

成本及效益对合理化的衡量,还可以具体到储存、运输具体配送环节,使判断更为精细。

(4) 供应保证标志

实行配送,各用户的最大担心是害怕供应保证程度降低,这是个心态问题,也是决定承担多大风险的实际问题。

配送的重要一点是必须提高而不是降低对用户的供应保证能力,才算实现了合理。供应保证能力可以从以下方面判断:

①缺货次数。实行配送后,对各用户来讲,该到货而未到货以致影响用户生产及经营的次数,必须下降才算合理。

②配送企业集中库存量。对每一个用户来讲,其数量所形成的保证供应能力高于配送前单个企业保证程度,从供应保证来看才算合理。

③即时配送的能力及速度是用户出现特殊情况的特殊供应保障方式,这一能力必须高于未实行配送前用户紧急进货能力及速度才算合理。

特别需要强调一点,配送企业的供应保障能力,是一个科学合理的概念,而不是个无限的概念。具体来讲,如果供应保障能力过高,超过了实际的需要,则属于不合理。所以,追求供应保障能力的合理化也是有限度的。

(5) 社会运力节约标志

末端运输是目前运能、运力使用不合理,浪费较大的领域,因而人们寄希望于配送来解决这个问题,这也成了配送合理化的重要标志。

运力使用的合理化是依靠送货运力的规划和整个配送系统的合理流程及与社会运输系统合理衔接实现的。送货运力的规划是任何配送中心都需要花力气解决的问题,而其他问题有赖于配送及物流系统的合理化,判断起来比较复杂。可以简化判断如下:

①社会车辆总数减少,而承运量增加为合理;

②社会车辆空驶减少为合理;

③一家一户自提自运减少,社会化运输增加为合理。

(6) 用户企业仓库、供应、进货人力物力节约标志

配送的重要观念是以配送服务用户,因此,实行配送后,各用户库存量、仓库面积仓库管理人员减少为合理;用于订货、接货、搞供应的人应减少才为合理。真正解除了用户的后顾之忧,配送的合理化程度则可以说是一个高水平了。

(7) 物流合理化标志

配送必须有利于物流合理。这可以从以下几方面判断:

①是否降低了物流费用;

②是否减少了物流损失;

③是否加快了物流速度；

④是否发挥了各种物流方式的最优效果；

⑤是否有效衔接了干线运输和末端运输；

⑥是否不增加实际的物流中转次数；

⑦是否采用了先进的技术手段。

物流合理化的问题是配送要解决的大问题，也是衡量配送本身的重要标志。

4. 配送合理化可采取的做法

国内外推行配送合理化，有如下一些可供借鉴的办法：

（1）推行一定综合程度的专业化配送

通过采用专业设备、设施及操作程序，取得较好的配送效果并降低配送过分综合化的复杂程度及难度，从而追求配送合理化。

（2）推行加工配送

通过加工和配送结合，充分利用本来应有的这次中转，而不增加新的中转以求得配送合理化。同时，加工借助于配送，加工目的更明确，和用户联系更紧密，更避免了盲目性。这两者有机结合，投入不增加太多却可追求两个优势、两个效益，是配送合理化的重要经验。

（3）推行共同配送通过共同配送，可以以最近的路程、最低的配送成本完成配送，从而追求合理化。

（4）实行送取结合配送企业与用户建立稳定、密切的协作关系。配送企业不仅成了用户的供应代理人，而且承担用户储存据点的作用，甚至成为产品代销人。在配送时，将用户所需的物资送到，再将该用户生产的产品用同一车运回，这种产品也成了配送中心的配送产品之一或者作为代存代储，免去了生产企业的库存包袱。这种送取结合的方法，使运力充分利用，也使配送企业功能有更大的发挥空间，从而有助于追求合理化。

（5）推行准时配送系统准时配送是配送合理化的重要内容。配送做到了准时，用户才有资源把握，可以放心地实施低库存或零库存，可以有效地安排接货的人力、物力，以追求最高效率的工作。另外，保证供应能力，也取决于准时供应。从国外的经验看，准时供应配送系统是现在许多配送企业追求配送合理化的重要手段。

（6）推行即时配送即时配送是最终解决用户企业担心断供之忧，大幅度提高供应保证能力的重要手段。即时配送是配送企业快速反应能力的具体化，是配送企业能力的体现。即时配送成本较高，但它是整个配送合理化的重要保证手段。此外，用户要实行零库存，即时配送也是重要手段保证。

案例分析

我国西部电子商务与物流配送模式研究

随着中国加入 WTO，物流业的重要价值和地位也逐步为发达城市所认识，山东、上海、北京、深圳、青岛、长春等许多地方政府，已将现代物流业列为政府支持发展的重点产业和新的经济增长点。作为有较多资源优势的西部，如何利用西部开发的有利政策和中国入世的有利时机，利用电子商务，改善物流配送模式，促进西部物流的发展以更强的实力迎接新形势的挑战，这是摆在西部政府和相关企业面前的一个问题，同时也是一个机遇。

一、西部物流的现状

经过多年的发展，西部物流业逐步形成了一定规模，交通运输、仓储、包装配送等基础设施的建设和投资也不断加强，市场物流网络也逐渐扩大，但是，和发达地区或城市相比，限于人才、地理、经济与政策等各方面因素，西部物流业的发展相对于其他地区而言一直处于滞后状态，水平不高、规模较小，不能起到新经济支柱的作用，主要表现为：

1. 企业规模小，缺乏国际竞争力

西部区域大多数物流企业运营方式单一，物流业尚未形成多元化的格局，物流企业规模小，行业分散，地域分散，专业化流通的集约化经营优势难以发挥，规模经营、规模效率难以实现。从 2000 年全国 35 个大城市外贸进出口情况来看，西部物流规模明显低于东部发达城市，以重庆直辖市为例，2000 年的进出口贸易额为 18.5 亿美元，虽然位居西部城市之首，但只相当于上海 547 亿美元的 1/30，天津 171 亿美元的 1/10，显然，其国际竞争力很弱，难以在国际经济的浪潮中有大的作为。

2. 基础设施差，信息相对闭塞

西部物流企业大部分是在传统体制下物资流通企业基础上发展而来的，企业服务内容多数仍停留在仓储、运输、搬运上，各服务环节仍存在手工作业，加上在设备和计算机上投入不足，导致基础设施较差，相关设备不配套，自动化网络化程度低，不能进行有效的优化调度、计划配置和客户关系管理，缺乏物流信息的收集、加工、处理和运用能力，信息有点无网或有网不畅，不能提供全方位的查询、跟踪等信息服务，使得西部物流的发展仍局限在一个本来就闭塞的地理环境中，和外部的信息渠道不够畅通，失去许多大好机会，限制了西部物流企业的发展。

3. 物流服务能力差，市场辐射小

随着物流消费需求差异化、消费心理多样化发展，物流已从传统的集货物流向多频度、少量化、短时化的现代物流发展，这对物流企业在营销手段、客户支持、售后服务等方面提出了许多新的要求。而西部物流企业由于资金、人才、地理等各方面原因,仍停留在传统物流的营销模式和服务水平上,缺乏和消费者的双向信息沟通的手段,没有有效的市场推广和管理系统,服务内容单一,服务质量仍呈现一种被动性、波动性、短期性层面,缺乏长期发展战略,经营方式死板,绝大多数物流企业只能提供单项或分段的物流服务,不能完成物流供应链的全程管理与控制,缺乏市场竞争力,很难实现向周边地区的市场辐射,甚至原有物流市场在国内先进物流企业及国外物流企业进军西部的形势下也朝不保夕。

4. 物流成本高,缺乏高附加值的服务项目

西部物流部门条块分割的现象比较严重,每个部门自成体系,使物流环节的运输工具、承载设施和设备的标准和规范不统一,导致物流无效作业环节增加,物流速度降低和物流成本上升,影响了物流的效益;由于信息技术的落后,西部企业原料的采购与产品的推广仍采用传统方式,包括固定的配套厂家、固定的商品代理与分销代理、频繁的展览会与展销会推广、广告印刷品的大量的制作、传真和邮寄的大量采用,这些都导致企业物流成本长期居高不下,特别是中小型企业,由于资金本来就十分匮乏,较高的物流成本更制约了企业的发展;另外,西部区域大多为边远地区或闭塞内地,缺少出海口岸或全球性的物资集散地,无论是原料的输入还是产品的输出,都需依托沿海重要港口或物资中转地,不可避免地增加了物流成本。物流成本明显高于东部,而物流技术水平服务能力还处于一个较低层次的情况下,缺乏高附加值的服务项目,是当前西部物流企业不能大踏步发展的主要原因。

5. 企业管理水平低

西部物流企业大多仍采用传统的"金字塔"式的组织结构,即一层层地向上面负责的职能概念。此种方式下,供应链中间环节多,组织效率低下,管理水平低,配送成本高,客户满意度差,造成盈利能力低,严重影响了行业发展。同时,市场机制不健全、竞争秩序不规范,现有的规章制度和管理方式与现代物流的发展极不协调。

二、西部电子商务下的配送模式

电子商务解决了西部中小型物流企业的信息屏障问题,提高了西部物流信息的辐射与吸收能力,但要完成对信息的有效消化,将信息转化为实际生产力,使电子商务从虚拟走向现实,还需不断挖掘企业潜力、实现物流资源合理搭配、实现供应链集成、加强物流体系建改,特别是在与信息收集、客户服务紧密相关的物流配送上,更要加强管理,研究并建立起适应电子商务时代的物流配送模式与方法。

1. 共同配送

通过建立电子商务,西部生产企业可以实现相互资源的信息沟通,这为在企业间开展共同配送创造了良好的基础条件。共同配送,即是通过在中小生产企业或中小配送中心之间实行联合,统一制订配送计划,共同使用配送资源,完成配送任务。根据情况的不同,共同配送可以采取横向共同配送与纵向共同配送两种形式。横向共同配送既可以在同行业间开展,又可以在不同行业间展开;既可以通过行业或企业协会组

织,又可以主干生产企业或大型运输企业为主导、中小企业为合作者的形式开展。纵向共同配送主要是在批发商与生产商之间、批发商与零售商之间,以及三者之间实现供应链配送集成。通过实行上述形式的共同配送,无须投入大量资金、设备、土地、人力等,就可实现配送作业经济规模的增长,扩大销售网络,降低配送成本,改善交通运输状况,提高车辆装载率,使电子商务环境下的少量、多频度、小单位配送的要求得以实现,从而实现真正意义上的电子商务。正因为共同配送实现了同业或异业合作互补、聚集合作经营促总效、实现优化配送等作用,在美国、日本等一些发达国家得到广泛应用,已成为一种影响面较大的先进物流方式。从西部物流的规模、效率、市场、电子商务发展趋势等各因素出发共同配送是提升商业物流环境、改善整体社会生活品质的一个重要配送模式,在西部物流的发展中应重点推广,通过鼓励兼并、重组、联合与优化,构筑多个具有西部特点的大型配送中心,建立起社会化、网络化的西部物流配送体系。当然,共同配送涉及很多具体的细节问题,在实施过程中难免会出现一些困难,如各企业的产品、规模、商圈客户、经营意识等差异问题,组织协调问题、费用分摊问题、商业机密问题等,这些均应在具体实施时考虑解决。

2. 交叉配送

在电子商务条件下,网络贸易实现了零售商各分销点需求量的同时采集与供应商产品的随时掌握,使得零售商同时采集、批量组织各分销点的物资配送成为可能,为降低成本,减少库存,提高快速反应能力,可以采用交叉配送,即先按所掌握的所有分销点产品总量在各批发商处统一装载、运输物资,然后在零售商流通中心按发送店铺迅速进行分拣装车,向各个分销点发货,实现零售业配送。在这种配送方式中,通过流通中心的分拣装运功能,降低产品交纳周期、减少库存、提高周转率,节约网络销售成本,不失为西部零售企业物流的一种优化配送方式。

3. 准时制配送

电子商务的主要优势就是即时性,用户需求响应时间非常短,要体现这种优势,开展准时制配送是一个途径,即随时根据用户要求的送货时间、数量等,进行配送。此种配送是以牺牲配送费用来换取配送时间,通常以当天完成为标准。西部地区的交通条件相对较弱,开展准时制配送的难度较大,可以通过在人口密集地区、经济相对繁荣地区适当增加配送中心配置密度,运用电子商务平台实现多个配送中心或仓库的统一管理与调配,通过就近配送实现准时制配送。准时制配送的开展,可以充分利用西部物流企业长期积累,逐渐成网络的仓库、配送中心等资源,规范配送组织与管理,提高配送反应速度,从而在与外地或国外物流企业的竞争中处于有利地位,最终提高整个西部地区的物流发展水平。

4. ABC配送

可以针对三类物资确定配送模式,即对于A类物资,为减少占用资金,保证用户收货质量,宜采用准时配送,单独作业,反馈跟踪。对于B类物资,可实行批量正常配送即在规定的延迟期内，将物资组合成批量，配送供货。对于C类物资，由于价值最低其配送的延迟期最长，可以充分利用社会配送或共同配送实现。在电子商务中，运用ABC配送方式，可以使不同层次用户的需求在超过供货方配送能力的条件下得到充分满足有效增强运用电子商务的信心，促进电子商务的物流应用。

5. 配送管理信息系统建设

作为电子商务的管理后台，配送管理信息系统是调配资源、优化管理、组织实施的中枢，通过和电子商务平台无缝结合，实现信息的统计、分析、预测与辅助决策守，可以有效弥补交通等其他条件的不足，优化配送流程，选择低成本的运输方式或路径实执配送，如通过配送管理信息系统和电子商务平台，可以大大减少收到客户订单的时间，从而可在不改变订货提前期的条件下，延长配送中的运输时间，选择低成本的运输方式如水运、铁路等。在配送系统的建设中，结合西部资金和物流发展状况，贯彻软件先行的原则，利用有限的资金、物力条件以及相对便宜的人力优势，瞄准国际先进水平，开发出较先进的配送计算机管理信息系统软件，通过迅速提高管理决策水平带动西部物流的持续、健康地发展。

资料来源：姜大立等．西部电子商务与物流配送模式研究［J］．商品储运与养护，2001（23）．

案例思考

1. 西部物流的现状具体表现为哪些方面？
2. 西部电子商务下的配送模式有几种？它们的区别在什么方面？
3. 西部电子商务下的配送模式各自的特点和运作方式是什么？

复习与思考题

1. 什么是配送？什么是配送管理？
2. 说明配送的各种不同分类形式。
3. 配送模式的种类都包括什么？
4. 配送管理包含哪些内容？
5. 说明配送合理化的基本思想与判断标志。

第七章
>>> 物流信息管理

学习目的与要求

- 了解物流信息的概念,掌握物流信息的分类、特征;
- 了解物流信息化的特征并掌握物流信息化的定义与任务、特征;
- 了解物流信息管理的理论基础并掌握物流信息管理方法。

案例导入

从顺丰速运看快递业的信息化管理

快递作为物流细分行业之一,为客户提供"门到门"的服务,其从收取到派送的生产过程覆盖物流的所有功能环节,其生产活动的特点决定了需要全部实现物流的运输、储存、装卸、搬运、包装、流通加工、配送、信息处理八项功能才能完成整个生产过程。各种信息的流动和挖掘是其核心业务的关键需求,直接影响到服务能力、服务质量和业务发展。在工信部两化融合示范企业评选中,顺丰速运当选为物流领域示范企业。笔者调研发现,其信息化建设思路、路径、经验和思考,颇有值得借鉴之处。

目前,顺丰集团已经发展成为一家年均增长速度40%以上、自建航空公司、有飞机近30架、基层营业网点达4000余个、员工超15万人、服务网络已完成对中国版图的完整覆盖(含香港、澳门特区及我国台湾省)并拓展至韩国、日本、新加坡、美国等海外市场的大型综合性速递企业。

顺丰以物流营运全部环节为主体逐步推进信息化路径,截至目前,顺丰共有信息系统160多套,实现物流全部环节与配套环节的信息化管理。"十一五"期间,顺丰在信息化方面投入约15亿元;"十二五"期间,顺丰预计投入超过50亿元。顺丰在近期投资近亿元自主研发的"时效管理系统"中,快件全生命周期持续下降,快件安全性持续升高。顺丰成为目前快递行业中唯一采用"快件全生命周期"对物流各个环节进行监控的企业。

顺丰速运在收派件环节应用电信无线分组交换技术 GPRS，实现订单的自动派发和快件信息的上传，便于用户及时掌握快件的流转地理位置；应用电子签名技术，使客户识别签收人；还包括手持终端使用条形码识别技术、热敏打印技术、电子签名、手写识别技术以及可以预见的先进技术的接口等。

一、信息化综合集成应用全面

顺丰坚持以科技提升服务，大力进行科技投入。顺丰投入巨资以项目形式开展，由公司内部营运与 IT 共同组成团队进行研发，陆续实施上线了 HHT 手持终端、全/半自动分拣系统、呼叫中心、营运核心平台系统、客户关系管理系统、GPS 全球定位系统和航空管理系统等先进的软硬件设施设备，率先在国内实现了对货物从下单到派送的全程监控、跟踪及查询，并全部采用全自动与半自动机械化操作，优化快件的操作流程。

通过运用手持式数据终端、全球卫星定位、全自动分拣等高科技手段，顺丰整合了包括航空货运、公路运输、铁路运输等多种运输方式，在不同运输方式的衔接环节保持运作调度、信息流转和操作标准的高度融合和协调一致，从而确保快件安全、快速地送达客户手中。同时，通过整合，使单位能耗逐步降低，为节能减排做出企业应有的贡献。充分应用计算机技术、网络技术及相关的关系型数据库、条形码技术、EDI 等技术，高度集成物流系统的各个环节，借助信息技术对生产过程进行运筹和决策，集中反映应用现代信息技术改造传统物流业的方法和趋势，通过物流信息化水平的提升推动物流业务的发展。

物流全过程业务信息系统包括对客户下单、上门收件、运输调度、储存保管、转运分拨、快件集散、流通加工、信息服务等诸多物流功能要素的数据收集与监管，且和项目实施方所处行业的运作体制、标准化、电子化及自动化等基础环境高度匹配。其中业务核心系统、客户核心系统、财务等信息系统均实现底层数据无缝对接，客户服务实现对客户管理系统的动态资源管理；收派服务环节应用 GPRS 通用无线分组业务；运输调度通过后台指挥中心实现对车辆全程车载监控、GPS 定位功能；转运分拨实现全自动分拣和半自动分拣方式，并在实体到达之前对运单信息分析，提前知晓快件流向；派件采用电子签收、MSG 服务。

二、全生命周期管理效益显著

在信息化综合集成的基础上，顺丰根据物流快递的行业特性，提出了快件全生命周期的概念，据此进行信息化的模式创新。快件生命周期包括 5 个组成部分：客户环节、收派环节、仓储环节、运输环节、报关环节。目前，各个环节的信息化应用已经取得显著成效。

在客户环节，呼叫中心已经能够做到每一通呼叫都可记录对应的通话原因，每个客户投诉都有完整的处理流程。通过呼叫中心系统数据记录统计，已整理 100 个左右的解决方案，普通座席人员可以很有信心地处理 90% 的客户来话，从而降低了呼叫中心员工的工作压力,帮助员工提高了工作绩效,也为优秀员工提供了职业发展的空间。

在收派环节,手持终端程序的最大优势就是减少人工操作中的差错和提高操作人员的工作效率,目前顺丰使用的第四代手持终端系统使收派员的工作效率提高了20%以上。

在仓储环节,顺丰的全自动分拣系统能连续、大批量地分拣货物并不受气候、时间、人的体力等因素的限制,可以连续运行。同时,由于自动分拣系统单位时间分拣件数多,因此,自动分拣系统每小时可分拣7000件包装商品,如用人工则每小时只能分拣150件左右,而且分拣人员也不能在这种劳动强度下连续工作8小时。而且,自动分拣系统的分拣误差率极低,自动分拣系统的分拣误差率大小主要取决于所输入分拣信息的准确性,顺丰的全自动分拣系统采用条形码扫描输入,除非条形码的印刷本身有差错或损坏,否则不会出错,系统识别准确率高达99%。

在运输环节,GPS对车辆的动态控制功用,完成了运输过程的透明化管理,可以对运输方案、车辆配置及时中止优化,运输成本综合降低25%。

另外,在为电子商务客户服务方面,顺丰通过信息化与电子商务客户之间的系统实现对接,同时以安全、快速的客户体验赢得了电子商务企业与个人客户的逐步信赖,深刻地改变着网购快递的使用习惯。仅近期,顺丰网购收入增长率就超过70%。

三、发展第三方物流是潮流所向

我国物流信息化目前存在的主要问题是物流系统效率低、物流成本高,基础设施的配套性、兼容性差,物流技术装备水平低,标准化建设滞后。

我国与发达国家在物流成本方面、周转速度方面以及产业化方面存在较大差距,服务水平和效率较低。目前,物流各环节的衔接还不够顺畅,运转效率不高,反映为货物在途时间、储存时间、基础设施劳动生产率等方面均有较大改善和提高的空间。各地域经济发展的不平衡,导致物流基础设施的规划和建设的配套性、兼容性差,系统功能不强。在不同运输方式之间、不同地区运输系统之间相互衔接的枢纽设施建设的投入不足,对业务发展有重要影响的各种综合性货运枢纽、物流基地、物流中心建设发展缓慢。在仓储设施方面,顺丰拥有的仓库部分是普通平房仓库,现代化立体自动化仓储设施比例较低,具有冷藏、保鲜、气调功能的仓库更少。物流是跨地区、跨行业的运作系统,标准化程度的高低不仅关系到各种物流功能、要素之间的有效衔接和协调发展,也在很大程度上影响着公司整体物流效率的提高。标准化滞后主要表现在与某些环节有关的标准及规章制度未及时进行同步协调等。

为此,顺丰认为,第三方物流是社会化分工和现代物流发展的方向。目前我国第三方物流企业处于发展阶段,这是当前物流发展中最薄弱的环节。据调查统计,在工业企业中,原材料的物流交由第三方物流完成的占18%,商品销售物流仅占16%。相当多的企业物流主要靠自己组织,这是造成整个经济运行效率低下的重要原因。今后推动物流产业的发展,要重点发展第三方物流,用信息化、智能化、服务综合化及个性化塑造先进的物流服务形态，培育具有国际竞争力的市场主体。

顺丰建议，为实现物流信息化的发展目标，还要加强统一领导，建立必要的政府部门间协调机制，要实施有利于物流企业发展的相关政策，要构建物流信息系统产业与标准，持续加强对企业信息化建设提供技术和资金支持，抓好物流标准化体系建设，充分发挥行业社团组织的作用等。

第一节 物流信息的概述

一、物流信息的概念

整个物流过程是一个多环节（多子系统）的复杂系统。物流系统的各个子系统通过物质实体的运动将他们联系在一起，一个子系统的输出就是另一个子系统的输入。合理组织物流活动，就是使各个环节相互协调，根据总目标的需要适时、适量地调度系统内的基本资源。物流系统中的相互衔接是通过信息予以沟通的，基本资源的调度也是通过信息的传递来实现的。例如，物资调运是根据供需数量和运输条件来进行的，装卸活动的组织是按运送货物的数量、种类、到货方式以及包装情况来决定的。因此，物流内控必须以信息为基础，一刻也不能离开信息。为了使物流活动正常而有规律地进行，必须保证物流信息畅通。

物流信息是指与物流活动（如运输、仓储、装卸、搬运、包装、流通加工和配送）有关的信息。物流信息的产生与物流活动的开展密不可分。由于物流系统是涉及社会经济生活各个方面的错综复杂的大系统，关系到原材料供应商、生产制造商、批发商、零售商及最终消费者及市场流通的全过程。因此，物流信息数量巨大，类型繁多。例如，在运输管理子系统中，运输方式的选择、运输服务商的确定、运输工具的选择、运输路线的确定等需要大量的准确的物流运输信息来进行决策支持；又如，在库存管理子系统中，管理人员需要了解仓库的分布状况、库存的数量、入库出库情况、库存时间的确定等库存信息，以加强库存管理，最大限度地降低库存成本。

另外，我们应当注意物流信息是一个相当宽泛的概念，它不仅包括与物流活动有关的信息，还包括大量的其他流通活动的信息。例如，商品的交易信息、商品的市场信息等。商品的交易信息包括商品的销售和购买信息等；商品的市场信息包括市场的结构信息、消费者的需求信息、竞争性商品的信息。此外，物流信息还应包括政策信息、通信交通等基础设施信息等。总之，在现代物流活动中，物流信息与其他各类相关信息相互交叉，相互融合，共同在物流系统和整个供应链活动中发挥着重要的作用。

物流信息又可以分为广义的物流信息和狭义的物流信息。

1. 广义的物流信息

从广义的范围来看，物流信息不仅指与物流活动有关的信息，而且包括与其他流通活动有关的信息，如商品交易信息和市场信息等。商品交易信息是指与买卖双方的交易过程有关的信息，如销售和购买信息、订货和接受订货信息、发出货款和收到货款信息等。市场信息是指与市场活动有关的信息，如消费者的需求信息、竞争业者或竞争性商品的信息、销售促进活动有关的信息、交通通信等基础设施信息等。在现代经营管理活动中，物流信息与商品交易信息、市场信息的相互交叉和融合有着密切的联系。如零售商根据对消费者需求的预测以及库存状况制订订货计划，向批发商或直接向生产商发出订货信息。批发商在接到零售商的订货信息后，在确认现有库存水平能满足订单要求的基础上，向物流部门发出发货配货信息；如果发现现有库存不能满足订单要求则马上组织生产，在按订单上的数量和时间要求向物流部门发出发货配送信息。由于物流信息与商品交易信息和市场信息相互交融密切联系，所以，广义的物流信息还包括与其他流通活动有关信息。广义的物流信息不仅能起到连接整合生产厂家、经过批发商和零售商最后到消费者的整个供应链作用，而且在应用现代信息技术（如 EDI、EOS、POS、互联网、电子商务等）的基础上能实现整个供应链活动的效率化，具体地说就是利用物流信息对供应链各个企业的计划、协调、顾客服务和控制活动进行有效管理。

2. 狭义的物流信息

物流信息包含的内容可以从狭义和广义两方面来考察。从狭义范围来看，物流信息是指与物流活动（如运输、保管、包装、装卸、流通加工等）有关的信息。在物流活动的管理与决策中，如运输工具的选择、运输路线的确定、每次运送批量的确定、在途货物的跟踪、仓库库存的有效利用、最佳库存数量的确定、订单管理、如何提高顾客服务水平等，都需要详细和准确的物流信息，因为物流信息对运输管理、库存管理、订单管理仓库作业管理等物流活动具有支持保证的功能。

二、物流信息的分类、特征与作用

1. 物流信息的分类

物流信息是随着企业的物流活动而同时发生的。物流信息是使运输、保管、装卸、配送等物流功能顺利完成的必不可少的条件。

物流信息的分类可以按照信息在物流活动中所起的作用的不同，而将物流信息分成以下几类：

（1）订货信息；

（2）库存信息；

（3）生产知识信息（采购知识信息）；

(4) 发货信息；

(5) 物流管理信息。

一般来说，在企业的物流活动中，按照顾客的订货要求，接受订货处理是物流活动的第一步。因此，接受订货的信息是全部物流活动的基本信息，接着，并根据发货信息把货物移到搬出的地方准备发货。商品库存不足时，制造厂接受订货的信息和现有商品的库存信息进行对照，根据生产指示信息安排生产；在销售业务中，按照采购指示信息安排采购。物流管理部门进行管理和控制物流活动，必须收集交货完毕的通知，物流成本费用仓库、车辆等物流设施机械工作率等信息作为物流管理信息。

物流信息对整个物流系统起着相互衔接作用，对物流活动起支持作用。物流系统内各子系统的相互衔接是通过信息予以沟通的，而且系统内基本资源的调度也是通过信息的传递来实现的。通过物流信息的指导，才能保证物流各项活动运转；物流系统也不再是各个独立活动的组合，而是有机的联系和密切的组合。

2. 物流信息的特征

(1) 信息量大

物流信息随着物流活动以及商品交易活动展开而大量发生。多品种少量生产和多频度小数量配送，使库存、运输等物流活动的信息大量增加。零售商广泛使用销售时点系统读取销售时点的商品品种、价格、数量等即时销售信息，并对这些销售信息加工整理，通过电子数据自动交换向相关企业传递。同时，为了使库存补充作业合理化，许多企业采用电子自动订货系统随着企业间合作倾向的增强和信息技术的发展，物流信息的信息量在今后将会越来越大。

(2) 更新快

物流信息的更新速度快、多品种少量生产、多频度小数量配送与利用销售时点系统的即时销售使得各种作业活动频繁发生，从而要求物流信息不断更新，而且更新的速度越来越快。

(3) 来源多样化

物流信息不仅包括企业内部的物流信息（如生产信息与库存信息等），而且包括企业间的物流信息和与物流活动有关的基础设施的信息。企业竞争优势的获得需要供应链各参与企业之间相互协调合作。协调合作的手段之一是信息即时交换和共享。许多企业把物流信息标准化和格式化，利用电子数据交换在相关企业间进行传送，实现信息分享。此外，物流活动往往利用道路、港湾、机场等基础设施。因此，为了高效率地完成物流活动，必须掌握与基础设施有关的信息，如在国际物流过程中必须掌握报关所需信息、港湾作业信息。

3. 物流信息的作用

物流信息是物流系统的功能要素之一。物流信息的功能，如同人们对一般的信息功能的认识一样，可以从不同的角度进行描述。物流信息在发挥物流系统整体效能上的功能，体现在以下两个方面：

（1）物流信息是物流系统整体的中枢神经物流系统，是一个有着自身运动规律的有机整体。物流信息经收集、加工、处理后，成为系统决策的依据，对整个物流活动起着运筹、指挥和协调的作用。如果信息失误，则运筹、指挥活动便会失误；如果信息系统故障，则整个物流活动将陷入瘫痪。

（2）物流信息是物流系统变革的决定性因素人类已进入信息时代。信息化将改变现有社会经济的消费系统和生产系统，从而改变人类生存的秩序。物流是国民经济的服务性系统。社会经济秩序的变革必将要求现有的物流系统结构、秩序随之变革。物流信息化既是这种变革的动力，也是这种变革的实质内容。

物流信息系统是把各种物流活动与某个一体化过程连接在一起的通道。一体化过程建立在四个层次上，交易、管理控制、决策分析以及制定战略计划系统。物流信息对交易、管理控制、决策分析以及战略计划起强大的支持作用。

（1）支持交易系统。交易系统是用于启动和记录个别的物流活动的最基本的层次。交易活动包括记录订货内容、安排存货任务、作业程序选择、装船、定价、开发票以及消费者咨询等。例如，当收到消费者订单进入信息系统时，就开始了第一笔交易。按订单安排存货、记录订货内容，就意味着开始了第二笔交易。随后产生的一笔交易是打印和传送付款发票。在整个过程中，当消费者需要而且必须获得订货状况信息时，通过一系列信息交易，就完成了消费者订货功能的循环。交易系统的特征是：格式规则化、通信交互化、交易批量化以及作业逐日化。结构上的各种过程和大批量交易相结合主要强调了信息系统的效率。

（2）支持管理控制。管理控制，要求把主要精力集中在功能衡量和报告上。功能便量对于提供有关服务水平和资源利用等管理反馈来说是必要的。因此，管理控制以可估价的、策略上的、中期的焦点问题为特征，它涉及评价过去的功能和鉴别各种可选方案。普通衡量包括每吨的运输和仓储成本（成本衡量）、存货周转（资产衡量）、供应比率（顾客服务衡量）、每工时生产量（生产率衡量）以及顾客的感觉（质量衡量）等。

当物流信息系统有必要报告过去的物流系统功能时，物流系统是否能够在其被处理的过程中鉴别出异常情况也是很重要的。管理控制的例外信息对于鉴别潜在的顾客或订货问题是有用的。例如，有超前活力的物流系统应该有能力根据预测的需求和预期的入库数来预测未来的存货短缺情况。基本的管理控制衡量方法，如成本有非常明确的定义，而另一些衡量方法如顾客服务，则缺乏明确的定义。例如，顾客服务可以从内部（企业的角度）或从外部（顾客的角度）来衡量。内部衡量相对比较容易跟踪，而外部衡量却难以获得，因为它们要求的是建立在对每一个顾客监督的基础上的。

（3）支持决策分析。决策分析主要是集中精力在决策应用上，协助管理人鉴别、评估经比较物流战略和策略后的可选方案。典型分析包括车辆日常工作和计划、存货管理、设施选址,以及有关作业比较和安排的成本——收益分析。对于决策分析,物流信息系统必须包括数据库维护、建模和分析,以及范围很广的潜在可选方案的报告构件。与管理控制层次相同的是,决策分析也以策略上的和可估计的问题为特征。与管理控制不同的是,决策分析的主要精力集中在评估未来策略上的可选方案,并且它需要相对松散的结构和灵活性,以便做大范围的选择。因此,用户需要有更多的专业知识和培训去利用它的能力。既然决策分析的应用要比交易应用少,那么,物流信息系统的决策分析趋向于更多地强调有效(针对无利可图的账户,鉴别出有利可图的品目),而不是强调效率(利用更少的人力资源实现更快的处理或增加交易量)。

(4) 支持制定战略计划。制定战略计划主要精力集中在信息支持上,以期开发和提炼物流战略。这类决策往往是决策分析层次的延伸,但通常更加抽象、松散,并且注重于长期。作为战略计划的例子,决策中包括通过战略联盟使协作成为可能、厂商的能力和市场机会的开发和提炼,以及顾客对改进的鼓舞所做的反应。物流信息系统的制定和战略层次,必须把较低层次的数据结合进范围很广的交易计划中去,并结合进有助于评估各种战略的概率和损益的决策模型中去。

第二节 物流信息化及其发展

一、物流信息化的定义与任务

信息化就是围绕提高企业的经济效益和竞争力,充分利用电子信息技术,不断扩大信息技术在企业经营中的应用和服务,提高信息资源的共享程度。它的根本目的是在改造传统产业、发展高新技术产业过程中,不断提高企业的开发创新能力、企业经营管理能力和竞争力。

物流管理很大程度上是对信息的处理,管理组织中存在的大量岗位只是发挥着信息的收集、挑选、重组和转发的"中转站"作用。如果这些工作由正规信息系统来承担反而会更快、更准、更全面。物流管理人员和决策人员如何利用现代信息技术,充分发挥现代物流管理理论的作用,已经成为企业所面临的为一个重要的问题。

物流信息化不仅包括物资采购、销售、存储、运输等物流活动的信息管理和信息送,还包括了对物流过程中的各种决策活动如采购计划、销售计划、供应商的选择、顾客分析等提供决策支持,并充分利用计算机的强大功能,汇总和分析物流数据,进而做出更好的进销存决策,能够充分利用企业资源,增加对企业的内部挖潜和外部利用,将会大大降低生产成本,提高生产效率,增强企业竞争优势。

物流信息化的任务就是要根据企业当前物流过程和可预见的发展,对信息采集、处理、存储和流通的要求，选购和构筑由信息设备、通信网络、数据库和支持软件等组成的环境，充分利用企业物流系统内部、外部的物流数据资源，促进物流信息的数字化、网络化、市场化，改进现存的物流管理，选取、分析和发现新的机会，做出更好的物流决策。

二、物流信息化的特征

对物流信息化的特征，不同的学者有不同的概括，主要表现在弹性化、网络化、虚拟化、柔性化、智能化等方面的特征。归纳起来，物流信息化具备以下6个方面的特征。

1. 信息数字化

信息化物流系统中的信息不再是以文件、账本、单据的形式堆积成山，事实上众多的信息只需输入电脑便可以得到有序安全的管理。但是计算机只能识别二进制数码，因此信息都需要数字化。

2. 服务柔性化

为了能够适应多变的市场，并拥有较强的竞争实力，管理学界提出了"柔性化生产"的思想。在实践中，也出现了CNC、CAD/CAM、FMS、MRP等生产方式。对于物流企业，通过及时获取市场信息，合理组织生产，即按照订单生产，提供个性化服务，使得生产过程有序，生产节奏平稳，同时能够保证高效率、低成本的优势。

3. 组织弹性化

与企业生产系统一样，信息化的组织也不再是在大与小之间进行选择，而是灵活地适应生存环境，根据市场需求，实时调整企业组织规模而且管理重心下移，减少环节，降低成本，建立扁平化、网络化的组织机构，加强组织的横向联系。各种信息系统在思想上都要求信息的及时反馈，这只有对组织结构进行相应调整才能实现。因此，弹性化是信息化物流的组织特征。

4. 管理一体化

管理一体化是指在内部网络和信息系统的基础建设上，从科学、及时决策和最优控制的高度把信息作为战略资源加以开发和利用，并根据战略的需要把诸多现代科学管理方法和手段有机地集成，实现企业内的人、资金、物质、信息要素的综合优化管理。

5. 经营虚拟化

伴随着信息化的发展出现了一种新的企业组织形式——"虚拟企业"，这是一种在互联网上与其他企业能力共享的一种全新的企业组织。其形式可能只是某一台计算机甚至只是一个网址，但其组织却是动态的组合或分解。通过国际、国内的各种计算机网络，就可以获取订单、组织生产、办理财务业务等，仅仅是按动一下键盘就可完成一笔交易。但是信息化物流的虚拟化经营要以信息处理、传输的速度及安全性为基础。

6. 管理人本化

信息社会中企业内部和外部的信息网络的建立，大大降低了企业获取有形资源的信息成本。相比较之下，资金和其他资源相对丰裕，不再是"稀缺"的了，而信息人成为十分"稀缺"的资源。相应地，其管理的重点也由物的管理转为网的管理，其本质是对信息人的管理，特别是要注重信息人力资源的开发，要真正做到人尽其才。

第三节 物流信息管理的理论

物流管理是对物流活动形成的系统的管理，因为物流系统是由物流活动的各个环节组成的统一有机联系的整体，因此物流管理的目的是使得整体的效益最佳。物流管理学是近二十年来在国外兴起的一门新学科，它是系统管理科学新的重要分支。

物流的信息管理就是对物流信息的收集、整理、存储传播和利用的过程，也就是将物流信息从分散到集中，从无序到有序，从产生、传播到利用的过程。同时，对涉及物流信息活动的各种要素，包括人员、技术、工具等进行管理，实现资源的合理配置。信息的有效管理就是强调信息的准确性、有效性、及时性、集成性、共享性。所以，在信息收集、整理中，要避免信息的缺损、失真和失效，要强化物流信息活动过程的组织和控制，建立有效的管理机制。同时，要加强交流，信息只有经过传递交流才会产生价值，所以，要有信息交流、共享机制，以利于形成信息积累和优势转化。

一、物流信息管理的理论基础

物流信息管理是信息管理科学的一个分支，信息科学就是认识信息和利用信息的科学。一般而言，信息管理科学有三个理论基础，即信息论、系统论和控制论。

1. 信息论

信息论是20世纪40年代，美国数学家、贝尔电话研究所的香农提出的。香农认为，通信系统就是信息传递过程，他提出了通信系统的模型，定义了信源、信道和信宿。该模型科学地模拟了通信系统的结构和功能。

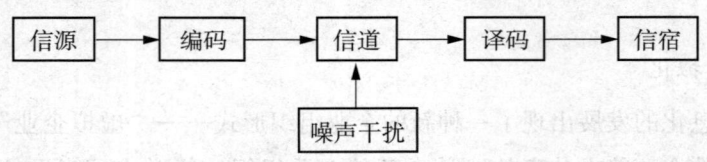

图7.1 通信系统模型

香农提出的这个模型虽然是一个简单的通信模型,但是实际上也可以适用于非通信系统,可以反映出社会信息的单向流动状况。另外,香农认为,信息是可以度量的,提出信息量的概念和计算的方法。信息论为信息管理科学的发展奠定了理论基础。

2. 系统论

系统论是以一般系统为研究对象的理论,系统论的主要创立者是贝特朗菲（Bertallanffy）。他认为,系统最显著的特征就是要素、结构、系统、功能和环境的五位一体关系。系统的结构就是系统各个要素相互作用的内在组织形式,与此相对应,系统与环境相互联系、相互作用的外在活动形式就是系统的功能。显然,信息是两者正常运作的保证。也就是说,要素与要素之间、要素与系统之间、系统和环境之间都是通过信息相互作用和相互联系的。

系统有三个基本的组成部分:输入、加工和输出。广义的系统还包括反馈和控制两个部分。任何一个系统都是为了某个目的而建立的,正如物流信息系统是为了更加有效率地获得和利用信息一样,系统从环境中得到某些物质和信息,同时,又给环境以某些物质和信息。系统的目标正是在这种不断进行的输入和输出流动中实现或者体现的。系统是一个活的实体,为了发展的需要,依据客观现实和自身的条件不断地调整自己。

3. 控制论

所谓控制,就是指施控主体对受控主体的一种能动作用。控制作为一种作用,至少要有作用者和被作用者以及作用的传递者三个因素。这三个组成部分组成一个整体,相对于某种环境而言,具有控制功能,因此被称为控制系统。控制论着眼于从控制系统和特定环境的关系来考虑系统的控制功能。

控制论是在信息反馈理论的基础上建立起来的。反馈的内涵是指信息从授者到受者经过处理返回给授者的过程。信息机构通过控制系统把输出信息输送给信息系统的用户,就必然引起信息用户的反响。是满意还是部分满意抑或不满意,反馈就是把信息用户的这些反响集中起来,经过分析、筛选,反馈给信息系统的管理者,以便对信息系统进行合理调控。控制的全过程都必须依赖信息的过程。控制机制正是依靠信息,具体地说,依靠信息反馈来达到控制的目的。

总之,信息论与控制论以及系统论的结合构成了相对完整的信息理论体系,逐步形成了现代信息管理理论的基础。

根据以上的理论,具体到一个企业,根据系统理论可以把企业看成一个"输入—转换—输出"的过程。输入就是从社会环境中取得企业生产经营活动所需要的一切资源要素（人力、物力、财力和信息),然后运用一定的方式,按照人们预定的目标将各个要素结合起来,形成一定的产出,向社会输出以满足社会的需要,并获得社会效益和经济效益。由于企业和外部环境有着种种联系,因此,可以将企业看作为一个开放的系统。企业系统的动态性原则要求组成企业的基本要素不仅必须流动,而且要合理地流动。企业的有效运作实际上就是促进企业的人员流、资金流、物流和信息流合理流动的过程。而这些基本"流"能否保持流动的顺畅,在很大程度上取决于信息流的运作是否正常。

现代企业的工作是围绕产品生产和供销进行的。其生产经营活动可以分成生产活动和管理活动,管理活动伴随和围绕着生产活动,保证生产活动的正常进行。从总体上看,物流和信息流贯穿于企业生产、经营的全过程。物流是由原材料等资源的输入到变成成品运输而进行的运动过程。信息流伴随着物流的产生,反映着物流的状况,并且指挥着物流的运动。物流是有形的单项价值流动,信息流则是无形的双向流动。从某种程度上来说,企业管理一方面是对物流的管理,另一方面则是对企业管理过程的信息管理。由于企业的物流活动与信息息息相关,企业的物流信息又是以物流的有形活动为主要内容的沟通企业各个物流环节的信息活动的产物,因此,可以毫不夸张地说,企业物流信息管理是更为重要的管理,它决定着企业物流活动的成败。

二、常见的物流信息管理方法

业内的专家一般将对于物流信息的管理分成三个阶段,即手工管理阶段、电子计算机管理阶段和资源管理阶段。各个阶段企业管理物流信息的方法是不相同的。一般而言,手工工作方法是一种比较初级的信息处理方法,比较多见于一些中小型企业;而以信技术为基础的资源管理方法则是较为高级的信息处理方法,在企业规模逐渐增大时,一般会提到企业的发展规划中来。

1. 手工工作方法

手工工作方法是旧物流的产物,其核心为把握物流信息的源头。这种方法是以单据和卡片作为信息传递的基础,手工填报,通常采用邮政等一般通信方式进行传递及交换定期举行分析会议,用手工分类及整理有关单据、卡片,以表格等形式反映最终整理结果,用文件夹等形式汇总装订单据、卡片、表格来进行信息储存。这种方式是物流信息系统管理的初级形式,虽简单易行,但效率低、效益差,远远跟不上现代化物流业发展的需要。随着物流信息量的增大,这种依赖人工的方法必然遭到淘汰。

2. 计算机方法

利用计算机处理、传递、储存信息是现代化物流的一个显著标志,这种方法开始以物流信息的流程为核心。计算机具有存储存量大、处理速度快等特点。在这种方法下,计算机网络才能发挥其最大的效用。采用计算机可以有效处理手工难以解决的复杂问题。如果能把与物流相关的商流、经营管理等信息系统联系起来,其作用更能得到充分发挥。

3. 资源管理方法

与前面的两种方法相比,资源管理有着显著的特点。物流信息的资源管理突出从经济角度进行管理,将技术的因素和人文的因素结合考虑,进行综合管理,在战略和规划的高层次上强化信息管理。可以说,资源管理是物流信息管理的最高阶段。但是,值得注意的是,物流信息管理的这三个阶段并不是前后更替的。在物流管理的实践中,我们经常见到的是这三种方法并存的情况,这在我国尤其突出。出现这种现状的主要原因是我国企业物流管理的发展水平不均衡,各个地区之间存在着很大的差异。

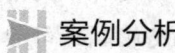案例分析

日本 7-11 的信息化变革

一、日本 7-11 概况

日本 7-11 是日本伊藤洋华堂与美国 7-11 于 1973 年签订便利店特许经营的产物,四其信息化等现代化技术的引入,使得 1992 年在美国 7-11 面临经济危机时,日本 7-11 给予了支持和援助。日本 7-11 也随着信息化和物流体系高度化的发展,成为世界零售业中的实力较强的便利店。在考察便利店的经营业绩时,重点看三个经营指标:平均日销售、库存和总利润。它们之间的关系一般为,在其他条件不变的情况下,日销售额增长将导致在库商品库存量的上升,而总利润随日销售额的增长而上升,随在库商品库存量上升而下降。但在基于企业信息化的前提下的日本 7-11 便利店,却出现平均日销售增长的同时,商品库存不断下降,实现了总利润的不断上升。

日本 7-11 公司在信息化建设方面先后经历了 5 次变革,建立了先进的管理信息系统,能够做到在不同的店铺以适合的时间,将适合的商品以适合的频度配送到店,这极大提高了服务水平和工作效率,可以快速响应客户各种需求和市场变化的要求。在这里详细介绍这 5 次信息化变革的具体内容。

1. 订货业务效率化

日本 7-11 创立以后随着店铺数量不断增长,与其合作的生产企业也随之增加。但在店铺通过电话向生产企业订货过程中,由于线路问题或电话占线,导致了订货的延迟,损失市场信息效用的同时,也就失去了一部分潜在的顾客源。在生产企业接到订货需求后,他们要进行配货和单据的填写,这也相应地降低了工作效率,增加了订货周期。日本 7-11 管理层看到了这方面问题,建立了"滑动订货"系统,也就是为每一种商品制了订货卡片,各店铺按订货需求填写卡片,并附在当天的订单上,最后由店铺指导员把各店铺的订单送到地区管理部门,由管理人员在计算机中进行分类汇总,统一向生产企业发出订单,这就达到了规模经营的效果,缩短了订货时间。在此系统的基础上,为了节约人力和时间资源,公司建立了"终端 7 系统",就是利用终端 7 所带的扫描装置扫描所要订货商品的条形码,条形码信息包括订货的种类、数量和生产企业,然后再把这些信息输入终端,通过公共电话线传到公司总部主机上,三机对各个店铺传来的订单信息进行汇总整理后,向各生产企业进行信息交流,这样一来 7-

11总部和各店铺之间就建立起了这种网络化的系统,同时订货也实现了企业内部的自动化。随着1979年日本解除了禁止企业间网络的规定,日本7-11就与各生产企业建立了信息网络,通过电话线形成了7-11店铺—7-11地区管理部—7-11企业总部—生产企业的自动化信息网络,缩短了订货时间,提高了市场反应能力。

2. POS系统的开发

到了20世纪80年代,消费者购买方式从随意大量的商品购买转变为有选择性的购买,导致店铺商品库存的积压,固定资金的占用,影响了企业的可持续发展。公司管理层意识到这种危机后,也把信息化建设从订货自动化管理转移到销售情况的管理上来引入了POS系统。这一系统包括店铺控制器、POS机、计算机和EOB(电子订货终端)店铺控制器可获得当天各商品的销售数量、销售金额等数据,POS机是记录和存储销售数据的工具,而POS数据一般存储于控制器中的磁盘,由店铺指导员将磁盘每周送到总部,为总部管理层以此进行科学的分析和决策,最终每一周向各店铺提供一份决策参考EOB上有液晶显示屏,可提供订货商品的信息,并还能显示每周的商品订货情况、到货数量和销售情况。日本7-11公司通过POS系统的安装,为企业的销售和订货决策提供了及时的数据支持,提高了作业效率。

3. 图形计算机与双向POS机的导入

由于消费者的个性化需求越来越显著,为了迎合消费者的这种需求,企业就要及时把握市场的动态和信息,根据市场需求与生产企业进行有效及时地信息沟通,快速订货满足市场要求。并且企业也可根据POS数据进行科学的预测和分析,为各店铺在下阶为总部进行预测分析提供数据参考,但由于POS数据是通过磁盘传递,传递的数据是上一周的数据,那么再经过总部一段时间的汇总分析后,信息的效用已损失殆尽,所做出的决策对于下阶段的经营工作也就没有太大的意义了。所以提高信息传输速率是日本7-11第三次信息化变革的主要内容。第三次变革所建立系统的主要设备包括:图形计算机、双向POS机和EOB。图形计算机最大特点是将销售数据以图形的形式表现出来,具有直观性。双向POS机由1台主POS机和2台子POS机组成。主POS机与店铺控审器相连,存储各商品销售信息,不必再通过控制器就可获得POS数据,而控制器出现故障,主POS机仍可正常工作,若主POS机发生故障,子POS机也能工作,这就极大地降低了系统运行的风险。并且POS系统与公司主机可联网,公司可及时获取POS数据,而且公司主机与POS机是双向通信,公司根据POS数据所做的决策也可及时反馈到各店铺,提高了信息传递的速度。所以说经过第三次信息化变革,日本7-11建立的信息系统,一方面,可以使公司管理部门及时掌握消费者需求商品的信息和市场的需求信息;另一方面,也可为各店铺下一步的订货提供决策支持,并且是图形化的计算机表示方法,各店铺可以更直观地获取各自的销售情况。

4. 综合店铺信息系统的确立

日本7-11公司冬店铺业务量的逐渐增加,以及与各店铺相合作的生产企业、配送公司的增多,导致在整个系统中信息量的增加,过去信息的传输主要通过电话线,现在这就是制约企业信息传输的瓶颈,使得有时企业不得不把信息再次放入磁盘中进行传送这与日本7-11追求及时化经营是相悖的。因此随着大容量传输信息ISDN技术开始出现,日本7-11就很快抓住机遇,采用这种技术来改善公司的数据传输网。这次信息变革的主要设备有SC、GOT、ST和POS机。SC(店铺计算机)负责显示各店铺前一天的销售情况ST(扫描终端)通过扫描设备进行进货商品的管理,最具个性化的是管理人员通过ST可掌握商品在店铺摆放的位置,从而提高工作效率。而且新型的POS机内设计算机,处理能力得到了相应提高。

5. 多媒体和信息分析的高度化

第五次信息变革最大特点就在传输手段上。由于引入了卫星通信系统,在公司管理部门与地区管理部门之间通过卫星线路进行信息传递,从各店铺到管理部门通过ISDN公司的营销管理中,例如在各个店铺播放多媒体广告,进行营销活动,促进商品的销售。还有把好的店铺的管理方法通过多媒体向外传输,其他店铺可以引为己用,共同提高。还有就是新型POS机的开发与全面推广,双画面的POS机提高了操作的正确性和公正性。

三、总结

日本7-11信息化的5次变革,分别在订货管理、销售管理、传输方式、营销手段等方面引入了先进的信息化技术,在订货管理上,能够使各店铺及时与生产企业开展订货业务,保证了消费者的个性化需求;在销售管理上,能够使公司管理部门及时掌握各店铺销售情况,为店铺提供订货决策支持;在传输方式上,从原来的公用电话线方式至ISDN,再到卫星通信系统,极大提高了信息传输的速度;在营销手段上,采用多媒体技术播出广告,有效地宣传了商品,促进产品的销售。正是在以上信息技术发展的基础上,日本7-11才能在市场的竞争中始终保持领先的地位,使公司成为当今世界零售业中最大的便利店。

资料来源:宋华等,《现代物流与供应链管理案例》,经济管理出版社,2000年

案例思考

1. 日本7-11的信息化改革历经几个阶段?各阶段的信息变革主要内容是什么?
2. 在日本7-11信息化改革过程中,是否包括物流信息管理的内容?若有请指出,并加以说明。

复习与思考题

1. 广义和狭义的物流信息是什么?它们有什么区别?
2. 物流信息的特征包含什么?
3. 物流信息化的特征有哪些方面?
4. 物流信息管理的理论基础分别是什么?

第八章
>>> 物流成本管理

▶ 学习目的与要求

- 理解物流成本的含义、分类及特点；
- 了解物流成本管理理论；
- 了解物流成本管理的意义；
- 掌握物流管理的基本思路。

▶ 案例导入

东方药业物流问题剖析

一、东方药业的总体概况和发展前景

东方药业有限公司是一个以市场为核心、现代医药科技为先导、金融支持为框架的新型公司，是西南地区经营药品品种较多、较全的医药专业公司。公司成立以来，效益一直稳居云南同行业前列，属下有一个制药厂、9个医药经营分公司、30个医药零售连锁药店。它有着庞大的销售网络，该网络以昆明为中心，辐射整个云南省乃至全国，包括医疗单位网络、商业调拨网络和零售连锁网络。公司预计在2007年完成"销售4个亿，利润400万元"的任务目标。但面对目前市场竞争越演越烈，该公司要顺利完成预定目标，又谈何容易呢？

二、东方药业企业物流管理中面临的主要问题

目前，东方药业虽已形成规模化的产品生产和网络化的市场销售，但其流通过程中物流管理严重滞后，造成物流成本居高不下，不能形成价格优势。这严重阻碍了物流服务的开拓与发展，成为公司业务发展的"瓶颈"，主要表现在：

（一）装卸搬运费用过高

装卸搬运活动是衔接物流各环节活动正常进行的关键，它渗透到物流各个领域，控制点在于管理好储存物品、减少装卸搬运过程中商品的损耗率、装卸时间等。而东方药业恰好忽视了这一点，由于搬运设备的现代化程度较低，只有几个小型货架和手推车，大多数作业仍处于人工作业为主的原始状态，工作效率低，且易损坏物品。另外，仓库设计得不合理，导致长距离的搬运。而库内作业流程又太过混乱，则导致了重复搬运，大约有70%的无效搬运，这种过多的搬运次数，损坏了商品，也浪费了时间。

（二）储存费用过高

目前，东方药业的仓库的平面布置区域安排不合理，只强调充分利用空间，没有考虑前后工序的衔接和药品内的存放，混合堆码的现象严重，造成出入库的复杂性和长期存放，甚至一些已过效期发生质变和退回的商品因为没能得到及时处理，占据库存空间，增大了库存成本。

（三）运输费用没有得到有效控制

运输费用占物流费用比重较大，日本通产省六大类货物物流成本的调查结果表明，运输成本占物流总成本的40%左右，是影响物流费用的重要因素。东方药业拥有庞大的运输队伍，但由于物流管理缺乏力度，没有独立的运输成本核算方法，该企业只单纯地追求及时送货，因此，不可能做到批量配送，形成不必要的迂回，造成人力、物力上不必要的浪费。而且由于部分员工的工作作风败坏，乘送货之机办自己的私事，影响了工作效率，也增加了运输费用。

（四）物流管理系统不完备

在企业内部，物流信息的传递依然采用"批条式"或"跑腿式"方式进行，电脑、网络等先进设备与软件基本上处于初级应用或根本不用，使得各环节间严重脱离甚至停滞，形成不必要的损失。

综上所述，我们可以看出，物流成本控制着重在运输和储存费用的控制。在运输中可以加强运输的经济核算，合理选择运输路线，有效调配运输车辆和人员，严格监控运输中的差错事故就可以大幅度地降低运输费用。而在储存中，有些费用好比海中的一座冰山，人们只能看到露出水面的那一部分，虽有很大的潜力可挖，却又不容易找到切入点，那么，企业现有的仓储系统又如何进行合理化改造呢？

第一节 物流成本的概述

物流作为商品的流通活动每天都在发生。它作为现代经济运行的基本活动之一，对企业（厂商）的生产经营活动起着巨大的后勤作用。所以，如何加深对物流成本的认识，如何对物流系统进行有效的管理，从而降低物流成本、提高顾客满意度，实现企业成本耗费最小化、资本增值利润最大化的经营目标，这已成为每个企业都关注的问题。无论是国际物流成本还是国内物流成本，其本质都是一样的，这里我们不再做过多的区分。

一、物流成本概念

物流成本是指为实现物质资料的空间位置移动所耗费的各种活劳动和物化劳动的货币表现。具体来说，就是在实物运动过程中，如包装、运输、储存、流通、加工等各个环节所支出的人力、物力和财力的总和。

二、物流冰山理论及效益背反理论

1. 物流成本冰山理论

物流成本冰山理论由日本早稻田大学的西泽修教授研究有关物流费用问题所提出的一种比喻，现在物流学界已经把它延伸为基本理论之一。物流冰山理论认为，物流成本正如浮在水面上的冰山，人们所能看见的向外支付的物流费用好比冰山的一角，而大量的是人们所看不到的沉在水下的企业内部消耗的物流费用，当水下的物流内耗越深反而露出水面的冰山就越小，这样就会将各种问题掩盖起来。这种现象只有大力削减库存，才能将问题暴露并使之得到解决。这就是物流成本的冰山理论，见下图：

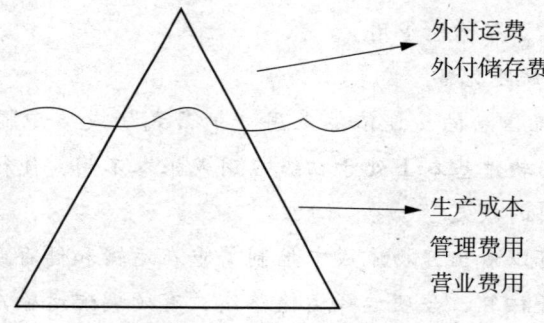

图 8.1　物流成本冰山说

因此，航行在市场之流上的企业巨轮如果看不到海面下物流成本的庞大躯体的话，那么最终很可能会得到与"泰坦尼克号"同样的厄运。而一旦物流所发挥的巨大作用被企业开发出来，它给企业所带来的丰厚利润则是相当可观的。

2. 效益背反理论

效益背反又称为二律背反、效益悖反。

效益背反，是指物流的若干功能要素之间存在着损益的矛盾，即某一功能要素的优化和利益发生的同时，必然会存在另一个或几个功能要素的利益损失，反之也如此。这是一种此消彼长、此盈彼亏的现象，往往导致整个物流系统效率的低下，最终会损害物流系统的功能要素的利益。

例如，关于包装问题，在产品销售市场和销售价格均不变的前提下，假定其他费用因素也不变,那么,包装方面少花费一分钱,这一分钱必然转到收益上来,包装越省,利润越高,但是,一旦进入流通之后,如果俭省的包装降低了产品的防护效果,造成了大量的损失,就会导致储存、装卸、运输等工作要素的功能劣化和效益大减,显然,包装活动的效益是以其他损失为代价的,这就是效益背反理论。

三、物流成本的分类

物流成本常采用以下几种方式进行分类:

1. 按成本是否具有可控性

按成本是否具有可控性,可将物流成本分为可控成本和不可控成本。

(1) 可控物流成本,是指考核对象对成本的发生能够控制的成本。

(2) 不可控物流成本,是指考核对象对成本的发生不能基于控制的成本。

可控物流成本与不可控物流成本都是相对的,而不是绝对的。对一个部门来说是可控的,可对另一个部门来说可能就是不可控的。

2. 按照物流活动构成分类

按照物流活动构成可以分为物流环节成本、信息通讯成本和物流管理成本。

(1) 物流环节成本,是指产品在实体空间位置转移所流经环节而发生的费用。

(2) 信息通讯成本,是指为实现产品价值交换,处理各种物流信息而发生的费用。

(3) 物流管理成本,是指为了组织、计划、控制、调配物资活动而发生的各种管理费用,包括现场物料管理和机构物流管理。

3. 按照物流过程分类

按照物流过程可分为供应物流成本、生产物流成本、销售物流成本、退货物流成本、废品物流成本。

(1) 供应物流成本,是指企业为生产产品而购买各种原材料、燃料、外购件等所发生的运输、装卸、搬运等费用。

(2) 生产物流成本,是指企业在生产产品是,由于材料、半成品、成品的位置转移而发生的搬运、配送、发料、收料等方面的费用。

(3) 销售物流成本,是指企业为实现商品价值,在产品销售过程中所发生的储存、运输、包装及服务费用。

(4) 退货物流成本,是指产品销售后因退货换货而引起的物流费用。

(5) 废品物流成本,是指因报废、不合格产品的物流而形成的物流费用。

4. 按管理工作需要分类

按管理和财务分析需要,可将各种物流成本分为:固定物流成与变动物流成本。

以上几种分类方法比较常见,除此之外,还可以按照支付主体、采用的交通方式、面对的顾客等进行分类。总之，企业采取什么样的分类方式，应该围绕如何加强物流成本管理、如何降低物流费用来进行。

第二节 现代物流成本与传统物流成本的比较

一、现代物流与传统物流的比较

传统物流指的是物品的储存、运输及其附属业务而形成的物流活动模式。该种模式下由于通讯及信息技术的落后，物流作业间信息难以共享和沟通，物流运作只起到一个独立的功能性作业，比如运输、储存、装卸、搬运等。而现代物流则指以现代信息技术为基础，整合运输、储存、装卸、搬运、包装、配送、流通加工、逆向物流、客户服务及物流信息处理等各种功能而形成的综合性物流活动模式，其实质就是运用现代信息技术、通信技术和物流技术对传统物流流程进行变革、控制和创新。

二、传统物流成本与现代物流成本的比较

传统物流成本只包括企业对外支出去的物流费用，如支付的运输费、装卸费、仓储费等，是企业易于计算和掌握的一小部分物流费用。现代物流成本不仅包含企业对外的物流成本，还包括企业内部发生的物流成本，是贯穿于企业经营活动的全过程，包括从原材料供应开始一直到将商品送达到消费者手中所发生的全部物流费用。如企业内部与物流中心相关的人员费、设备折旧费、信息通讯费等一些潜藏在水下的物流费用。这些费用往往属于在企业内部发生又难以明确地进行划分和计算的费用。

对企业来讲，要进行现代化的物流管理，就要全面把握企业内、外发生的所有物流费用，并采用科学的方法积极降低物流成本，当然，这种降低成本不能以牺牲物流服务效率和质量，降低顾客满意度为代价。

第三节 物流成本管理

一、物流成本管理概述

（一）物流成本管理的概念

要想有效地降低物流成本，就必须对物流成本管理的概念界定清楚。物流成本管理并非是指对物流活动中发生的成本进行管理，即并非是"管理物流成本"，而是通过

"成本目标管理物流"降低物流费用。前者是对物流成本本身的管理,后这是对物流整体的管理。如果以为物流成本管理就是管理物流成本的话,就可能只在计算物流成本上下功夫,把计算成本当作目的,这样虽然掌握了成本,却不知道如何利用成本。而物流管理的实质是把成本作为一种管理的手段。换句话说,物流成本管理就是以成本为手段的物流管理。

(二)物流成本管理的基本原则

利用成本去管理的原则是:

(1)必须做好物流成本的预算编制计划,严格按照预算计划加以管理;

(2)必须执行国家的有关法律和财务制度,不得任意扩大物流成本费用的范围;

(3)虽然目前没有统一的标准,但必须坚持财务部门的专业管理和制造部门、销售部门、事业部门等的物流成本管理相结合;

(4)必须树立勤俭节约的良好风尚,做到处处精打细算,节约一切不必要的开支。

二、物流成本管理的思路

(一)物流成本管理的主要内容

(1)核算物流成本,与指定的成本标准相比较,找出物流活动中存在的问题。

(2)通过与市场上同类企业或竞争对手物流成本的比较,找出本企业与同行业中其他公司的差距。

(3)根据成本计算的结果,制定合理的物流计划,调整物流活动,积累经验。

(二)物流成本管理的基本思路

1. 确定成本管理对象

物流成本管理的前提是确定物流成本管理的对象,不同的物流成本管理对象从不同的方面展现企业物流过程中出现的问题,一般来说,企业一旦选定一定的物流成本作为对象,就不要轻易改变物流对象,以保证前后各期的一致性和可比性,物流管理对象的划分方法有很多种,常见的有如下几种:

(1)以物品实体作为对象

以物品实体作为对象,可以计算每一种物品在物流过程中发生的相关费用,例如,物品在包装、运输、验收、储存、维护、在加工等过程中产生的成本。

(2)以物流功能作为对象

以物流功能作为对象进行成本管理时,可以计算所有商品(可能不止一种商品)在包装、运输、仓储、流通加工等诸多物流过程中的物流成本。

(3)以物流构成作为对象

以物流构成作为对象时,可以关注商品在物流过程中的供应物流成本、生产物流成本、回收物流成本、废品物流成本、反向物流成本。随着时代的发展，如今在一些生产经营企业还出现了第三方、第四方物流，增加了物流成本核算范围。

2. 制定成本标准

确定物流成本管理对象，就是给项目繁多的物流成本做出规划，制定物流成本标准，就是为物流成本提供标杆，为日后物流成本管理提供参照标准。物流成本标准的制定与物流成本的分类密切相关，常用的物流成本标准有：

（1）按物流过程制定成本标准

按物流过程制定成本标准，是一种综合性的技术，要求全面考虑物流的每个过程。既要以历史成本作为依据，又要充分考虑到企业内外部的各种影响因素的变化。制定这种成本标准需要多种技术相结合。

（2）按成本项目制定成本标准

企业内部每一物流成本项目，按其与物流成本流转额的成本水平为依据，再结合本企业现在的状况和条件，确定合理的成本标准。而对于可变项目，则着重于考虑近期及长远条件和环境的变化（例如，仓储能力、运输能力、国家政策、法律条例等），制定出成本标准。

（3）按物流功能制定成本标准

不论是运输、保管还是包装、加工、装卸，其水平的高低都取决于物流技术条件、基础设施水平。因此，在制定物流成本标准时，应结合当时的生产任务、流通数量及其他相关因素进行考虑。

3. 实行预算管理

成本标准制定后，下一步应该根据企业的财务状况和做出的成本标准，制定一个合理物流成本预算，方便企业日后根据预算进行成本分析，实际成本超过预算的，要对物流过程进行仔细检查、分析，找出偏离预算的环节，分析原因，提出问题。实际成本在预算范围内的，也要进行分析，积累经验。

4. 实行责任成本管理制度

企业的每个环节都会产生物流成本，要想管理好物流成本，除了制定成本标准，实行预算管理外，还需要在企业的各个部门（例如，物流部门、生产部门、销售部门、管理部门等）实行责任成本管理制度，对全过程、全人员进行成本管理，对于预算管理中发现的的问题，将责任明确到具体的部门、具体的环节，对发现的问题提出整改方案。

5. 合理进行技术改造

合理进行技术改造是指在进行技术及设备引进时要考虑其经济性，尽管现今的运输、包装、装卸技术必然能降低物流成本，但现今技术方法的运用也必然会造成较高的成本。因此，以经济技术相结合来选择运输工具、包装材料及装卸工具，也是降低物流成本的一个重要方面。

6. 推进物流管理现代化

推进物流管理的现代化包括系统的系统化、信息化、机械化、合理化。物流所要解决的主要问题是实现物品位置的变化及着眼于减低成本（不只是物流成本）。建立物流活动的系统化、信息化、机械化，从而使其流向合理化、包装运输科学化，也能大大降低物流成本。

三、物流成本控制方法

物流成本管理是一个非常复杂的过程，其特殊性说明仅仅采用一般的成本管理方法是远远不够的，但有效的物流成本控制在企业降低总成本方面又具有重要作用，所以物流管理者要进行成本管理时要从更高的层次、更广阔领域来控制物流成本。常见的物流控制方法有：

1. 着眼于整条供应链，通过对供应链的管理来控制物流成本

一个企业对其物流成本的控制如果仅仅局限于企业内部，那么他的控制效果往往是事倍功半，如果一个企业意识到降低物流成本、提高物流效率应该从原材料到最终用户整个供应链过程，其控制效果往往是事半功倍。例如：传统的采购管理强调通过供应商之间的竞争来降低进价，这种方法在一定程度上可以降低成本，但也会导致仓储费用、资金占用成本增加，供应风险增大。从供应链的视角来看，强调与供应商形成合作伙伴关系，从而降低企业采购风险，实现企业零库存，降低仓储费用、资金占用成本等。

2. 着眼于企业内部，通过对企业内部有效管理控制物流成本

一般来说，企业对于降低外购物流费用都十分重视，而对于通过管理企业内部来降低物流成本却很少关注。其实，多数物流成本都发生在企业内部，重视企业内部成本控制，是降低物流总成本的重要途径。所以，企业可以设立专门的物流项目，才有科学的方法对企业内部物流进行管理，以达到降低物流总成本的目的。

3. 着眼于顾客，通过优化顾客服务来控制物流成本

通常情况下，提高服务水平会增加物流成本，例如，缩短运送时间则需要采用更快速的运送方式，这样必然会造成投入增多，成本增大，缩短客户订货周期和订货满足率，增加仓储成本等。但是，企业又不能通过降低顾客服务来缩短成本，那么，企业应该如何通过优化顾客服务来降低成本呢？

优化顾客服务的第一步，企业应该明确顾客究竟需要的是什么样的服务项目和水平，这就需要企业多与顾客进行有效的沟通，了解顾客生产、经营活动特点，模拟顾客行为，了解顾客需求。第二步，消除过度服务，超过必要的物流服务必然会造成物流成本上升，这些超出的服务也不一定能提高顾客满意度，是一种资源的浪费，所以，企业应该在充分了解客户需求的基础上，提供必要的服务，减少不必要的服务。第三

步，实现物流服务的规模化、网络化、专业化、信息化。

4. 通过物流外包控制物流成本

近年来，随着需求的发展，第三方物流逐渐兴起，现今又出现了第四方物流。（第四方物流，指专门为第一方、第二方和第三方提供物流规划、咨询、物流信息系统、供应链管理等服务。第四方并不实际承担具体的物流运作活动。）许多非专业的物流企业都选择将物流业务及物流管理的职责部分或全部的外包给第三方专业物流企业，专业的物流企业一方面可以为企业提供专业的物流服务，提高运输效率，缩短运输时间，另一方面，也为企业节省物流开支，降低本企业成本。

5. 借助现代信息系统，实现物流的现代化、标准化

一方面，企业缺少及时、准确、全面的信息是产生车辆空载、重复装卸、对流运输等无效物流现象的根源，也是导致库存周转慢、库存量大的重要原因。为此，企业必须依靠建立现代化信息系统，提高物流的科学性、精确性，降低物流成本。另一方面，物流标准化也对降低物流成本起着重要的作用。物流标准化，包括物流技术、作用规范、服务、成本核算等方面的标准化，技术上的标准化可以提高物流设施、运输工具的利用率和相互的配套性，物流作业和服务的标准化可以消除多余作业和过度服务；物流成本核算的标准化可以使各个企业的成本数据具有可比性。这些对于降低物流成本都具有重要意义。

第四节 物流成本管理的意义

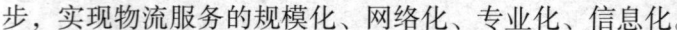

物流成本虽然是一种必然消耗，但此种消耗不创造任何新的实用价值。因此，物流成本是一种社会财富的扣除。国外有学者认为，物流成本是降低成本的最后边界，称之为物流的"第三方利润"。为此，所有的企业都在试图通过一定的方法降低物流成本。除此之外，实行物流成本管理，降低物流成本，提高效益，对国家也有着长远的作用，所以，近年来我国开始致力于降低物流成本的研究。积极采取措施降低物流成本其主要意义有如下几个方面：

1. 有利于改进企业的物流管理水平。企业物流管理水平的高低，直接影响着物流耗费的大小。因此，企业要降低物流成本水平，就必须不断提高服务质量，不断改进物流管理的方法和技能。从某种程度上来说，加强物流成本管理、降低物流成本是企业提高物流管理水平、提高服务质量的一个激励因素。

2. 有利于企业调整产品价格。因为物流成本是产品价格的组成部分之一，所以物流成本的大小对产品价格的高低具有重大影响。通过对物流成本进行管理，使得物流成本降至最低，企业便可以在一个较大的幅度内降低其产品的价格，从而增强企业竞

争力；同时，也可减轻消费者的负担。

3. 能为社会节约大量的财富。物流费用是社会财富的一个减项。实施物流费用管理可以减少财产损失和商品消耗，减少社会财富的浪费；反过来，就可以增加生产领域的投入，从而为企业创造出更大的财富。

案例分析（一）

安利降低物流成本的成功秘诀

降低物流成本是每个物流企业都非常关心的问题。由于物流信息缺少、物流基础建设落后和第三方物流资质参差不齐等原因，国内很多企业的物流成本居高不下，而安利（中国）日用品有限公司（以下简称安利）的储运成本仅占全部经营成本的4.6%，安利公司降低物流成本的秘诀在于全方位物流战略的成功运用。具体来说，物流战略包括非核心环节外包、仓库半租半建和核心环节大手笔投入三个主要方面。

一、非核心环节通过外包完成

安利公司采用的是"店铺+推销员"的销售方式，这种销售方式对物流储运有非常高的要求。安利公司的物流储运系统，其主要功能是将安利工厂生产的产品及向其他供应商采购的印刷品、辅销产品等先转运到位于广州的储运中心，然后通过不同的运输方式运抵各地的区域仓库（主要包括沈阳、北京和上海外仓）暂时储存，再根据需求转运至设在各省市的店铺，并通过家居送货或店铺等销售渠道推向市场。与其他公司不同的是，安利公司的储运部同时还兼管着全国近百家店铺的运营、家居送货及电话订货等服务。所以，物流系统的完善与效率，在很大程度上影响着安利公司的正式市场有效运作。

然而，由于目前国内市场物流信息极为短缺，安利公司很难获得物流企业的详细信息，如从业公司的数量、资质和信用等，而国内的第三方物流供应商在专业化方面也有所欠缺，很难达到企业的要求。在这样的情况下，安利公司采取了适应中国国情的"安利团队+第三方物流供应商"的全方位运作模式。核心业务（如库存控制等）由安利公司统筹管理，实施信息资源最大范围的共享，使得企业价值链发挥最大的效益。而非核心环节则通过外包形式完成。如以广州为中心的珠江三角洲地区主要由安利公司的车队运输，其他绝大部分货物运输都是由第三方物流来承担。另外，全国几乎所有的仓库均为外租第三方物流公司的仓库，而核心业务（如库存设计、调配指令以及储运中心的主体设施与运作）则主要由安利公司的本身的团队统筹管理。目前，已有多家大型第三方物流公司承担安利公司大部分的配送业务。安利公司会派员定期监督和进行市场调查，以评估服务供货商是否提供具竞争力的价格，是否符合安利公司要求的服务标准。这样，既能整合第三方物流的资源优势，与其建立坚固的合作伙伴关系，同时又通过对企业供应链的核心环节——管理系统、设施和团队的掌控，保持安利公司的自身优势。

二、仓库半租半建，核心环节大手笔投入

从安利公司的物流运行模式上来看，至少有两个方面是值得国内企业高度借鉴的。

首先，是投资决策的实用主义。在美国，安利仓库的自动化程度相当高，而中国这方面的成本比较低，两相权衡，安利公司弃高就低。安利公司认为，只有中国的销售上去了，有了需要，才会考虑引进自动化仓库。刚刚启用的安利公司新物流中心也很好地反映出安利公司的"实用"哲学。

新物流中心占地面积达4万平方米，是原来仓库的4倍，而建筑面积达1.6万平方米。这样大的物流中心如果全部自建的话，仅土地和库房等基础设施方面的投资就需要数千万元。安利公司采取和另一物业发展商合作的模式，合作方提供土地和库房，安利公司租用仓库并负责内部的设施投入。只用了一年时间，投入1500万元，安利公司就拥有了一个面积充足、设备先进的新物流中心。而国内的不少企业在建自己的物流中心时将主要精力都放在了基建上，不仅占用了企业大量的周转资金，而且费时费力，效果并不见得很好。

其次，在核心环节的大手笔投入。安利公司单在信息管理系统上就投资了9000多万元，其中主要的部分之一就是用于物流、库存管理的AS400系统，它使安利公司的物流配送运作效率得到了很大提升，同时大大地降低了各种成本。安利公司先进的计算机系统将全球各个分公司的存货数据联系在一起，各分公司与美国总部直接联机，详细储存每项产品的生产日期、销售数量、库存状态、有限日期、存放位置、销售价值和成本等数据。有关数据通过数据专线与各批发中心直接联机，使总部及仓库能及时了解各地区、各地店铺的销售和存货情况，并按各店铺的实际情况及时安排补货。在仓库库存不足的时候，安利公司的库存及生产系统亦会实时安排生产，并预定补给计划，以避免个别产品出现断货的情况。

通过全方位物流战略的运用，安利公司的物流成本得以大幅降低，这为企业进一步拓展市场奠定了良好的基础。

案例思考：
1. 安利公司的物流成本是由哪些部分组成的？
2. 安利公司是怎么降低物流成本的？

案例分析（二）

川维厂用"四招"降低物流费用

2013年，中国石化集团四川维尼纶厂（简称"川维厂"）坚持"千方百计增效，一分一厘降本"的经营思路，创新管理模式，积极采取措施，改善物流成本，为企业节省物流成本618万元。

川维厂的"四招"：

1. 优化物流方式降低运输费用。该厂经营系统加强水路运输管理，与长寿化工码头、民生公司及物流公司联系沟通，增大在码头的产品集装箱发运量。通过长寿花码头发运，比寸滩港可节约产品转运费54元/吨。2013年共节约转运费用38万余元。加大甲醇产品水运量，与铁路发运相比，水运可节约物流费用120元/吨，同比降低成本123万元。

同时，继续加大川维铁路专用线普货整车发运量，与重庆南站发运量相比可节约物流成本30元/吨。2013年，此项举措节约物流费用55万元。由于公里发运产品费用较高，尽量减少公里发运量，减少的发运量与水路、铁路运输量相比，平均可节约物流费用250元/吨。2013年，减少的公里发运量同比节约物流费用26万元。同时增加VAE集装袋运输量，集装袋比包装桶可节约物流包装费用450元/吨。2013年节约物流包装费用79万元。

2. 商务谈判降低运输保险费用。2013年，物理运输成本"涨"声一片。该厂加强与承运商的友情沟通，抓住"营改增"的有利契机，积极主动地与水运集装箱承运单位民生公司、乙烯公路运输承运单位沟通。双方通过多轮艰苦的谈判，在2012年基础上成功下调集装箱运费100元/箱，乙烯公路运费抵扣税费后降低3200元/车，产品运输单价不仅没有应声而"涨"，反而通过下调运输单价节约运输费用83万元。同时，该厂与长寿人保公司谈判，下调货运险的保险费率，2013年比2012年下调了0.05%，全年节约保险费用35万元。

3. 优化提货方式降低物流成本。2013年，该厂撤销济南库，让山东客户来厂自提产品，通过测试可节约物流费用58元/吨。增大了广东地区的客户商品直发量，与客户到广东提货相比，可节约物流费用100元/吨，2013年节约费用41万。调整片碱、硫酸采购策略，优选承运主体，降低物流费用25万元。

4. 强化内部管理降低仓储费用。该厂经营系统开展"库存看板管理"劳动竞赛活动，提高销售进度和分库转库速度。以每天动态库存为看板，加大沟通协调力度，通知客户及时提货，压减产品的仓储费用。制定库存"红黄线"，严格考核每个产品组，与绩效、奖金直接挂钩，有奖有罚，提高销售链整体工作效率，全年节约仓储费用112万元。

资料来源：机械工业出版社《物流经济学》第二版

案例思考

1. 企业物流成本体现在哪些方面？
2. 物力成本管理在企业成本管理中的地位和作用。

复习与思考题

1. 如何进行国际物流成本管理？
2. 简述国际物流中的冰山理论。
3. 简述国际物流中的效益背反理论。
4. 国际物流成本管理的方法有哪些？

第九章
>>> 国际物流联合作业管理

▶ 学习目的与要求

- 了解进出口商品检验、检疫的含义、内容和作用；
- 掌握商品进出口检验流程；
- 了解进出口商品报关的含义、范围、时限及报关是所需的相关单证；
- 掌握一般进出口货物报关流程与保税货物报关流程；
- 掌握一些简单的税金计算。

▶ 案例导入

一根实木条引发的货物退运案

2009年7月，某进出口公司向国外出口7个集装箱装运的钢丝绳。在货物出运前，公司新进上岗的装卸工人因考虑到此批货物重量较大，为了方便客户利用铲车卸货，在夹板盘上加钉了未进行除害处理、未加施IPPC标识的实木条。该公司也未就该木质包装向当地检验检疫机构报检。货物到达目的国后，该国海关在查验过程中发现，包装物中混有实木包装且未加施IPPC标识，强制将全部货物做退运处理。

检验检疫部门依据《进出境动植物检疫法实施条例》第五十九条第一款第一项的规定，对该公司处以相应的罚款。根据《出境货物木质包装检疫处理管理办法》（国家质检总局第69号令），从2005年3月1日起，出境货物木质包装应当按照规定的检疫除害处理方法实施处理，并按要求加施IPPC专用标识。出境货物使用的木质包装不是获得检验检疫许可的处理单位生产并施加有效IPPC标志，发货人又不依法向检验检疫机构报检致使涉案木质包装已经出口的，属于未依法报检的违法行为。

该进出口公司装卸工人加装实木条，完全是出于方便收货人卸货的考虑，并不存在逃避检验检疫监管的主观故意，但最终导致了货物被强制退运的结果，使企业蒙受了巨大的损失,也给中国出口货物造成了不好的国际影响。

(资料来源:王昭凤. 国际物流管理 [M]. 北京:电子工业出版社,2013.)

第一节 进出境货物的检验检疫概述

国际物流中的物品是国际贸易交易的货物或跨国经营的商品,具有投资大、风险高、周期长等特点。通过检验检疫,可以促进销售、保证产品质量和维护产品的国际声誉。国际贸易合同中,一般都订有商品检验条款,主要包括检疫的时间与地点、检验机构与检验证明、检验标准、检验方法等。通过商品检验,可以确定交货品质、数量和包装等条件是否符合合同规定,避免交货后建议双方因货物质量、数量、重量等方面的问题发生争执。检验检疫是国际物流中不可缺少的环节,在国际物流中发挥着举足轻重的作用。

一、商品检验检疫的含义

商品检验检疫(简称商检)是指在国际货物买卖中,对卖方交付给买方的货物的品质、数量、包装、残损以及货物装运条件的检验和公正鉴定。商检还包括根据一国法律或行政法规对某些货物进行卫生、安全、动植物病虫害的检疫。

在国际货物买卖中,交易双方分处异国,难以当面验收货物,且买卖的货物需要经过长途运输,多次装卸,容易引发货物的残损、短缺等情况。一旦出现这类问题,就会涉及发货人、运输部门、保险公司、装卸部门等方面的责任。为了维护有关贸易各方的合法权益,避免争议的发生,以及发生争议后便于分清责任和妥善处理,需要由一个有资格的、权威的、与有关当事人无任何利害关系的第三方,即专业的检验或检疫机构,对商品的质量、效量(重量)、包装及装运技术、残损短缺等进行检验或鉴定,并出具相应的验证书,作为买卖双方交收货物、支付货款和进行索赔、理赔的重要依据。检验条款一般涉及检验货物的时间和地点、检验机构、检验内容和方法以及检验证书等。

二、商品检验检疫的作用

商品检验检疫的工作成果主要表现为检验检疫机构出具的各种证书、证明,一般称为商检证书或检验证书。在国际贸易中,进出口商品的检验检疫主要表现在以下几个方面:

1. 作为报关验放的有效证件

许多国家的政务为了维护本国的政治经济利益,对某些进出口商品的品质、数量、包装、卫生、安全、检疫制定了严格的法律法规,在有关货物进出口时,必须由当事人提交检验机构出具的符合规定的检验证书和有关证明手续,海关当局才准予进出口。

2. 作为买卖双方交易结算的依据

检验部门出具的品质证书、重量或数量证书是买卖双方最终结算货款的重要依据,交易双方凭此检验证书中确定的货物等级、规格、重量、数量计算货款。托运人和承运人也按照检验所确定的货物重量或体积计算运输费用、仓储费用,港口仓储部门也依此计算栈租、装卸、理货等费用。

3. 作为海关征税的依据

检验检疫机构出具的重量、数量证书,是海关核查征收进出口货物关税时的重要依据之一。残损、海损、短缺或存在品质问题的证书可以作为向海关申请退税的有效凭证。检验检疫机构作为官方公证机关出具的产地证明书,是进口国海关给予差别关税待遇的基本凭证。我国检验检疫机构签发的一般产地证是取得进口国海关给予最惠国关税的证明文件,普惠制原产地证明书是给惠国海关给予普惠制关税待遇,享受在最惠国关税基础上进一步减少乃至免除关税的优惠待遇的证明文件。

4. 作为办理索赔的重要凭证

检验机构在检验中发现货物品质不良或数量、重量不符,违反合同有关规定,或者货物发生残损、海事等意外情况时,检验后签发的有关品质、数量、重量、残损的证书是收货人向各有关责任人提出索赔的重要依据。收货人可以依据责任归属,向卖方提出索赔甚至退货,或者向承运人或保险公司等索赔。同时,检验证书也是国内订货部门向外贸经营部门保险人、承运人及港口装卸部门等责任方索赔,保险公司向被保险人理赔、向责任人追索的重要文件依据。

5. 作为证明情况、明确责任的证件

检验检疫机构应申请人申请委托,经检验鉴定后出具的货物积载状况证明、监装证明、装卸证明、集装箱的验箱、拆箱证明,对船舱检验提供的验舱证明、封舱证明、舱口检视证面。对散装液体货物提供的冷藏箱或舱的冷藏温度证明、取样和封样证明等,都是为证明货物在装运和流通过程中的状态和某些环节而提供的,以便证明事实状态、明确有关方面的责任,这也是船方和有关方面免责的证明文件。

6. 作为仲裁、诉讼举证的有效文件

在国际贸易中发生争议和纠纷、买卖双方或有关方面协商解决时,商检证书是有效的证明文件。当自行协商不能解决,而要提交仲裁或进行司法诉讼时,商检证书是向仲裁庭或法院举证的有效文件。

三、商品检验检疫的内容

1. 进出口商品报检

凡是列入《出入境检验检疫机构实施检验检疫的进出口商品目录》(以下简称

《目录》)需进行商品检验检疫的进出口商品和其他法律、法规规定必须经检验的进出口商品,必须经出入境检验检疫部门或其指定的检验检疫机构检验。进出口商品应检验未检验的不准销售、使用;出口商品应检验未检验或检验不合格的不准出口。

除了《目录》中所列的商品,法律法规及有关规定还规定了一些出入境货物必须经检验检疫机构检验,如废旧物品(包括旧机电产品)、需做外商投资财产价值鉴定的货物、需做标识查验的出口纺织品、援外物资等。上述进出境货物无论是否在《目录》内,按规定均应当向检验检疫机构申报。

2. 进口商品认证管理

国家对涉及人类健康和动植物生命和健康,以及环境保护和公共安全的产品实行强制性认证制度。凡是列入《中华人民共和国实施强制性产品认证的产品目录》内的商品,必须经过规定的认证机构认证合格,取得规定认证机构颁发的认证证书,并加施认证标志后,方可进口。此《目录》内的商品在进口时,检验检疫机构按规定实施验证,查验单证、核对货证是否相符。

3. 进口废物原料、旧机电产品装运前检验

为防止境外有害废物输入,对国家允许作为原料进口的废物和涉及国家安全、环境保护、人类和动植物健康的这几类产品,实施装运前检验制度。实施转运前检验。可防止境外有害废物或不符合我国有关安全、卫生和环境保护等技术规范强制性要求的旧机电进入国内,从而有效保障人身和财产安全,有效地保护环境。

进口废物原料前,进口单位应事先取得国家环保总局签发的《进口废物批准证书》。进口单位与境外贸易关系人签订的合同中应订明进口废物的装运前检验条款。废物的出口商应当在装船前向检验检疫机构指定或认可的检验机构申请实施装运前检验,经检验合格后方可装运。

进口旧机电产品的收货人或其代理人应在合同签署前向国家质检总局或收货人所在地直属检验检疫局办理备案手续。对按规定应当实施装运前预检验的,由预验疫机构或经国家质检总局认可的装运前预检验机构实施。

4. 出口商品质量许可

国际对重要的出口商品如机械、电子、轻工业、机电、玩具、医疗器械、煤炭等76类商品实行质量许可制度。出入境检验检疫部门单独或会同有关主管部门共同负责发放出口商品质量许可证,未获得质量许可证的商品不得出口。检验检疫机构对实施质量许可制度的出口商品实行验证管理。

5. 出口商品运输包装检验

对列入《目录》和其他法律法规规定必须经检验检疫机构检验的出口商品的运输包装,必须申请检验检疫机构或检验检疫机构指定的检验机构进行性能检验。未经检验或检验不合格的,不准用于盛装出口商品。对出口危险货物包装容器,生产单位须

向检验检疫机构登记，申请办理出口质量许可证。危险货物包装容器须经检验检疫机构进行性能鉴定和使用鉴定后，方能生产和使用。

6. 货物及其转载和残损鉴定

检验检疫机构可以接受对外贸易关系人根据贸易合同要求提出的对进口商品的鉴定业务，如质量、数量、重量、包装等鉴定。

使用船舶或集装箱运出口粮油食品和冷冻品等易腐蚀食品时，应向口岸检验检疫机构申请检验船舱和集装箱，经检验复合转运技术条件并发给证书后方可装运。

对外贸易关系人及仲裁、司法等机构，对海运进口商品可向检验检疫机构申请办理监视、残损鉴定、监视卸载、海损鉴定和验残等。

7. 卫生检验检疫与处理

（1）食品卫生监督检验

进口食品（包括饮料、酒类、糖类）、食品添加剂、食品容器、包装材料、食品用工具设设备必须符合我国有关法律法规规定。申请人须向检验检疫机构申报并接受卫生监督检验。检验检疫机构对进口食品按食品危险性等级分类进行管理。依照国家卫生标准进行监督检验，检验合格的方准进口。

一切出口食品（包括各种供人食用、饮用的成品和原料以及按照传统习惯加入药物的食品）必须经过检验，未经检验或检验不合格的不准出口。凡在中国境内从事出口食品加工、禽畜屠宰及储存的企业都必须首先取得所在地卫生行政部门颁发的卫生许，然后向检验检疫机构申请注册、登记。经检验检疫机构审查合格的，分别核发注册证书或登记证。未取得注册证书或登记证的，一律不得加工、生产或储存出口食品；对需要向国外申请注册、认可的，须取得有关进口国批准或认可的，也不得向该国出口食品。

（2）出入境人员、交通工具、行李、货物等卫生的检验检疫

出入境检验检疫部门统一负责对出入境人员、交通工具、运输设备以及可能传播传染病的行李、货物、邮包、进口食品等实施医学检查、卫生检查和卫生处理。入境的交通工具和人员，必须在最先到达的国境口岸的指定地点接受检疫。未经许可，除引航员外，任何人不准上下交通工具，不准装卸行李、货物、邮包等物品；出境的交面工具和人员，必须在最后离开的国境口岸接受检疫。检验检疫机构对未染有检疫传染病或者已实施卫生处理的交通工具，签发出入境检疫证。

8. 进出境动植物检验检疫

检验检疫机构依法实施动植物检疫的有：进境、出境、过境的动植物及动植物产品和其他检疫物；装载动植物、动植物产品和其他检疫物的装载容器、包装物，铺垫材料；来自动植物疫区的运输工具，进境拆解的废旧船舶；有关法律、行政法及国际条约规定或者贸易公司合同约定应当实施的进出境动植物检疫的其他货物、物品。

对于国家列明的禁止进境物，检验检疫机构可作退回或销毁处理。

对进境动物、动物产品、植物种子、种苗及其他繁殖材料、新鲜水果、烟草类及饲料、豆类、薯类和植物栽培介质等实行进境检疫许可制度，输入单位在签订合同或协议之前应事先办理检疫审批手续。

检验检疫机构对出境动植物、动植物产品或其他检疫物的生产、加工、存放过程实施检疫监管。

检验检疫机构对过境运输的动植物、动植物产品和其他检疫物实施检疫监管。

检验检疫机构对携带、邮寄动植物、动植物产品和其他检疫物进境实施检疫监管。

9. 审核认证和监管

对于拟设立的涉外检验检疫、鉴定、认证机构，由国家质量监督检验检疫总局负责对其资格信誉、技术力量、装备设施及业务范围进行审查，合格后出具资格审定意见书，交由外经贸部门批准，并在工商行政管理部门办理登记手续领取营业执照后，再到国家质检总局办理资格证书，方可开展经营活动。

对从事涉外检验检疫、鉴定、认证业务的机构或设在各地的办事处，对其经营活动实行统一监督管理或实行备案管理。

四、出入境商品检验检疫的主要机构

我国进出境商品的检验检疫和监督管理工作是由国家出入境检验检疫局及其设立在全国各地的分支机构负责。进出口药品的监督检验、计量器具的量值检定、船舶和集装箱的规范检验、飞机（包括飞机发动机、机载设备）的适航检验、锅炉和压力容器的安全检验、核承压设备的安全检验等，分别由国家各有关主管部门归口实施法定检验和监督管理。这些机构主要有：国家出入境检验检疫局、国家技术监督局、归口卫生部管理的药品检验机构、船检验局及香港特别行政区的商品检验机构等。

世界上的大多数国家都设有专门的检验机构，这些机构既有官方的，也有同业公会、协会或民间私人经营的，还有半官方的；既有综合性的，也有专业性的。其名称多种多样，如检验机构、公证行、鉴定机构、公证鉴定人、实验室等。其中有些比较著名的检验机构由于其检验比较公正、合理、科学，已被许多国家认可，其鉴定结果也成为商品进入国际市场的通行证。这些机构有：日本海事鉴定协会、美国食品药物管理局、美国保险人实验室、法国国家实验室检测中心、瑞士日内瓦通用鉴定公司等。

第二节 进出境货物检验检疫流程

目前，我国进出口货物的检验检疫程序主要包括：报检、抽样、签发证书和放行四个环节，如图9.1：

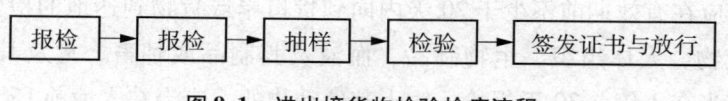

图9.1 进出境货物检验检疫流程

一、报检

进出口报检是指对外贸易关系向检疫机构申请检验，报检也称报验。凡属于检验检疫范围的进出口商品，都必须报检。

报检可分为法定检验报检和鉴定业务申请报检两类。法定检验报检是指对外贸易关系人按照法律、行政法规的规定申请检验检疫机构对进出口商品进行检验的行为。鉴定业务申请报检是根据对外贸易的需要，申请检验检疫机构对进出口商品进行检验的行为。

1. 报检范围

（1）法定检验报检。根据我国现行法律、行政法规或国际公约、协议的规定，对部分进出口商品及其运输工具必须申请检验检疫机构的检验。未经检验合格的，不能出口或不能在国内销售、使用。进口商品法定检验报检的范围是：列入《出入境检验检疫机构实施检验检疫的出入境商品目录》（以简称《目录》）的进口商品；根据国家规定对外商投资财产的价值鉴定；有关国际公约、协议规定须经检验检疫机构检验的进口商品；其他法律、行政法规规定须经检验检疫机构检验的进口商品。出口商品及其运载工具法定检验报检的范围是：列入《目录》出口的商品；出口食品的卫生检验；贸易性出口动物产品的检疫；出口危险货物和《目录》内商品包装容器的性能检验和使用鉴定；装运出口易腐烂变质食品、冷冻品的船舱和集装箱；有关国际公约、协议规定须经检验检疫机构检验的出口商品；其他法律、行政法规规定须经检验检疫机构检验的出口商品。

（2）鉴定业务申请报检。这是根据《中华人民共和国商检法》及其有关规定，并根据有关合同的约定或自身的需要，对外经济贸易关系人或者外国检验机构可以申请委托检验检疫机构办理进出口商品鉴定业务，签发鉴定书。检验检疫机构受理鉴定业务的范围主要有：进出口商品的质量、数量、重量、包装鉴定和货载衡量；进出口商品的监视装载和监视卸载；进出口商品的积载鉴定、残损鉴定、载损鉴定和海损鉴定；装载出口商品的船舶、车辆、飞机、集装箱等运载工具的适载鉴定；装载进出口商品的船舶封舱、舱口检验、空距测量；集装箱及集装箱货物鉴定；与进出口商品有关的外商投资财产的价值、品种、重量、效量和损失鉴定；抽取并签封种类样品；签发价值证书及其他鉴定证书；其他进出口商品鉴定业务。

2. 报检的时间、地点

对入境货物，应在入境前或入境时向入境口岸、指定的或到达站的检验检疫机构办理报检手续；入境的运输工具及人员应在入镜前或入境时申报。入境货物需要对外索赔出证的，应在有效期前不少于20天内向到货口岸或货物到达地的检验检疫机构报检。输入微生物、人体组织、生物制品、血液及其制品或种畜、禽及其精液、胚胎、受精卵的，应当在入境前30天报检。输入其他动物的，应当在入境前15天报检。对出境货物，最迟应于报关或出境装运前10天向检验检疫机构申请报检；出境动物应在出境前60天预报，隔离前7天报检；出境的运输工具应在出境前向口岸检验检疫机构报检或申报。出境货物应在其所在地检验检疫机构办理报检。对由内地运往口岸分批、并批的货物，应在产地办理预检，合格后方可运往口岸办理出境货物的查验换证手续。对由内地运往口岸后，由于改变国别或地区有不同检疫要求的、超过检验检疫有效期的、批次混乱、货证不符的或经口岸查验不合格的，必须在口岸重新报检。

二、抽样

抽样是抽取样品并组成样本的过程，即依照规定的抽样方法，从全部产品中随机抽取一部分样本，按照合同或有关标准要求进行全数检验，并以对样本的检验结果去推断全部货物商品的质量、数量等总体的情况。

进出口商品种类繁多，情况复杂，有时一批商品的数量很大甚至达几万吨，有的为了充分利用仓库而采用密集堆垛，有的散装商品采取露天存放等，这些都给抽样工作带来困难。为了切实保证抽样工作的质量，同时又要便利对外贸易，必须针对不同商品的不同情况，灵活地采用不同的抽样方式。常用的抽样方式有：

（1）登轮抽样

进口大宗商品，如散装粮谷、铁矿砂等，采取在卸货过程中登轮抽样的办法，可随卸货进度，按一定的比例抽取各个部位的代表性样品，然后取得代表性的检验样品。

（2）甩包抽样

例如，进口橡胶数量很大，按规定以10%抽样，在卸货过程中，每卸10包甩留1包供抽样用，既可使抽样工作便利，又能保证样品的代表性。

（3）翻垛抽样

出口商品在仓库中密集堆垛、难以在不同部位抽样，如有条件应进行适当翻垛，然后进行抽样，这个方式要多花费劳力。

（4）出厂、进仓时抽样

在仓容紧张、翻垛困难的情况下，对出口商品可事先联系安排在出厂时或进仓时进行抽样，同时，加强批次管理工作。

（5）包装前抽样

为了避免出口商品抽样时的拆包损失，特别是对用机器打包的商品，在批次分清的前提下，采取在包装前进行抽样的方法。

(6) 生产过程中抽样

有些出口商品，如冰蛋、罐头等，可在生产加工过程中，根据生产批次，按照规定要求随生产抽样，以保证代表性，检验合格后进行包装。

(7) 装货时抽样

出口大宗散装商品，有条件的可在装船时进行抽样。如原油用管道装货时，可定时在管道中抽取样品；出口食盐在装船时每隔 1 小时抽样 1 次，样品代表性都很好。但采用这种方式出口商品的品质必须能符合出口合同的要求，或是按检验机构的实际检验结果出证进行结算，否则，装船后检验不合格难以处理。

(8) 开沟抽样

出口散装矿产品，如硼石、煤炭等，都是露天大垛堆存，抽样困难且品质又不够均匀，一般视垛位大小挖掘 2~3 条深 1 米的沟，以抽取代表性样品。

(9) 流动间隔抽样

大宗矿产品抽样困难，可结合装卸环节，在输送带上定时抽取有足够代表性的样品。

不论采取上述何种形式的抽样，所抽取的样品必须遵循抽样的基本原则，即能代表整批商品的品质。

三、检验

根据我国商检法规的规定，内地省市的出口商品需要由内地检验机构进行检验，经内地检验机构检验合格后，签发"出口商品检验换证凭前单"，当商品的装运条件确定后，外贸经营单位持内地检验机构签发的"出口商品检验换证凭单"向口岸检验机构申请查验放行。

口岸查验是指经产地检验机构检验合格，运往口岸待运出口的商品，运往口岸后申请出口换证的，口岸检验机构派人进行的查验工作。口岸查验中发现有漏检项目或需要重新进行检验的，口岸检验机构要将漏检的项目进行补验，需要重新检验的要按照标准的规定重新检验。口岸查验中发现货物包装有问题或不合格，应及时通知有关单位加工整理，经重新整理或换包装后，再进行查验；口岸查验中如果发现"出口商品检验换证凭单"有误时，应与发货地的检验机构联系更正。

四、签发证书与放行

对于出口商品，经检验部门检验合格后，凭出境货物通关单进行通关。如合同、信用证规定由检疫部门检验出证，或国外要求签发检验证书，应根据规定签发所需证书。

对于进口商品，经检验后签发入境货物通关单进行通关。凡由收、用货单位自行验收的进口商品，如发现问题，应及时向检验检疫局申请复验。如果复验不合格，检疫机构即签发检验证书，以供对外索赔。

1. 领取商检证书

检验机构在对出口商品检验后，对检验合格的商品，按照对外合同、信用证、有关国际规定或者报检人员的要求，可出具各类商检证书，证书种类主要有：品质证书、数量或重量证书、卫生证书或健康证书、消毒证书、货载衡量检验证书、熏蒸证书、价值证书、测温证书、兽医证书等。

2. 领取商检证单

检验机构签发的有关商检证单有利于出口商品在国内有关部门办理手续或方便检验机构之间沟通情况，简化检验程序，这些商检单证，主要有：

①预验结果单：预验结果单由出口商品经检验机构预先检验合格后对内签发，用于商品出口时向当地检验机构换证用。

②出口商品检验换证凭单：出口商品检验换证凭单是出口商品经发运地的检验机构检验合格后对内签发，用于商品出口时申请人凭此单向口岸检验机构申请出口检验换证用。

③出口商品放行单：法定检验商品经检验合格后对内签发，海关凭此对法定检验商品验放出口。

④不合格通知单：不合格通知单是出口商品经检验机构检验不合格时对内签发的。签发此单后出口商品不能放行出口。

⑤海运出口危险货物包装容器性能检验结果单：此单是检验机构对出口危险货物的包装容器性能鉴定合格后对内签发的。使用危险货物包装容器的单位向检验机构申请包装容器使用鉴定时须提供它。

⑥海运出口危险货物包装容器使用鉴定结果单：此单是海运危险货物的包装容器经检验机构进行使用鉴定合格后对内签发，供外贸经营单位装运出口危险货物和办理出口装运等手续用。

⑦委托检验结果单：委托检验结果单是检验机构接受有关单位的委托申请，对商品进行检验后对内签发，供申请人了解委托样品情况使用。

第三节 进出境货物报关概述

一、进出境货物报关的含义

《中华人民共和国海关法》规定："进出境运输工具、货物、物品，必须通过设立海关的地点进境或出境。"因此，按照规定海关办理海关手续是运输工具、货物、物品，进出境的基本规则，也是进出境运输工具负责人、进出口货物发货人、进出境物品所有人应该履行一项基本义务。

报关是指进出境运输工具的负责人、货物的发货人以及其代理人、物品所有人向海关申请办理进出口货物的海关手续和过程。

另外，在进出境活动中，通常还经常使用"通关"这一概念。通关与报关既有联系又有区别。两者都是对运输工具、货物、物品的进出境而言的，但报关是从海关管理相对人的角度，仅指向海关办理进出境手续及相关手续，而通关不仅包括海关管理相对人向海关办理有关手续，还包括海关对进出境运输工具、货物、物品依法进行监督管理，核准其进出境的过程。

二、进出境货物报关的范围

按照法律规定，所有进出境运输工具、货物、物品都需要办理报关手续。报关的具体范围如下：

（1）进出境运输工具

主要包括用以载运人员、货物、物品进出境，在国际间运营的各种境内或境外船舶、车辆、航空器和驮畜等。

（2）进出境货物

主要包括一般进口货物，一般出口货物，保税货物，暂准进出口货物，特定减免税进出口货物，过境、转运和通运货物及其他进出境货物。

（3）进出境物品

主要包括进出境的行李物品、邮递物品和其他物品。以进出境人员携带、托运等方式进出境的物品为行李物品；以邮递方式进出境的物品为邮递物品；其他物品主要包括享有外交特权和豁免的外国机构或者人员的公务用品或自用物品以及通过国际速递进出境的部分快件等。

三、进出口货物报关的时限

报关时限涉及以下三个方面的要求：

（1）出口货物是否在装货的 24 小时前向海关申报。除了明确"预申报"或要求到监管现场以外检验的，出口申报时有关货物尚未抵达海关监管区的，海关原则上不予受理。

（2）进口转关运输的货物按进口货物申报时限规定向进口地海关申办转关运输手续；进口货物运抵指运地之日起 14 日内向指运地海关正式申报。未能在规定的期限内申办转关运输或正式申报手续的，应征收滞报金。

（3）进口货物是否在运载该批货物进境的运输工具申报进境之日起 14 日内向海关申报。超过 14 日申报的，从第 15 日起应该按进口货物到岸价格的 0.5‰ 日征收滞纳金，3个月未向海关申报的进口货物按规定由海关提取变卖处理。

四、进出口货物报关单及随附单证

1. 报关单。一般进出口货物应填写白色报关单向海关申报。对出口退税的货物均应加一份黄色的出口退税专用报关单。

2. 随附单证。随附单证有以下七种：

（1）运输单据。海运进口为提单，出口为装运单；陆运和空运进出口为运单。

（2）包装单据。视包装情况而定，如装箱单、重量单等。

（3）发票。如报关时呈交随附发票确定有困难，海关可以接受申报。海关审查时有疑问或发现问题，应责成有关人员限期补交发票。对于委托国外销售，结算方式是待货物销售后按实际金额向出口单位结汇，无法在货物出口时提供发票的可准予免交。

（4）进出口许可证或批文。如属国家限制进出口的商品或者没有进出口经营权单位进出口的货物应验交许可证或允许进出口的批文。

（5）检验、检疫证书。报关人应出具检验检疫机关签发的检验或检疫证明，包括在报关单上加盖的印章。

（6）进出口特殊管制商品的批件、证明。例如，文物出口的鉴定、珍贵稀有野生动植物等需受进出口管制的，报关人应出具相应机关签发的批件、证明等。

（7）海关认为必要时，需调阅的其他单证。如交易合同、产地证明、信用证等。

第四节　进出口货物报关流程

海关对不同贸易方式进出境货物的通过，在办理手续和管理办法上有不同的要求。进出口货物的通关，一般来说可以分为五个基本环节：即申报、查验、征税、放行、结关。对于报税货物、特定减免保税货物、暂准进出口境货物等特殊货物来说，其通关流程各不相同。这里本书只介绍一般进出口货物报关和报税货物进出口报关的基本流程。

一、一般进出口货物报关的基本流程

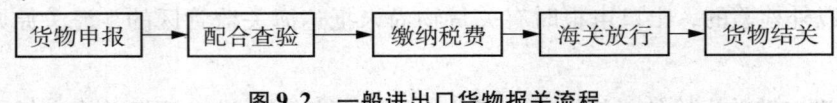

图9.2　一般进出口货物报关流程

（一）进出口货物的申报

申报是进口货物的收货人、出口货物的发货人或其代理人在进出口货物时，在海关规定的期限内，以书面或电子数据交换的方式向海关报告其进出口货物的情况，并

随附有关货运和商业单据，申报海关审查放行，并对所报告内容的真实性、准确性承担法律责任的行为。

1. 申报资格

参与申报的报关企业和报关人必须是经海关审核批准注册的专业报关企业、代理报关企业和自理报关企业及其报关员。海关在接受申报时，首先要审核报关单位及其报关员的报关资格是否合法、有效。报关单位及其报关员的报关资格应符合以下 4 个方面的条件：

（1）进出口货物的收发货人是有权经营进出口业务的企业；

（2）专门或代理从事办理报关手续的专业报关企业、代理报关企业已向海关办理了报关注册登记手续。委托人还应是有权经营进出口业务的企事业单位；

（3）有权经营进出口业务的收发货人（即自理报关企业）已向海关办理了报关注册登记手续；

（4）报关员是经报关单位指定并经海关培训考核认可的有关人员。

2. 申报时间

（1）进口货物的申报时间与期限

根据《海关法》第二十四条的规定，进口货物的报关期限为自运输工具申报进境之日起 14 日（是法定节假日的，顺延计算）。进口货物的收货人或其代理人超过 14 日期限未向海关申报的，由海关征收滞报金，滞报金的日征收金额为进口货物到岸价格的 0.05‰。进口货物滞报金期限的起算日期为运输工具申报进境之日第 15 日。邮运进口货物的滞报金起收日期为收件人接到邮局通知之日起第 15 日。转关运输滞报金起收日期有两个，一是运输工具申报进境之日起第 15 日；二是货物运抵指运地之日起第 15 日。两个条件只要满足一个，即征收滞报金；如果两个条件均满足，则要征收两次滞报金。

进口货物自运输工具申报进境之日起超过 3 个月还没有向海关申报的，其进口货物由海关提取变卖处理。如果属于不宜长期保存的，海关可根据实际情况提前处理。变卖后所得价款在扣除运输、装卸、储存等费用和税费后尚有余款的，自货物变卖之日起 1 年内，经收货人申请，予以发还；逾期无人申领，上缴国库。

（2）出口货物的申报时间与期限

根据《海关法》规定，出口货物的发货人除海关特准外，应当在装货的 24 小时以前向海关申报。规定出口货物的报关期限主要是为了留给海关一定的时间，办理正常的查验和征税等手续，以维护口岸的正常货运秩序。除了需紧急发运的鲜活、维修和赶船期货物等特殊情况之外，在装货的 24 小时以内申报的货物一般暂缓受理。

3. 申报地点

根据现行海关法规的规定，进出口货物的报关地点，应遵循以下三个原则。

（1）进出境地原则

在一般正常情况下，进口货物应当由收货人或其代理人在货物的进境地向海关申报，并办理有关进口报关手续；出口货物应当由发货人或其代理人在货物的出境地向海关申报，并办理有关出口报关手续。

（2）转关运输原则

由于进出口货物的批量、性质、内在包装或其他一些原因，经收发货人或其代理人申请，海关同意，进口货物也可以在设有海关的指运地，出口货物也可以在设有海关的启运地向海关申报，并办理有关进出口海关手处。这些货物的转关运输，应当符合海关监管要求，必要时，海关可以派员押运。

（3）指定地点原则

经电缆、管道或其他特殊方式输送进出境的货物，经营单位应当按海关的要求定期向指定的海关申报并办理有关进出口海关手续。这些以特殊方输送进出境的货物，输送路线长，往往需要跨越几个海关甚至几个省份，输送方式特殊，一般不会流失；有固定的计量工具，如电表、油表等。因此，上一级海关的综合管理部门协商指定其中一个海关管理，经营单位或其代理人可直接与这一海关联系报关。

4. 申报单证

报关单证可以分为基本单证、特殊单证、预备单证三种。

（1）基本单证

基本单证是指与进出口货物直接相关的商业和货运单证，主要包括发票、装箱单、提（装）货凭证（或运单、包裹单）、出口收汇核销单。海关签发的进出口货物减税、免税证明。

（2）特殊单证

特殊单证是指国家有关法律规定实行特殊管制的证件，主要包括配额许可证管理证件（如配额证明、进出口货物许可证等）和其他各类特殊管理证件（如机电产品进口证明文件、商品检验、动植物检疫、药品检验等）。

（3）预备单证

预备单证是指在办理进出口货物手续时，海关认为必要时查阅或收取的单证，包括贸易合同、货物原产地证明、委托单位的工商执照证书、委托单位的账册资料及其他有关单证。

（二）配合海关对进出口货物进行查验

根据《海关法》第二十八条的规定，进出口货物除经收发货人申请，海关总署特准可以免除查验外，都应该接受海关的查验。

1. 海关查验的概念

海关查验即验关，是指海关接受报关员的申报后，对进口或出口的货物进行实际的核对和检查,以确定货物的性质、原产地、货物状况、数量和价格是否与报关单所列一致。

2. 海关查验的目的

海关查验一方面是要复核申报环节中所申报的单证及查验单货是否一致,通过实际的查验发现审单环节不能发现的无证进出问题及走私、违规、逃漏关税等问题;另一方面,通过查验货物才能保证关税的依率计征。因为进口货物税则分类号及适用税率的确定,申报的货价海关是否予以接受等都取决于查验的结果。如查验不实,就会造成税则分类及估价不当,不仅适用的税率可能发生差错,且估价也会过高或过低,因而使税负不公,国家或进口厂商将蒙受损失。

3. 查验地点

海关查验货物一般在海关监管区内的进出口口岸码头、车站、机场、邮局或海关的其他监管场所进行。为了加速验放,方便外贸运输,根据货物性质,海关对海运进出口的散装货物(如矿砂、粮食、原油、原木等)、大宗货物(如化肥、水泥、食糖、钢材等)、危险品和鲜活商品等,结合装卸环节,在作业现场予以验放。对于成套设备、精密仪器、贵重物资、急需急用的物资和"门对门"运输的集装箱货物等,在海关规定地区进行查验有困难的,经进出口货物收发货人的申请,海关核准,海关可以派员到监管区域以外的地点进行查验,就地查验放行货物。但申请单位应按规定缴纳费用,并提出往返交通工具、住宿等方便条件。

4. 货物查验过程中损坏赔偿

在查验或径行开验过程中,因为海关人员的责任造成被查货物损坏的,收发货人或其代理人可以要求海关赔偿,赔偿范围仅限于在实施查验过程中由于海关人员的责任造成被查验货物损坏的直接经济损失,损失金额根据被损坏货物及其部件的受损程度或根据修理费确定。下列情况不属于海关赔偿范围:

(1)收发货人或其代理人搬移、开拆、重封包装或保管不善造成的损失;

(2)易腐、易失效货物在海关正常工作程序所需时间内(含扣留或代管期间)所发生的变质或失效;

(3)海关正常查验时产生的不可避免的磨损;

(4)在海关查验之前已经发生的损坏和海关查验之后发生的损坏;

(5)由于不可抗拒的原因造成货物的损坏、损失。

进出口货物的收发货人或其代理人在海关查验时,对货物是否受损坏未提出异议,事后发现货物有损坏的,海关不负赔偿责任。

(三)缴纳税费

海关在审核单证和查验货物以后,根据《中华人民共和国关税条例》和《中华人民共和国海关进口税则》规定的税率，对实际货物征收进口或出口关税。另外，根据有关规定可减、免、缓、退、保税的，报关单位应向海关交有关证明文件。

1. 进口货物的完税价格

进口货物的完税价格，以海关审定的以实际成交价格为基础的到岸价格为完税价格。到岸价格包括货价加上货物运抵中华人民共和国关境内输入地起卸前的包装费、运费、保险费和其他劳务费等。

进口货物完税价格的计算公式：

进口完税价格＝（货价FOB＋运费F）/1－保险费率

2. 进口货物的关税计征

进口关税的计算公式为：

进口关税＝完税价格×关税税率

3. 缴纳期限

对海关审定应征关税、增值税、消费税和监管手续费、船舶吨税的货物或船舶，纳税义务人应当在海关填发税费款缴纳证的次日起7日内（星期六、星期日和法定节假日除外），向指定银行缴纳税费。

税款缴纳一式六联，其中一至五联经海关加盖"中华人民共和国××海关单证专用章后"，缴纳税义务人凭以银行缴纳税款。第六联（存根联）由填发海关存查。

4. 滞纳金

对进出口货物纳税义务人未在规定的缴纳期限内缴纳税费的，由海关自到期的次日起至缴清税、费款日为止，按日征收欠缴税费款0.05‰的滞纳金，并制发滞纳金收据。滞纳金额的计算公式为：

滞纳金额＝（关税额＋增值税及消费税的应税额）×滞纳天数×0.05‰

（四）海关放行

海关放行是指海关在审核了相关的单证，对决定查验的货物进行了查验，征收了应征收的关税之后，按规定签章放行允许提取或装运货物的环节。海关放行一般是在进口货物提货凭证或者出口货物装货凭证上签盖"海关放行章"，进出口货物收、发货人或其代理人签收进口提货单或出口装货凭证，凭以提取进口货物或将出口货物装运到运输工具上离境。

（五）货物结关

货物结关是"办理海关手续"的简称，是指进出口货物收、发货人或其代理人向海关办完进出口货物通关的所有手续，履行了法律规定的与进出口有关的义务，有关货物一旦办结关手续，海关就不再进行监督。

二、保税货物报关的基本流程

保税货物的通关与一般进出口货物不同,它不是在某一个时间上办理进口或出口手续后即完成了通关,而是从进境、储存或加工到复运出境的全过程,只有办理了整个过程的各种海关手续后,才真正完成了保税货物的通关。保税货物通关的基本程序如下。

1. 合同登记备案

经营保税货物的单位持有关批件、对外签约的合同及其他有关单证向主管海关申请办理合同登记备案手续,海关核准后,签发有关登记手册。合同登记备案是向海关办理的第一个手续,须在保税货物进口前办妥。它是保税业务的开始,也是经营者与海关建立承担法律责任和履行监管职责的法律关系的起点。

2. 进口货物

已在海关办理合同登记备案的保税货物实际进境时,经营单位或其代理人应持海关核发的该批保税货物的登记手册及其他单证,向进境地海关申报,办理进口手续。

3. 储存或加工后复运出口

保税货物进境后,应储存于海关指定的场所或交付给海关核准的加工生产企业进行加工制造,在储存期满或加工产品后再复运出境。经营单位或其代理人应持该批保税货物的登记手册及其他单证,向出境地海关申报办理出口手续。

4. 核销结案

在备案合同期满或加工产品出口后的一定期限内,经营单位应持有关加工贸易登记手册、进出口货物报关单及其他有关资料,向合同备案海关办理核销手续,海关对保税货物的进口、储存、加工、使用和出口情况进行核实并确定最终征免税意见后,对该备案合同予以核销结案。这一环节是保税货物整个通关程序的终点,意味着海关与经营单位之间的监管法律关系的最终解除。

案例分析

国际货物买卖中的索赔问题

我国 A 公司(买方)与外国 B 公司(卖方)达成协议,以 CFR 上海价格向 B 公司购买某种工业精密仪器。合同规定,货物若与合同不符,买方应在货到目的港后的 30 天内提出索赔。另外,合同中还有货到目的港后 12 个月内品质保证期的规定。1989 年 1 月 24 日货物达目的港,买方 A 公司申请港口所在地商品检验检疫局对该批货物进行检验检疫后，发现货物存在品质问题，A 公司于 1989 年 2 月 25 日书面通知 B 公司，要求索赔。B 公司以 A 公司已超过了合同规定的 30 天索赔期为由拒绝赔偿。A 公司遂提起仲裁。

仲裁庭认为，买方 A 公司虽然是过了 30 天的合同索赔期，但根据合同另一质量保护期 12 个月的条款，A 公司仍有权因货物质量不良向卖方 B 公司索赔。

【评析提示】

索赔期限是指索赔方向违约方提起索赔要求的有效期限，超过了索赔期限，对方可以以超过索赔期为由而拒绝赔偿。国际货物买卖中的双方当事人一般会在销售合同中根据商品的性质对索赔期限做出相应的规定。合同规定有索赔期限的，索赔方一定要在索赔期限内及时地提出索赔要求，积极地行使自己的索赔权，决不能掉以轻心，否则将因怠于行使权利而无法维护自己的合法权益。

如果国际货物销售合同的当事人双方没有在合同中约定索赔期限，则应适用有关法律规定的索赔期限。《联合国国际货物销售合同公约》第三十九条规定：①买方对货物与合同不符，必须在发现或理应发现不符情形后一段合理时间内通知卖方说明不符合同情形的性质，否则，就丧失了声称货物不符合同的权利。②无论如何，如果买方不再实际收到货物之日起两年内将货物不符情形通知卖方，他就丧失了声称货物不符合同的权利，除非这一时限与合同规定的保证期限不符。根据该条规定，买方在收到货物后，如发现货物与合同不相符合，应在一段合理时间内，最迟应在两年期限内通知卖方，提出索赔请求。

就约定索赔期限和法定索赔期限的效力而言，前者的效力一般高于后者。也就是说，当合同中有关索赔期限的约定时，适用双方当事人约定的索赔期限；只有在双方当事人未约定索赔期限时，才适用法定的索赔期限。而对于有质量保证期限的商品，索赔方只要能在保证期限内提出索赔请求，即使该请求的提出已超出双方约定或法律规定的索赔期限，违约方仍予以受理。

应当注意的是，在国际货物销售合同中规定索赔期限时，索赔期的确定应当根据货物本身的品质特点而定，不宜太长，也不宜太短。索赔期限过长，卖方将承担较重的质量责任索赔期限太短，买方行使索赔权的权利就受到限制。

本案中的买方 A 公司虽然已超过合同约定的 30 天索赔期限才提出索赔请求、但该请求的提出仍在合同规定的 12 个月的货物品质保证期内，所以其索赔权仍受法律的保护。

资料来源：郭建军. 国际货物贸易实务教程［M］. 北京：科学出版社，2017.

案例思考

1. 通过案例，应该如何认识国际买卖中的索赔期限？
2. 索赔期限应该如何确定？

> 复习与思考题

1. 简述矿石报检的流程。
2. 如何处理出口报检步入式申报的问题?
3. 简述一般出口货物的报关流程。
4. 我国进出口商品检验检疫的机构有哪些?
5. 通关的定义与主题是什么?
6. 通关的时间和空间范围有哪些规定?

第十章
>>> 国际物流运输保险

学习目的与要求

- 掌握国际货物运输保险中的四大原则；
- 熟悉国际货物运输保险的选择策略；
- 熟悉海上货物运输保险合同中包含的险别；
- 了解陆上货物运输保险、航空货物运输保险及邮包保险分别包含什么险别；
- 学会如何合理的选择货物运输保险；
- 掌握一些贸易术语下保险金额的计算方法。

案例导入

宏兴甘鲜果品有限责任公司的货物损害赔偿案

2003年12月，宏兴甘鲜果品有限责任公司与哈尔滨隆兴有限责任公签订了一份购销合同。哈尔滨隆兴有限责任公司购买宏兴甘鲜果品有限责任公司一批柑橘，共计5000篓，价值90000元。铁路运输，共2车皮。宏兴甘鲜果品有限责任公司通过铁路承运部门投保了货物运输综合险，保费3500元。2003年12月25日，保险公司出具了保险单。

2004年1月，到达目的地以后，收货人发现：一节车厢门被撬开，保温棉被被掀开2米，货物丢失120篓，冻坏变质240篓，直接损失6480元，当时气温为零下20摄氏度。

宏兴甘鲜果品有限责任公司向保险公司索赔。保险公司同意赔偿丢失的货物120篓，拒绝赔偿被冻坏的240篓，认为造成该240篓损失的原因是天气寒冷，不在货物运输综合险的保险责任范围内。

双方就此问题没有达成一致意见，于是，宏兴干鲜果品公司起诉保险公司，要求赔偿，但法院认为：冻坏的原因是盗窃，不是天气寒冷。判保险公司全额赔偿，并负担诉讼费。

本案涉及几个问题：

1. 本案造成货物损害的原因有几种？
2. 如何处理多种原因？

对问题分析后不难发现，造成本案货物损害的原因有3种：盗窃，保温棉被被损坏，天气寒冷。

在世界多数保险法中，都把近因原则看作是保险法的重要原则。近因原则，也就是保险事故与保险标的损失之间具有直接的因果关系时，保险人才承担赔偿责任。他们认为，非直接原因只是一种条件，不是法律上的原因。

如何准确界定直接结果与非直接结果的界限，这对于企业是否能够获得索赔十分重要。

第一节 国际货物运输保险业务概述

一、国际货物运输保险简介

由于国际货物运输一般具有运输时间长、运输方式多等特点，所以，货物在运输过程中更容易遭受损失，这便使得防灾防损的工作在物流中变得尤为重要。面对可能发生的损失，大多数货主会选择为货物投保来转嫁货物在运输过程中可能发生的损失。国际货物通过投保运输险，将可能发生的损失变成固定的费用，在货物遭到承保范围内的损失时，可以从有关保险公司及时得到经济上的补偿，这不仅有利于进出口企业加强经济核算，而且也有利于进出口企业保持正常的营业，从而有效地促进国际贸易和国际物流的发展。

根据运输途径与保险人责任范围的不同，可将货物保险分为：海上货物运输保险、陆上货物运输保险、航空货物运输保险、邮包保险。

从法律的角度来看，保险是一种补偿性的契约行为，即一方当事人以支付一定的费用为条件，要求另一方当事人对国际间运输的货物可能遇到的由于自然灾害或意外事故而导致的货物损失，承担约定的赔偿责任。支付费用的一方为保险人，支付的费用叫作保险费，承担约定的赔偿责任的一方当事人为保险人。

二、货物运输保险的原则

保险的基本原则，是投保人（被保险人）和保险人（保险公司）签订保险合同、履行各自义务，以及办理索赔和理赔工作所必须遵循的基本原则。与国际物流密切相关的保险的基本原则有：最大诚信原则、可保利益原则、损失补偿原则、近因原则、代位追偿权原则。

(一) 最大诚信原则

最大诚信原则作为海上货物运输保险合同的基本原则,不但贯穿于订立合同之前或之时,而且贯穿于履行合同的全过程。它不仅要求被保险人应该尽最大诚信,也要求保险人尽最大诚信。要求双方都能以诚相待。依据该原则,保险合同当事人必须履行以下义务:

1. 如实告知

如实告知,是指被保险人应于订立合同之前将其所知道的一切重要情况告知保险人。中要求情况,在保险中一把是指保险人知道或在通常业务中应当知道的有关影响保险人据以确定保险费率或确定是否同意承保的情况。保险人知道或在通常业务中应该知道的情况,若保险人没有询问,被保险人无须告知。关于被保险人违反告知义务的后果,各国立法不同,处理的方式也有所不同,常见的两种方式为,一是保险人有权解除合同,二是保险合同无效。

在我国,关于被保险人违反告知义务的处理:在被保险人故意违反告知义务时,保险人有权解约,对解约前发生的损失无须承担赔偿责任,并不退还保险费;在非故意(即过失)的情况下,保险人既可以解约,也可以要求相应地增加保险费,保险人若解约,对解约前发生的损失应负赔偿责任,但未告知的情况对保险事故发生有严重影响的,保险人对解约前发生的损失不负赔偿责任,但是需要退还保费。

2. 履行保证

履行保证即约定保证,是指被保险人允诺某项作为或不作为,或者满足某项条件,或者确定某项实事的存在或不存在。保证可以分为明示保证和默示保证。明示保证是必须在保险合同或保险单的参考文件中载明的保证,如船名保证、开航日期保证等。被保险人如果违反了明示保证,保险人可根据情况加收保险费而继续履行合同或解除合同。默示保证是不在合同中载明的,但已经为合同双方所熟知的事实,订立合同时,双方均默认有关保证的存在,例如船舶适航保证等。被保险人违反默示保证,将使合同无法履行,保险人即可解除合同。

3. 依法经营

保险公司除依法成立和接受有关部门的监督外,更重要的是,必须严格依法经营。依法经营是保险公司遵守最大诚信原则的具体体现。

4. 明确说明

明确说明,是指保险人对其责任免除事项应向被保险人明确说明,未明确说明的,该条款不产生效力。

(二)可保利益原则

可保利益原则,是指投保人对保险标的具有法律上承认的利益。投保人对保险标的应当具有投保利益。投保人对保险标的不具有保险利益的,保险合同无效。就货物保险运输而言,反映在运输货物上的利益,主要是货物本身的价值,但也包括与此相关联的费用,如运输费、保险费、关税等。当保险标的安全到达时,被保险人就收益;当保险标的遭受到损失时,被保险人就会受到损害或富有经济利益。

被保险人必须对保险标的具有可保利益,其损失才能得到赔偿。在其他保险中,投保人或被保险人在合同生效时必须具有可保利益,但在海上货物运输保险合同中,则允许在保险合同订立时,被保险人可以不具有可保利益,但在货物出险时,被保人必须具有可保利益才能获得赔偿。因为货运保单是可以背书转让的,在保险合同订立时,保险单的最后持有者可能还没有取得对其货物的所有利益。

(三)损失补偿原则

损失补偿原则,是指在保险事故发生而使被保险人遭受损失时,保险人必须在责任范围内对被保险人所受的实际损失进行补偿。但保险人的赔偿金额不得超过保险单上的保险金额或被保险人遭受的实际损失。保险人的赔偿不应该是被保险人因赔偿而获得额外的利益。损失补偿原则具体可以包括以下几种:

1. 及时补偿

及时补偿的前提是被保险人及时通知保险人并提供全部证据和材料,否则,保险人可以不负赔偿责任。如果保险人未能在法定期限内履行赔付义务,除支付赔偿金外,还应当赔偿被保险人因此受到的损失。

2. 全部赔偿

全部赔偿,是指对被保险人因保险事故造成的损失的全部赔偿,不包括被保险人为防止或减少损失而支付的必要的合理费用。

3. 赔偿实际损失

由于保险合同是一种补偿性合同,因此,被保险人获得的保险赔偿当然不得超过其实际损失。全部赔偿与赔偿实际损失虽然都是以保险金额为限的,但前者强调的是"不得少赔",而后者强调的是"不得多赔"。因为少赔与多赔都与赔偿原则不相吻合。所以,保险人只有按全部赔偿和赔偿实际损失原则给予赔偿,才能真正使被保险人恢复到损失发生前的经济状况,保险人只赔偿实际损失。

(四)近因原则

近因原则,即损失的主要原因,是确定某项原因与损失具有直接的因果关系的标准,是确定保险人对保险标的的损失是否负保险责任以及负何种保险责任的一条重要原则。保险中的近因是指造成损失的最主要、最有效、最有影响的原因。近因不一定是指时间上或空间上最接近损失的原因。所以,近因原则,是指保险人支队承保风险与保险标的损失之间有直接因果关系的损失负赔偿责任,而对不是由保单承保风险造成的损失,不承担赔偿责任。他对保险理赔工作中的判定责任、履行义务和减少争议都具有重要意义。

(五)代位追偿原则

根据保险理赔原则,保险是对被保险人遭受的实际损失进行补偿。当保险标的发生了保险承保责任范围内的灾害事故,而这一保险事故又是由保险人和被保险人以外的第三方承担责任时,为了防止被保险人在取得保险赔偿后,又重复从第三方责任方取得赔偿,获得额外利益,在保险赔偿原则的基础上又产生了代位追偿权原则。其目的是限制被保险人获得双重补偿。

所以,代位追偿权原则是指保险人在赔付被保险人之后,被保险人应把保险标的损失的权利转让给保险人,使保险人取代被保险人地位以被保险人的名义向第三方进行追偿。由于国际货物运输保险一般都是定值保险,保险人已按保险金额赔付,保险人行驶代位追偿权原则所得多少已同被保险人无关,即使追偿所得超过原赔偿金额,超过部分仍归保险公司所有。

保险标的的损失要构成代位追偿权,需要具备以下两个条件:

(1)第三方的这种损害或违约是保险合同中的保险责任。如果第三方的损害或违约行为不属于保险承保责任范围,就不构成代位追偿条件。

(2)损失必须是第三方因疏忽或过失产生的侵权行为或违约行为造成的,而且第三方对这种损失,根据法律的规定或双方在合同中的约定负有赔偿责任。

在货运保险业务中经常出现代位追偿的情况,例如,卖方以 CIF 条件向美国出口 1000 包布匹,我方按合同规定加一成投保一切险。货物在海运途中因舱内食用水管漏水,导致该批布匹中有 30 包浸有水渍。由于卖方已为布匹购买了一切险,收货人随机凭单证向保险公司提出索赔申请。保险公司通过调查,发现船方在运输过程中存在过失。因此,在赔付被保险人之后保险公司有权以被保险人的名义要求船方对该损失进行赔偿。

三、国际货物运输保险策略

办理国际货物运输保险,几乎是每一单出口业务都要做的事,但要办的既稳妥又经济却不简单。在投保时,每一个投保人都总是希望在保险范围和保险费之间寻找平衡点。要做到这一点,首先要对自己所面临的风险坐出评估,甄别哪种风险最大、最可能发生,并且结合不同险种的保险费率加以权衡。

出口商在投保时,通常要考虑以下几个因素:

(1) 货物的种类、性质和特点；
(2) 货物的包装；
(3) 货物的运输情况，如运输方式、运输路线、运输工具等；
(4) 发生在港口和装卸过程中的损耗情况等；
(5) 目的地政治局势。

综合考虑所处货物的各种情况非常重要，这样即可节省保费，又能比较全面地提出高风险保障程度。在办理投保业务时，应考虑得比较多而全面。现在出口业务普遍利润微薄，而风险发生的可能性却有增加的趋势，因此，在投保的时候应该更加仔细地权衡。

第二节 国际海上货物运输保险

一、海上货物运输保险承保的风险

（一）海上运输保险中的风险

海上运输保险中的风险可以按图 10.1 所示分类：

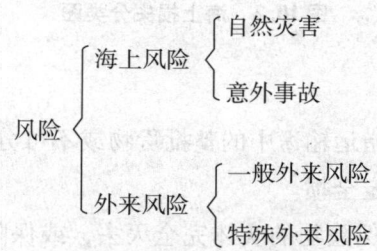

图 10.1 海上货物运输保险中的风险分类图

1. 海上风险

海上风险又称海难，是指船舶或货物在海上和海与陆上、内河或与驳船相连接的地方所遇到的自然灾害或意外事故。

（1）自然灾害，是指由于自然界的变化产生的破坏力量所造成的灾害。例如恶劣气候、雷电、海啸、地震、洪水等造成的损失，它是保险公司承保的主要风险。

（2）意外风险，是指人或物体遭受到外来的、突然的、非意料中的事故。如船舶的搁浅、触礁、沉默、互撞与流冰或其他物体碰撞、火灾、爆炸等造成的损失。

2. 外来风险

外来风险，是指海上风险意外的其他外来原因所造成的风险。外来风险一般可以分为一般外来风险和特殊外来风险。

（1）一般外来风险，是指被保险货物在运输途中遭遇意外的外来因素导致的事故。主要包括偷窃、渗漏、短量、碰损、钩损、生锈、雨淋、受热受潮等。

（2）特殊外来风险，是指战争、种族冲突或一国的军事、政治、国家政策法令和行政措施等变化，如罢工、战争、敌对行为、进口国拒绝进口或没收以及拒绝提货等特殊外来原因造成的损失。

（二）海上损失

海上损失，是指被保险的货物在运输过程中，由于发生海上风险导致保险标的直接或间接的损失，包括货物本身的损坏或灭火及为营救货物而支出费用的损失。货物本身损坏或灭失按其损失程度可以分为全部损失和部分损失。在海洋运输货物保险业务中，货物海上损失可以按图 10.2 进行分类：

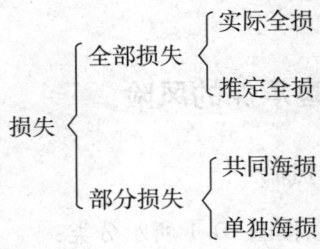

图 10.2　海上损失分类图

1. 全部损失

全部损失简称全损，是指运输途中的整批货物或不可分割的一批货物的全部损失。全部损失分为实际全损和推定全损。

（1）实际全损，是指被保险物的实体完全灭去，或保险标的损坏，已失去原有的用途和价值且不能复原，或标的物权丧失已经无法复归于被保险人，或载货船舶失踪相当长的时间仍然无音讯等。

（2）推定全损，是指被保险货物实际全损已经不可避免，或恢复、修复受损货物以及运送货物到原定目的地所花费的费用超过该货物运往目的地的货物价值。

在发生推定全损时，被保险人可以要求保险人按保险货物的部分损失赔付，也可以要求按推定全损赔付。再按推定全损赔付时，必须向保险人提出委托，经保险人同意，才能按推定全损赔付，所谓委托，是指保险标的发生推定全损的时候，被保险人自愿将保险标的的一切权利转移给保险人，请求保险人按保险的全部金额予以赔偿的表示。

2. 部分损失

部分损失，是指保险货物的损失没有达到全部损失的程度。部分损失又可以分为共同海损与单独海损。

（1）共同海损，是指载货的船舶在航行途中遇到自然灾害或意外事故，威胁到船、货等各方面的共同安全，船方为解除共同危险或航程得以继续进行，有意识地采取措施所做出的一些特殊牺牲和支出的额外费用。例如，当载货船遇到危难，开始往海中抛货，在抛货时海水溅入或冲入船舱，造成其他货物的损失，此项损失也属于共同海损。

构成共同海损应该具备的条件是：船舶确实遭遇危及船、货的安全的自然灾害或意外事故；采取的措施必须是合理的和有意识的；牺牲和费用支出是非常性质的；其损失必须是共同海损的直接结果；共同海损的牺牲或支付的费用必须以船或获救的效果为前提。

共同海损的牺牲和费用支出的目的是使船舶、货物和运费三方都免于遭受全部损失。因此，共同海损的牺牲和支出的费用应该按最后获救价值的比例，由三方分摊。

（2）单独海损，是指由承包范围内的风险直接导致的船或货的部分损失，是仅由各受损者单方面负担的一种损失。例如，载货船舶在航行中遇到狂风巨浪，海水入舱造成部分货物受损。

除上述损失外，货物在运输途中，还有由于外来风险引起的种种损失。例如，由于偷窃行为所遭受的损失和因战争所遭受的损失等。

（三）费用

海上费用，是指由海上风险造成的由保险人承保的费用损失。海上费用包括施救费用和救助费用。

（1）施救费用又称单独海损费用，是指保险货物遭受保险责任范围内的自然灾害和意外事故时，被保险人或其代理人、雇佣人员和受让人等为抢救、保护、清理被保险货物，防止损失继续扩大而采取措施所支付的合理费用。这种费用由保险公司负责赔偿。

（2）救助费用，是指保险标的在运输途中，遭遇到承保范围内的灾害事故时，由保险人和被保险人以外的无契约关系的第三方采取救助行为，而向其支付的报酬。海上救助合同有两种：一种是雇佣性救助合同，这种合同不论救助是否有效，均按约定付费标准支付救助费用；另一种为"无效果，无报酬"的合同，目前国际上较多的国家使用这种方式。救助费用往往属于共同海损费用，这种费用由保险人负责赔偿。

二、海上货物运输保险合同的险别

按照保险业的规定和国际惯例，保险公司对保险货物在海上运输过程中所发生的损失并不是一概负责赔偿的，其负责赔偿的责任范围，取决于保险人与投保人（被保险人）所签订的保险合同（保险单）内所列的条款。根据我国现行的《海洋货物运输保险条款》的规定，我国海洋货物运输保险的险别分为基本险别和附加险别两大类。

（一）基本险别

基本险是保险人对承保标的物所负担的最基本的保险责任，也是被保险人必须投保的险别。基本险是不必依附于其他险别项下的险别。根据中国人民保险公司的《海洋运输货物保险条款》规定，我国海洋运输货物保险的基本险别分别为平安险、水渍险和一切险三种。

1. 平安险

"平安险"这一名称在我国保险行业中沿用甚久，根据国际保险界对单独海损的解释，平安险是指部分损失。因此，平安险的原来保障范围指赔偿全部损失。但在长期实践的过程中，人们对平安险的责任范围进行了补充和修订，当前平安险的责任范围已经超出只赔全损的限制。概括起来，平安险的责任范围主要包括：

（1）在运输过程中，由于自然灾害和运输工具发生意外事件，造成被保险货物的世纪全损或推定全损。

（2）由于运输工具遭搁浅、触礁、沉没、互撞、与其他物体碰撞及失火、爆炸等意外事故，造成被保险货物的部分损失。

（3）只要运输工具曾经发生搁浅、触礁、沉没、焚毁等意外事故（不论这个事故发生之前或之后运输工具是否曾在海上遭恶劣气候、雷电、海啸等自然灾害），所造成的被保险货物的部分损失。

（4）在装卸转船过程中，被保险货物一件或数件落海所造成的全部损失或部分损失。

（5）运输工具遭自然灾害或意外事故，在避难港卸货所引起的被保险货物的全部损失或部分损失。

（6）运输工具遭自然灾害或意外事故，需要在中途的港口或在避难港口停靠，因而引起的卸货、装货、存仓及运送货物所产生的特别费用。

（7）发生共同海损所引起的牺牲和救助费用。

（8）发生了保险责任范围内的危险，被保险人对货物采取抢救、防止或减少损失的各种措施，因而产生合理的施救费用。但是，保险公司承担费用的限额不能超过这批被救货物的保险金额。施救费用可以在赔偿金额意外的一个保险金额限度内承担。

2. 水渍险

水渍险的责任范围比平安险大，其责任范围除平安险所承担的损失外，还包括条款中列举的自然灾害造成的部分损失。

3. 一切险

一切险是三个基本险中责任范围最大的险种，其责任范围除包括上述的平安险和水渍险外，还包括货物在运输过程中，因各种外来原因所造成的保险货物的损失。

以上三种基本险别，被保险人可以从中选择一种投保。

（二）附加险

附加险别是对基本险别的补充和扩大。附加险不能单独投保，只能在投保一种险别的基础上才能加保一种或树种附加险,它投保的是外来风险引起的损失。按承保风险的不同,附加险又可分为一般附加险、特别附加险和特殊附加险。

1. 一般附加险是承保人由于一般外来风险所造成的损失,一般附加险有如下几种:偷窃提货不着险;淡水雨淋险;短量险;混杂;玷污险;渗漏险;碰损、破碎险;串味险;受潮受热险;钩损险;包装破裂险;锈损险。

由于一般附加险已经包含在一切险的责任范围内,所以,如果已经投保了一切险,就不需要再加保一般附加险。

2. 特别附加险

特别附加险所承保的风险大多与国家的行政措施、政策法令、航海贸易等习惯有关,他并不包括在基本险中,必须另行加保才能获得保障,特别附加险有以下五种:交货不到险、进口关税险、舱面险、拒收险和黄曲霉素险。

3. 特殊附加险

特殊附加险不包含在任何基本险中,需要另行加保才能获得保障。特殊附加险主要承保战争和罢工的风险。

三、伦敦保险协会海运货物保险条款

(一) 伦敦保险协会货物条款 A 险

第一种一般保险称为伦敦保险协会货物条款 A 险。A 险与传统意义上的"一切险"十分相似,承保"一切标的物发生的损失或损坏",可是它并非对每件货物都一样。它把一件货物的投保险别用简单的英语表示出来,这样有助于识别。此外,A 险不像传统的"一切险"那样可以写成美式或英式条款并且意思还不完全相同,伦敦保险协会货物条款 A 险的保险单在所有国家都是一样的。

A 险和"一切险"一样,并不像名称表现的那样对一切风险都承保,它承保除前面提过的几种(包装不当、固有缺陷、正常漏损、不适航船舶和核战争)以外的一切风险,并且一些特定的附加险需要各自分开投保作为对主要保险单的附加条款。这些特定风险为:罢工和其他国内骚乱以及战争、被政府查封。

尽管如此,伦敦保险协会货物条款 A 险仍是进出口商更为那些在世界上最常用贸易航道上运输的货物购买级别最高的险别,特别是对那些从一个发达国家运输到另一个发达国家的货物而且航线不经过局势动荡地区的情况下。

(二) 伦敦保险协会货物条款 B 险

另外一种一般保险是伦敦保险协会货物条款 B 险。它也被称为指定险,因为它列出了承保的具体范围,这些风险包括火灾、搁浅、沉没、碰撞、投弃、落水、水害以及在装载和卸载时发生的全部损失。由恶劣天气造成的损失、在装载和卸载时造成船的部分损失不在保险范围内。

伦敦保险协会货物条款 B 款适用于天气恶劣有很强承受力的货物，例如散装的原材料，譬如煤炭、铁矿石、木材等。该条款不适用于对机器、纸张和任何制成品的保险，除非货物非常有弹性。

（三）伦敦保险协会货物条款 C 款

伦敦保险协会货物条款的最后一种险别是伦敦保险协会货物条款 C 险。它是一种指定险，因为它列出了承保风险的清单。清单内容限于火灾、搁浅、沉没、碰撞和抛货；不包括落水、恶劣天气的损坏或水害、在装载和卸载时发生的损失。

C 险是 CIF 术语和 CIP 术语要求的最低保险。它低到对大多数货物来说都不合适，采用 CIF 和 CIP 交易方式的公司应该将保险类型扩大到最高保险（比如 A 险），如果是以 CIF 术语和 CIP 术语为基础的进口贸易，就应该购买条件差异险。

一般来说，C 险对绝大多数集装箱化的货物都不合适，除了那些在国际海上运输中不会被任何方式影响、如果落水也不会造成主要损失的货物。不过，除了诸如废铁和回收报纸这样的废品，符合上述描述的货物很少。C 险适用于散装货物，因为除非船只遭受了很大的损失，否则，那些散装货物都不会发生损失。

第三节　其他货物运输保险

海洋运输是国际贸易货物运输的主要方式，但是除此之外，国际贸易货物运输还有陆上运输、航空运输、邮政包裹运输和国际联运等方式。随着国际运输的发展，货物通过陆上、航空和邮政包运输数量不断增加，特别是通过国际多事联运的货物数量与日俱增，在整个国际贸易货物运输中的比重也是明显上升。因此，陆上、航空、邮包以及多式联运货物保险业务逐渐脱离海上运输保险，成为各自独立的条款。

一、陆上货物运输保险

货物如果采用陆上运输工具运输，则有两种陆上运输货物保险可供选择：

1. 陆运险

陆运险是对保险货物在运输途中遭受暴风、雷电、地震、洪水等自然灾害；或由于陆上运输工具遭到碰撞、倾覆或出轨，如有驳运过程，包括驳运工具搁浅、触礁、沉没、碰撞或由于遭受隧道坍塌、崖崩或火灾、爆炸等意外事故所造成的全部或部分损失，保险人均负赔偿责任。

2. 陆运一切险

陆运一切险除包括上列陆上运输险的责任外，还对被保险货物在运输途中由于外来原因造成的货物短少、短量、偷窃、渗漏等全部或部分损失负责赔偿。

二、航空货物运输保险

航空货物运输保险分为航空运输险和航空运输一切险两种,被保险货物遭受损失时,本保险按保险单上载明承保险别的条款负赔偿责任。

1. 航空运输险

航空运输险负责赔偿的内容有如下:被保险货物在运输途中遭受雷电、火灾、爆炸或由于飞机遭受恶劣气候或其他危难事故而被抛弃,或者由于飞机遭到碰撞、倾覆、坠落或失踪意外事故所造成的全部或部分损失;被保险人对遭受承包责任范围内危险的货物采取抢救措施以防止或减少货物损失而支付的合理的费用,但以不超过该批货物的保险金为限。

2. 航空运输一切险

航空运输一切险除了包括航空运输险责任外,还对被保险货物在运输途中由于外来原因造成的包括被偷窃、短少等全部或部分损失负赔偿责任。

三、邮包保险

邮包保险承保通过邮政局邮包寄递的货物在邮递过程中发生保险事故所致的损失。

以邮包方式将货物运送到目的地可能通过海运,也可能通过陆上或航空运输,或者经过两种或两种以上的运输工具进行运送。不论通过何种运送工具,凡是以邮包方式将贸易货物运达目的地的保险,均属于邮包保险。邮包保险按其保险责任可以分为邮包险和邮包一切险。

1. 邮包险

邮包险对被保险的货物在运输过程中由于遭受暴风雨、雷电、流冰、海啸、地震、洪水等自然灾害或由于交通工具搁浅、触礁、沉没、碰撞、出轨、倾覆、坠落或失踪;或由于失火和爆炸等意外事故所造成的全部或者部分损失负赔偿责任。此外,还包括共同海损的牺牲、分摊和救助费用。

2. 邮包一切险

邮包一切险除包括上述邮包险的责任外,还对保险货物在运输途中由于外来原因造成的包括被偷窃而短少在内的全部或部分损失也负赔偿责任。

第四节 我国货物运输保险实务

在国际货物运输工程中,保险的作用如前所述,其重要性不言而喻,但如何办理货物运输保险业务,则需要考虑如下几个方面的内容。

一、选择合适的保险险别进行投保

保险险别中,不同的险别对待保险人与被保险人之间权利义务的规定不同,保险公司的责任范围各异,也会导致收取的保险费用不同。因此,如何选择一个合适的险别对待被保险人是一个十分重要的问题。投保人在投保时,既要顾及所选的险别能为被保险货物提供充分的保险保障,又要注意到保险费用的节省,避免不必要的保险费用的支出。

对保险险别的选择时,一般要考虑以下几个问题:

1. 货物的性质和特点

不同货物具有不同的性质和特点,在运输过程中遭遇的风险和发生的损失也就不同,因此,在投保之前不需充分考虑货物的性质和特点,选择最为适合的保险险别。

2. 货物的包装

货物的包装最基本的作用就是保护货物在运输过程中所可能遭遇的颠簸、碰撞、挤压等。在办理保理投保和选择险别时,应把货物包装在运输过程中可能发生的损坏及其对货物可能造成的损害考虑在内。但必须注意,因货物包装不良或由于包装不适应国际贸易运输的一般要求而导致货物遭受损失,属于发货人的责任,保险人一般不予负责。

3. 运输路线及停靠港口

运输路线及停靠的港口不同,货物可能会遭受到的风险和损失也会不同。例如,某些港口天气炎热,如不对载货船舶及时通风,可能会造成货物腐烂、霉变等损失。又如,在政治局势动荡不定或已经发生战争的港口,货物遭受损失的可能性会更大。

4. 运输季节

运输季节的不同也会对运输货物带来不同的风险和损失。例如,夏季运送粮食、果品等极易出现发霉、腐烂或生虫等现象。

5. 各国贸易习惯和贸易惯例

各国贸易习惯和贸易惯例的不同可能导致同一个贸易术语在不同国家权利、义务划分不同。例如,货物按 CIF 出口,按照《通则2000》的规定,CIF 条件下的卖方应该负责投保最低限度的保险险别;按美国《1941 年美国对外贸易定义修订正本》的规定,CIF 条件下卖方有义务代买方投保战争险,费用由买方承担;在比利时,CIF 条件下卖方通常负责投保水渍险;在澳大利亚,CIF 条件下卖方必须负责投保水渍险和战争险等。

在投保时,一定要根据多方面的因素,综合考虑各种因素的影响效果,找到最合适的保险险别。

二、保险金额的确定和保险费用的计算

投保人在投保货物运输保险时应向保险人申请保险金额,保险金额是被保险人对保险标的实际投保金额,是保险人承担保险责任的标准的计收保险费用的基础,是保险人对保险标的承担的最高赔偿金额。因此,投保人在投保时须按照保险价值申报保险金额。保险价值是被保险人对保险标的所具有的可保利益的货币表现形式,一般包括货价、运费、保险费及与其利润等。

国际贸易采用 CIF 或 CIP 贸易术语成交,买卖合同一般均为规定保险金额,并且保险金额通常还必须在发票金额的基础上增加一定的百分率,即投保加成率。如果合同法未作规定,按 INCOTERMS 2010 和 UCP 600 及国际保险市场习惯做法,卖方应该按 CIF 或 CIP 价格的总值另加 10% 作为保险金额。这部分增加的保险金额是买方进行这笔交易所支付的费用和预期利润。如果买方要求适当提高投保加成率,按较高保险金额投保,在保险公司同意承保的前提下,卖方可考虑接受,但因此而增加的保险费用原则上应由买方支付。保险金额的计算公式为:

$$保险金额 = CIF(或 CIP)\times (1 + 投保加成率)$$

在实际工作中,如果已有成本价或运费加成本价,CIF(或 CIP)的价格计算公式为:

$$CIF(或 CIP)= FOB(或 FCA)+ 运费/1 -【保险费率 \times (1 + 投保加成率)】$$
$$= CFR(或 CPT)/1 -【保险费率 \times (1 + 投保加成率)】$$

我国进口货物的保险金额,原则上按进口货物的 CIF 或 CIP 价格计算。若进口合同采用 FOB(或 FCA)或 CFR(或 CPT)条件,为简化手续、方便计算,中国人民财产保险股份有限公司拟定了平均运费率和平均保险费率,其保险金额的计算公式为:

$$保险金额 = FOB(或 FCA)\times (1 + 平均运费率 + 平均保险费率)$$

或

$$保险金额 = CFR(或 CPT)\times (1 + 平均保险费率)$$

上述进口保险金额即为估算的 CIF(或 CIP)价不另加成,如果投保人要求在 CIF 或 CIP 价格基础上加成投保,保险公司也接受。

保险费率是指收取的保险费占保险金额的比例值。保险费率是保险人计算保险费用的依据,是由保险人根据保险标的可能遇到的危险性大小、损失率、赔付率高低和经营费用多少等因素,并按不同商品、不同目的地及不同的投保险别加以规定的。一般情况下,损失率越高,保险费率也越高。

三、填写投保单

无论在进口或出口业务中,投保货物运输保险时,投保人通常需以书面方式做出投保要约,即填写货物运输保险投保单,经保险人在投保单上签章承诺,或是出立保

险单,保险双方即确定了合同关系。按照保险利益原则的规定,在货物运输保险中,被保险人必须在索赔时对保险货物具有保险利益,但并不要求其在投保时使具有保险利益,因此,为保障贸易双方的利益不会因货物在运输途中发生事故而遭受损失,投保人应在货物开始运输之前办理保险。

投保单是投保人在投保时对保险标的及有关事实的告知和陈述,也是保险人签发保险单和确定保险费的依据,因此,投保单的填写必须准确、真实。进出口货物运输保险投保单的具体内容主要有以下几项:被保险人,发票号码和合同号码、包装数量、保险货物项目、保险金额、装载运输工具、航次、航班、开航日期、运输路线、承保险别、赔款地、投保人签章及企业名称、电话地址、投保日期等。

保险人承保的是未来可能发生的风险,由于买卖双方处于不同的国家,距离遥远,如果出现信息传递失误,买方投保的日期可能在货物装船以后或货交承运人接管以后,甚至可能出现投保时货物已经在运输途中发生损失的情形。按理保险应当是无效的。但按照国际货运保险的习惯,如果投保时货物已经发生损失,只要进口方的投保是善意的,事先并不知情,则保险仍然有效,保险人仍需按保险合同的规定予以赔偿。反之,如果进口方在投保时已经知道货损事件,则该投保行为属于保险欺诈,保险无效。如果保险人已经知情,则不会接受承保。对于和保险公司订有长期有效的货物国际运输预约保险合同的被保险人,只需在货物出运后或接到装船通知后填写国际运输预约保险启运通知书或保险凭证,即完成了投保手续。

保险是建立在诚信原则基础之上的契约关系。保险人对投保人的投保是否接受,按什么费率承保主要是以投保人所申报的情况为依据来确定的。因此,投保人在办理投保时,应当将有关被保险货物的重要事项向保险人作真实的申报和正确的陈述。

四、支付保费,获取保单

投保人(被保险人)交付保险费后,即可取得保险单。在国际贸业务中,常用的保险单据主要有两种形式:

(1) 保险单

保险单(俗称"大保单"),是保险人和被保险人之间成立保险合同关的正式凭证,因险别的内容和形式有所不同,海上保险最常用的形式有船舶保险单、货物保险单、运费保险单和船舶所有人责任保险单等。

(2) 保险凭证

保险凭证(俗称小保单),是保险人签发给被保险人,证明货物已经投保和保险合同已经生效的文件。凭证上无保险条款,表明按照本保险人的正式保险单上所载的条款办理。保险凭证具有与保险单同等的效力,但在信用证规定提交保险单时,一般不能仅以保险凭证提供。

五、索赔

被保险货物遭到损失以后，被保险人应该按照规定办理赔手续，向保险人提出赔偿要求。保险索赔，是指被保险货物遭受承保责任范围内的风险而造成损失时，被保险人向保险人提出赔偿要求的行为。保险人在接到被保险人的索赔要求后，对被保险货物的损失赔偿要求的处理称为理赔。

被保险人或其代理人向保险人索赔时，应做好下列4项工作：

1. 当被保险人得知或发现货物已遭受保险责任范围内的损失，应及时通知保险公司，并尽可能保护现场。由保险人会同有关方面进行检验，勘察损失程度，调查损失原因，确定损失性质和责任，采取必要的施救措施，并签发联合检验报告。

2. 当被保险货物运抵目的地，被保险人或其代理人提货时发现货物有明显的受损痕迹、整件短少或散装货物已经残损，应即向理货部门索取残损或短量证明。如果货损涉及第三方的责任，则首先应向有关责任方提出索赔或声明保留索赔权。在保留向第三方索赔权的条件下，可向保险公司索赔。被保险人在获得保险补偿的同时，须将受损货物的有关权益转让给保险公司，以便保险公司取代被保险人的地位或以被保险人的名义向第三方责任方进行追偿。保险人的这种权利叫作代位追偿权。

3. 采取合理的施救措施。保险货物受损后，被保险人和保险人都有责任采取可能的、合理的施救措施，以防止损失扩大。因抢救、阻止、减少货物损失而支付的合理费用，保险公司负责补偿。被保险人能够施救而不履行施救义务，保险人对于扩大的损失甚至全部损失有权拒赔。

4. 备妥索赔证据，在规定时效内提出索赔。型保险索赔时，通常应提供的证据有：保险单或保险凭证正本；运输单据；商业票和重量单、装箱单；检验报单；残损、短量证明；向承运人等第三者责任方请求赔偿的函电或其证明文件；必要时，还需提供海事报告；索赔清单，主要列明索赔的金额及其计算依据，以及有关费用项目和用途等。根据国际保险业的惯例，保险索赔或诉讼的时效为自货物在最后卸货地卸离运输工具时起算，最多不超过两年。

案例分析

国际货物运输保险合同

一、案情介绍

1992年1月16日，原告（中国轻工业品进出口总公司）与被告（中国平安保险公司）签订了货物运输保险合同。原告外购92PMK－777925HK合同项下货物磷酸二铵，数量21150吨，保险金额按标的CIF价格加一成为4233892.56美元，承保条件是中国人民保险公司海洋货物运输保险条款（1981年1月1日）一切险（包括仓至白条款），附加超过装运总量0.5%的短重险。原告于签订保险合同当日，已将保险费13548.46美元支付给被告。货物于1992年8月11日运至天津新港，船上所载包括原告以及其他收货人的35400吨散装磷酸二氨（商检公估数为35195吨，短卸205吨，短卸率为5.8‰）全部卸入天津港第二港公司203、204、207号码头仓库内。原告作为TPA-3号提单项下的收货人，在货物到港前委托中国对外贸易运输总公司天津塘沽公司和中国农垦物资公司代办提货。至1992年9月1日，原告共提取磷酸二氨8499.9吨，并对此进行分配、分派运往河北、吉林等地。9月18日，因遇特大海潮灾害，原告所属的12401.1吨货物遭海水浸泡造成损失。经鉴定，货损共折合5398.32吨，因对货物进行施救，原告支付了所发生费用人民币50522.59元。此后，原告向被告索赔。同年10月17日，被告明确表示对该批货物的损失拒赔，被告认为保险人的责任，从货到卸货港，收货人提货后运至其仓库，或提货后不运往自己的仓库，到对货物进行分配、分派、分散转运时终止。同时认为，原告于1992年4月20日已将投保货物全部卖给案外人中国农垦物资公司，并且在该批货物运抵天津新港前已将提单转让，原告因此失去了诉权和可保利益。

二、案件结果

天津海事法院于1993年6月30日做出判决：被告赔偿原告保险货物因保险事故遭受的损失1087191.75美元，赔偿原告保险货物短重损失3407.59美元，偿付原告上述款项自1992年11月1日起至给付之日的利息损失（按中国人民银行同期存款利率计算），偿付原告所支付的施救费用人民币50522.29元，原告其他诉讼请求不予支持。

被告不服一审判决，向天津市高级人民法院上诉，后经二审法院主持调解，于1994年1月15日达成调解协议，除在赔偿金额的数额上有所改动外，其余内容与一审判决一致。

三、基本理论

海上保险合同是一种补偿合同，其目的是使被保险人受到风险损失时得到补偿。各国法律都要求被保险人必须对保险标的物具有保险利益才能订立有效的保险合同，英国《1906年海上保险法》对保险利益下的定义最具代表意义，它认为当被保险人因保险标的物的灭失和损坏而遭受损失或因保险标的物的安全到达将获得预期利益时，即可认定被保险人对保险标的物具有保险利益。

海上货物运输保险的基本险别（平安险、水渍险、一切险）在国际上通常都按照仓至仓条款办理。根据国际上通行的做法，仓至仓条款的责任期限是被保险货物远离保单所载明的起运地仓库或储存处所开始运输时起，至该货物到达保险保单所载明的目的地收货人的最后仓库或储存处，被保险人用作分配、分派或非正常运输的其他储存处所为止。

四、案例分析

保险人提出的抗辩理由主要是被保险人对保险标的物无保险利益，因此无权请求赔偿,这是不成立的。本案认定被保险人是否具有保险利益的关键在于被保险人是否享有保险标的物的所有权,也就是说,他是否是海运提单的合法持有人。提单是货物所有权的凭证,谁持有提单,谁就是提单下货的所有人,提单上的权利经原持有人背书转让后发生转移,有保险事故发生时,被保险人仍持有提单,那就仍是货物所有人。

在保险人责任期限内,保险单载明采用仓至仓条款,由于被保险人在港口没有自己的仓库和储存地点,无法对货力进行分配、分派。依据仓至仓条款的规定,保险人的责任期限应延至"货物运至被保险人进行分配、分派,或非正常运输的其他场所"为止。因此,本案中货物的风险损失,仍然属于仓至仓条款规定的范围内,保险人在合同项目下的义务是不容推卸的。

▶ 复习与思考题

1. 简述货物运输保险的原则。
2. 出口商在投保的时候应该考虑哪些因素?
3. 被保险人或其代理人向保险人索赔时,应做好哪些工作?
4. 海运面临的风险有哪些?
5. 什么是共同海损,什么是单独海损?请举例说明。
6. 什么是邮包保险?邮包保险包含哪些内容?
7. 试述在办理国际货物运输保险的时候应该注意的内容。

第十一章
>>> 出口包装

学习目的与要求

- 了解包装的起源和发展；
- 掌握包装的定义、功能和分类；
- 熟悉包装的材料和容器；
- 掌握包装的技术与方法；
- 熟悉掌握并会区分常见的包装标志。

案例导入

山姆森玻璃瓶的创意包装营销

说起可口可乐的玻璃瓶包装，"一个价值600万美元的玻璃瓶"的故事至今仍为人们所称道。1898年鲁特玻璃公司一位年轻的工人亚历山大·山姆森在同女友约会时，发现女友穿着一套筒型连衣裙，显得臀部突出，腰部和腿部纤细，非常好看。约会结束后，他突发灵感，根据女友穿着这套裙子的形象设计出了一个玻璃瓶。

经过反复的修改，亚历山大·山姆森不仅将瓶子设计得非常美观，很像一位亭亭玉立的少女，他还把瓶子的容量设计成刚好一杯水大小。瓶子试制出来之后，获得大众交口称赞。有经营意识的亚历山大·山姆森立即到专利局申请了专利。

当时，可口可乐的决策者坎德勒在市场上看到了亚历山大·山姆森设计的玻璃瓶后，认为非常适合作为可口可乐的包装。于是，他主动向亚历山大·山姆森提出购买这个瓶子的专利。经过一番讨价还价，最后，可口可乐公司以600万美元的天价买下此专利。要知道在100多年前，600万美元可是一项巨大的投资。然而实践证明，可口可乐公司这一决策是非常成功的。

亚历山大·山姆森设计的瓶子不仅美观，而且使用非常安全，易握不易滑落。更令人叫绝的是，其瓶型的中下部是扭纹型的，如同少女所穿的条纹裙子；而瓶子的中段则圆满丰硕,如同少女的臀部。此外,由于瓶子的结构是中大下小,当它盛装可口可乐时,给人的感觉是分量很多的。采用亚历山大·山姆森设计的玻璃瓶作为可口可乐的包装以后,可口可乐的销量飞速增长,在两年的时间内,销量翻了一番。从此,采用山姆森玻璃瓶作为包装的可口可乐开始畅销美国,并迅速风靡世界。600万美元的投入,为可口可乐公司带来了数以亿计的回报。

第一节 现代包装的概述

从社会在生产角度来看,要实现货物从生产领域向消费领域的转移,保持物流系统运行通畅,每一环节的物流活动都与包装材料、包装容器、包装标准等密切相关。所以,包装便成为物流系统的起始环节,而且随着科学技术的发展,它在整个物流系统中的地位也日益重要。

一、包装的起源与发展

包装是人类生产、消费对物资提出的客观要求,是为了完成对物资的输送、保管等活动而采取的必要手段。随着社会的进步和发展,包装从无到有、从简到繁,如今已经发展成为人类社会必不可少的一项内容。

原始社会末期,最早的包装物出现。为了把猎获的动物送回住地,人们用天然的藤蔓进行捆扎;在耕作、采集、收获农产品的生产过程中,人们用树皮、竹皮、荷叶等天然物充当包装材料。后来,随着生产技术的进步,人们又发明了一些简单的包装工具,如用葫芦做成瓢、用兽皮做成袋子、用木头做成容器等。但是,很明显,原始社会的包装材料仅限于之间运用天然材料或对天然材料进行简单的加工后使用。

到了奴隶社会,生产水平有了较大的进步,人们开始使用金属制造的容器。我国秦代之前就出现了木质的包装物,比如说木箱、木桶等,随着社会不断地进步,商业活动日益频繁,远距离运输活动逐渐发展起来,陆地商队、海上商队相继出现,因为没有良好的包装就无法保证运输的正常进行,所以,人们开始注重运输包装,也发明了很多特殊作用的包装,包装技术得到了进一步的发展。

包装工业开始于19世纪末20年代初。工业革命使生产力水平得到大幅的提高,生产力的发展也使得消费者的购买能力逐渐增强,对商品的要求也逐渐提高。为了保证商品在流通过程中能够保质保量的到达消费者手中,企业对包装的要求更加严格。大约在20世纪30~40年代,包装由原来的单纯保护作用逐渐发展到具有推销产品的作用。由此,商品包装发展成为独立于商品生产之外的一个新兴部门。

随着物流技术的不断开发与应用,尤其是物流被当作一个整体受到重视和研究之后,物流对包装又提出了更新、更高的要求,出现了新型包装材料、新型包装形式和新型包装技术，为包装工业拓展了新的发展空间。

二、包装的概念

包装的概念是随着包装的发展而发展的。早期的观点认为，包装是容纳物品的器具，或是对物品进行捆扎、盛装以对容纳物施予报货的材料。这种观点是从静态的角度来看待包装的，认为包装是保护商品的一种手段，但是随着时代的发展、需求的增长、包装技术的进步，包装的定义发生了改变。

我国国家标准 GB 4122—83《包装通用术语》中，对包装这样定义：包装为在流通过程中保护商品、方便运输、促进商品销售，按一定技术方法而采用的容器、材料及辅助物等的总体名称；也指为了达到上述目的而采用容器、材料和辅助物的过程中，施加一定技术方法等的操作活动。具体来讲，包装的定义包括两层含义：一是静态的含义，和最开始对包装的定义相同，是指能合理容纳商品，抵抗外力，是一种保护手段；二是动态的含义，指包裹、捆扎商品的工艺操作过程。除此之外，现代包装还延伸到消费领域，成为"无声的推销员"。从物流的角度来看，包装是生产的终点，但却是物流的起点。

三、包装的功能

日本神奈川大学的唐泽丰教授将包装的功能分为以下七种：
① 保护功能——保持质量；
② 定量功能（按单位定量）——形成基本单件或与此目的相适应的单件；
③ 标识功能——容易标识；
④ 商品功能——创造商品形象；
⑤ 便利功能——处理方便；
⑥ 效率功能——便于作业，提高效率；
⑦ 促销功能——具有广告效力，唤起购买欲望。

我们将以上的七种功能进行总结归纳后可以得出以下三点：即保护功能、便利功能和促销功能。但除此之外，作者更倾向于将包装归结为四种功能，除上述的三个功能外，认为包装还具有方便顾客消费、提高客户服务水平的功能。

1. 保护功能

商品包装的保护功能是其最基本也是最重要的功能，主要保护商品在流通过程中不受外界因素的损坏，包装的保护功能是通过防止外部因素的影响而实现的，一般情况下，包装的保护功能如下：

（1）防止物品的破损变形

为了防止物品的破损变形，物品的包装必须能够承受物资运输过程中的装卸、运输、储存等各种冲击、振动、颠簸、挤压或摩擦，形成对外力的防护。所以，包装材料或包装容器必须具备相应的强度，以便抵御或减缓这些外力对物资的损坏。

（2）防止污染、丢失

（3）防止物品受自然环境的影响

外部自然环境的影响，例如：气温的升高或降低导致的产品的腐败变质、有害气体导致的霉变、潮湿的环境中物资产品受潮等。为了防止物资发生受潮、发霉、变质、生锈等化学变化，物品包装必须能做一定程度上起到阻隔水分、潮气、光线以及空气中各种对产品会造成影响的气体的作用，以避免外界不良因素的影响。

（4）防止有害生物对物品的影响

鼠、虫以及其他有害生物对物资有很大的破坏性，包装不严等问题会给这样有害的虫蚁带来可乘之机，导致物品的腐坏变质，特别是食品类商品，对此有更高的要求。

2. 便利功能

包装的另一个重要作用是提供商品自身的信息，比如说商品的名称、规格、生产日期和生产厂家等，帮助工作人员和顾客进行区分。在商品运输功能过程中，仓库工作人员也是通过包装上的商品标志来区分商品并进行存储和搬运的。在传统物流中，包装的这些功能是通过在包装上印刷的商品的信息来实现的，但随着信息技术的不断发展，如今更多使用的是条码技术。条码技术是在计算机的应用实践中产生和发展起来的一种自动识别技术，它是为实现对信息的自动扫描而设计的，是一种快速、准确而可靠地采集数据的有效手段。仓库管理人员在使用扫描仪器对商品进行扫描的同时，商品信息就可以输入到物流信息系统中，进而物流信息系统可以发出一定的指示，指导工作人员对该商品进行一定的操作，这样可以极大地提高物流过程的整体效率。

此外，适当的商品包装也能够提高商品运输效率，商品由生产到销售会经历很多次搬运，如果商品包装过大，会给搬运带来较大的问题；相反，如果包装设计过小，有可能使得搬运的效率降低，商品易丢失、易损坏。所以，包装不仅要适合产品的尺寸，还要充分考虑到搬运过程，根据搬运的工具不同设计合适的包装。

3. 促销功能

销售功能是指商品能够促进商品销售的功能，在商品销售过程中，促进商品销售的手段有很多，其中利用包装进行促销就是常见的一种促销方式，精美而适当的商品包装能促进消费者的购买欲望。因此，一般来说，再设计商品外包装的时候不仅要考虑包装的保护功能，还应该考虑到商品包装的实用性，而对于商品的内包装，因为他直接面对顾客，所以要注意它的外表，不仅要美丽大方，还要贴合产品具有一定的吸引力，促进商品销售。

4. 方便顾客消费，提高客户服务水平

商品的包装不仅仅是要好看能吸引顾客，还应该适应顾客的应用，要与顾客使用时的搬运、储存设施相适应，这样成本可能会有所增加，但是，拥有了长久的顾客关系，为顾客提供了便利，企业的生存和发展才有可能性。这也是包装的一个重要功能。

四、包装的种类

现代商品的种类繁多，性能和功能也多种多样，为了充分发挥包装的功能，就必须对包装进行科学的分类，包装的分类方法有很多，这里只介绍几种常见的包装分类方法：

（1）按照包装在流通中的作用，将包装分为运输包装和销售包装。

运输包装，又称工业包装，是指以方便运输、保护商品、易于储存为主要目的的包装。它具有保障产品安全，方便储运装卸，加速交接、点验等作用。运输包装不像销售包装那样注重外表的美观，它更强调的是包装的实用性和费用的低廉性。如今，许多知名的大企业也开始越来越重视运输包装，原因在于：一方面，运输包装的好坏程度在一定程度上决定了到达消费者手中商品的质量；另一方面，如果运输包装做得好，将会提高企业在顾客心中的形象，巩固企业在市场中的竞争地位，增强企业竞争力。

销售包装，又称商业包装，是指以促进商品销售为主要目的的包装，是直接接触商品并随商品进入零售网点和消费者或与用户直接见面的包装。销售包装的主要目的是为了吸引消费者，促进销售。因此，这种包装的特点是造型美观大方，拥有必要的修饰，包装上有对于商品的详细说明，包装的单位适合于顾客的购买及商家柜台摆设的要求。随着个性化需求的出现，顾客在购买商品的时候，可能会要求商家按照自己的需求进行包装，以满足自己特定的需要。这也是企业应该注重商业包装的一个原因。

（2）按照使用次数的不同，可将包装分为一次用包装、多次用包装和周转用包装。

一次用包装，指只能使用一次，不再回收重复使用的包装。它是随同商品一起出售或销售过程中被消耗掉的包装形式，大多数商品包装都属于这一类型的包装。

多次用包装，指回收后经过适当的加工整理，可以重复使用的包装。

周转用包装，指工厂或商店固定用于商品的周转活动，不需任何加工整理就可以多次使用的包装。

（3）按层次的不同，包装可以分为个包装、中包装、外包装。

个包装，又称内包装，是指以一个商品为一个销售单位的包装形式。个体包装是直接与商品接触的包装，在生产过程中与商品装配成一个整体，随同商品一同进行销售，起着直接保护、美化、宣传和促销的作用。

中包装，是指由若干个单体商品或包装组成的一个小的整体包装。它是介于个包装和外包装之间的包装，属于商品的内部包装。在商品流通过程中，中包装不仅起着进一步保护商品、方便储存和促进销售的功能，而且还有利于商品分拨和销售过程中的点数和计量，方便包装组合等作用。

外包装，是指商品的最外层的包装，在商品流通过程中起着保护商品、方便储存和促进销售的作用。

（4）按包装防护目的不同，可以分为防潮包装、防锈包装、防霉包装、防震包装、防水包装、遮光包装、放热包装、真空包装、危险品包装等。

第二节　包装材料和容器

一、包装材料

包装材料是构成包装实体的主要物质，由于包装材料的物理性质和化学性质千差万别，所以，包装材料的选择对包装的效果的好坏起着非常重要的作用。包装材料的选择，一方面取决于包装材料本身的属性，另一方面还受各种材料加工技术的影响。随着科技的进步，包装材料的性能还在不断完善中，但如今常用的材料有：

1. 纸质包装材料

纸质包装在商品包装中占有非常重要的位置，一般占包装材料的30%～40%，商品的内包装、中包装以及外包装，根据商品的需求都可以采用纸质包装。纸作为包装材料有纸袋、纸箱和瓦楞纸箱等，其中，瓦楞纸箱是最受欢迎的纸质包装材料，因为，瓦楞纸箱不仅具有的成本低、重量轻，易搬运、易回收的特点，还具有一定的刚性，具有较强的抗压、抗冲击能力，使用起来方便可靠。但纸质有一个最大的区别，纸质的防潮、防湿能力较差。

2. 木质包装材料

木质材料包装是指使用普通木箱、木条复合版箱、金属网木箱以及木桶等木质包装容器对商品进行包装。木质包装容器的主要特性是能抗弯曲破裂，它在包装容器中所占比重比较大，一般用于外包装，主要是因为它抗压、抗冲击，机械性能比较好；同时它也便于运输过程中的搬运，便于储存时的堆码，可以充分利用运输、仓储时的空间，对商品起到良好的保护作用。

3. 金属包装材料

包装所用的金属材料中最常用的是钢材和铝材，前者为刚性材料，后者为软性材料。金属包装材料的形态一般为薄板和金属箔、捆扎带、捆扎绳等。目前，在世界金属包装材料中，用量最大的是马口铁和金属箔两大品种。马口铁是一种很薄的镀锡薄钢板（俗称白铁皮），它是制作金属罐的主要材料。马口铁罐可以较长时间的保存食品。因为传统的马口铁罐的制作方法是由罐身（筒型）、罐底和罐盖三片马口铁制成，所以又称"三片罐"。

4. 玻璃包装材料

玻璃是一种无机物，它的基本材料是石英、烧碱和石灰石，在高温下熔断后迅速冷却，形成透明固体。玻璃包装容器主要用于包装液体、固体药物及液体燃料类商品。这种包装的耐腐蚀性好，而且比较稳定，耐酸玻璃瓶包装还可以直接看到内容物。

5. 塑料包装材料

虽然塑料包装的历史没有多久，但由于塑料品种繁多，且具有可塑性，几乎使用于任何形态的包装，再加上塑料又能与很多材料合成复合材料，因此，塑料被人们认为是现代包装材料领域的生力军，但随着塑料大规模的使用，人们又发现了塑料污染的问题。但从发展的前景来看，塑料包装仍然是大有前途的一种包装材料。目前塑料包装容器主要有：塑料编织袋、塑料周转箱、钙塑箱、塑料打包带、捆扎绳、塑料中空容器、塑料包装薄膜、泡沫塑料等。

6. 复合包装材料

复合材料是为了克服单一材料带来的缺陷，发挥多种材料的优点，将两种或两种以上具有不同性能的材料，通过某种方法复合在一起形成的一种特殊材料。复合材料在包装领域应用十分广泛，目前已开发研制出的复合材料中，使用较多的是塑料与玻璃复合材料、塑料与金属箔复合材料、塑料与塑料复合材料等。另外，还有纸基复合材料、塑料基复合材料、金属基复合材料等。

7. 纤维包装材料

纤维包装材料一般是指用麻袋和维尼纶袋对商品进行包装。

8. 其他包装材料

其他较常用的包装材料有竹、藤、苇等制成的包装，主要有各种筐、篓和草包等。

9. 包装用的辅助材料

为保证包装的效果，除研究包装容器的材料外，还应该研究包装的辅助材料。

（1）黏合剂。主要用于包装袋和包装箱的封口等。常见的黏合剂有：水型，主要指水溶液和乳胶；溶液型；热熔型；压敏性，主要包含冷密封性和永久黏结型。

（2）黏合带。按接合方式不同，分为橡胶带、热敏带、黏结带三种。

（3）捆扎材料。捆扎的作用表现在打捆、压缩、缠绕、包扎、保持形状、提高强度、封口防盗、便于处置、防止破损等。传统捆扎材料主要为天然材料，如草绳、麻绳、纸绳等。目前几乎都采用塑料材料。

二、包装容器

包装容器是指用于盛装物品的各种容器物。现代包装容器物主要有五大类：包装袋、包装盒、包装箱、包装瓶和包装罐。

1. 包装袋

按盛装重量分类，包装袋可分为以下三种：

（1）集装袋。集装袋一般用聚酯纤维编制而成，顶部常装有金属吊架或吊环，以便于起重机的吊装和搬运。其称重一般在 1 吨以上。

（2）一般运输包装袋。一般运输包装袋大多由植物纤维或合成树脂纤维编制而成，其盛装重量一般为 50～100 公斤。

（3）小型包装袋。又称为普通包装袋，根据需要可用单层材料、多层同质材料或多层不同材料复合而成，其盛装重量较小。

2. 包装盒

包容盒通常用纸板、金属、硬质塑料或者复合材料组成，一般容积较小，呈规则的几何形状，有关闭装置。

3. 包装箱

包装箱的材质一般为纸板、木材、金属、硬质塑料或复合材料构成，常见的包装盒呈长方体，内部容积较大。有如下几种：

（1）瓦楞纸箱，瓦楞纸箱的用途十分广泛，几乎包括所有的日用消费品，如水果、蔬菜、副食、家居、药品、化妆品等。

（2）木箱，木箱作为传统的包装容器，虽然在很多场合已经被瓦楞纸箱取代，但木箱与瓦楞纸箱相比，仍然具有不可替代的优越性。常见的木箱有木板箱、柜板箱和框架箱三种。

（3）集装箱，集装箱属于大型集合包装。它既可以看作是一种容器，又可以被看作是运输工具的一部分，被广泛地应用与现代物流之中。

（4）塑料箱，塑料箱自重轻，耐蚀性好，可装载多种商品，并且可以反复使用，适合短途运输，特别是那些产销挂钩、快产快出的商品。例如，肉类、蛋类、牛奶、糕点、豆制品等。

（5）托盘集合包装，为了满足装卸和搬运机械化的要求，把若干物品集中在一起，放在托盘上构成一件大型货物的包装形式。托盘按其结果形式，可以分为平板式托盘、箱式托盘、立柱式托盘等。

4. 包装瓶

包装瓶主要是用来盛装液体和粉状物品的，一般包装容积不大。包装瓶按瓶口与瓶盖的密封方式可以分为：螺纹式、凸耳式、齿冠式、包封式等。按其外形不同可以分为圆瓶、方瓶、高瓶、矮瓶、异形瓶等若干种类型。

5. 包装罐（筒）

包装罐是刚性包装的一种，对包装材料的强度要求很高，所以，罐体的抗变形能力很强,通常还带有可密封的罐盖。包装罐是典型的运输包装,适用于盛装液体、粉状及颗粒状物体,有时也可用于外包装、商业包装和内包装。根据包装罐的容量可将其分为:小型包装罐、中型包装罐和集装罐三种。

第三节　包装技术与方法

产品包装技术是指在包装作业过程中所采取的技术和方法的总称。由于产品种类繁多、性能各异,对包装的要求不同,这就要求在包装设计、材料选择、型号和规格确定等方面,采取正确的包装方法和相应的包装技术,以最低的物质消耗保证产品安全输送到用户手中。

一、一般包装技术

包装的一般方面主要体现在以下几个方面:

1. 对内装物进行合理的摆放、固定或捆绑

合理的摆放、固定或捆绑,可以缩小物体面积、节省包装材料、减少不必要的损失。对待外形不规则的产品,要注意摆放位置,合理利用空间;对待产品薄弱的位置,要注意加固;注意包装内部重力分布要均匀,产品与产品之间要有适当的间隔等问题。

2. 对蓬松的产品进行必要的压缩

对带有一些比较蓬松的产品,要进行必要的压缩,缩小包装容器,减少运输、储存和装卸搬运等的费用,对待一些蓬松产品,最好的压缩办法就是采取真空包装,该办法可以大大缩小产品的体积。

3. 合理的选择包装的形状和尺寸

在选择外包装的时候,其形状和尺寸应该尽量符合包装尺寸标准的规定,避免过高、过扁、过大或过重。除此之外,内包装盒与外包装盒进行选择的时候,要尽量选择相配套的尺寸。

4. 包装外的捆扎

捆扎的直接目的是将单个物件或数个物件捆紧,以便运输、储存和装卸。捆扎能够压缩货物的体积,从而减少保管和运输费用。此外,捆扎还能加固容器。一般情况下,合理的捆扎可以使容器的强度增加20%~40%左右。

二、特殊包装技术

特殊包装方法主要包括防震、防潮、防锈、防虫(鼠)、防腐和危险品包装等内包装技术,这里我们主要介绍几种常用的内包装方法:

1. 防震包装技术

防震包装主要是为了防止在运输过程中震动或冲击而造成的物品损坏，一般情况下，会采用在内包装材料中插入防震材料，采用吸收外部冲击力的方法来保护物品。防震包装技术的核心是确定防震材料的种类和厚度，要将成本与防震的材料、厚度相结合，找到最合适的方法。防震包装主要有全面防震包装、部分防震包装和悬浮式防震包装三种。

2. 防潮包装技术

防潮包装技术主要是为了防止物品在运输过程中因为空气中的水分或者直接接触到的水分而造成物品的变质、潮解、锈蚀、霉变等现象。一般的防水包装可以分为耐雨水、飞沫的耐散水包装和耐浸水包装两种。

3. 防锈包装技术

防锈包装技术常使用防锈剂来防止物品生锈，一般的防锈剂有防锈油和气化性防锈剂两大类。各种防锈油是在矿物中加入防锈添加剂后制成的，防锈油的作用原理是将金属表面与引起锈蚀的大气中的物质隔绝开，达到防治金属被锈蚀的目的。气化防锈包装技术是用气相缓冲剂，在密闭包装容器内对金属制品进行防锈处理，在密闭容器里，气化防锈剂可以在短时间内充满整个包装容器，同时吸附在包装容器的表面上，从而起到抑制大气对金属的锈蚀作用。

4. 防虫（鼠）包装技术

为了防止包装后的物品被昆虫损害，一般使用经过杀虫剂或驱虫剂处理过的包装材料，除此之外，也可以采用真空包装、充气包装、脱氧包装等方法，使得害虫失去生存环境，从而起到防止虫（鼠）毒害的作用。

5. 防腐包装技术

防腐包装技术通常采用劣化某一不利的环节因素，以达到抑制或杀死微生物、防止内装物腐坏、保护产品质量的方法。例如我们常见的冷冻包装法，冷冻包装法可以减慢细菌活动和化学变化的过程，延长储存期，但不能完全消除食品的变质问题；高温杀菌法，通过高温杀菌法可以消除引起食物腐坏的微生物。防腐包装技术一般适用于保鲜的水果、食品、粮食、海鲜等。

6. 危险品包装技术

危险品的种类有成百上千种，按其危险性质，可以划分为十类：极易燃液体、易燃固体、遇水燃烧物品、自然物品、爆炸性物品、毒害物品、腐蚀性物品、放射性物品、氧化剂、压缩气体和液化气体等，有些物品同时具备两种或两种以上的危险性能。

对待易燃、易爆的物品，防爆炸的有效方法就是使用塑料包装桶作为包装材料，然后将塑料桶装入铁通或木桶中，并设置自动放气的安全阀门，当桶内气压达到一定程度时，自动放气减压。

对待有腐蚀性的商品，要注意商品与包装容器的材质是否会发生化学变化。

对待有毒的商品，要注意包装的严密程度，并且要有明显的标志来标明有毒物质。

三、现代集合包装技术

现代集合包装技术是一种先进的包装技术，推行集合包装，有利于节约包装费用，提高经济效益，本书主要介绍三种现代集合包装技术：集装箱、托盘和集装袋。

1. 集装箱

国际上正式使用民用集装箱运输是在1955年。集装箱是一种用于货物运输，便于使用机械装卸的组合包装容器。近年来，随着全球经济一体化的快速发展，国际贸易的不断扩大，集装箱运输已经成为最受欢迎的运输方式之一，逐渐走向规格化、标准化和大型化，集装箱的出现加快了运输的步伐，缩短运输时间，提高了货物的完好率和运输效率。

2. 托盘

托盘，是指一种便于装卸、运输、保管、使用的由可以盛载单位数量物品的负荷面和铲车插口构成的装卸用垫板。因为它像一个盘子一样可以托起货物，所以形象地称之为"托盘"。

托盘可以有效地保护商品，减少商品的损坏；还可以适应港口、货物机械化作业的要求，加快装卸、运输速度，减轻工人的劳动强度。

托盘可以分为：平托盘、柱式托盘、箱式托盘和轮式托盘。

3. 集装袋

集装袋是一种柔软、可塑性较强的包装容器，是由可以折叠的涂胶布、树脂加工布及其他软性材料制成的大容积的运输袋。采用集装袋的方式不仅可以提高装卸效率，降低装卸成本，还具有便于包装、储存及造价低等优点。集装袋包装一般常被用来装运粉粒状的货物。集装袋的出现和使用是粉粒状货物运输方式的一次质的革命。

第四节 包装的标志

包装标志，是指为了标明被包装物的特性、保障物流活动的安全，以及为遵循理货分运程序的需要而在包装外部制作的特殊记号或说明。包装标识主要是赋予包装物件以传达的功能。目的是识别货物，明确货物的收发管理，明确物流中应采取的防护措施，识别危险货物，保证物流安全。

包装标识主要分为指示标志和危险标志两种。

一、指示标志

指示标识是针对那些容易破碎、残损或变质的商品，在其包装的特定位置上，用简单的图案和文字表示提示性的标识。根据国家标准 GB 190-73 规定，在有特殊要求的货物外包装上粘贴、涂打、钉附以下不同名称的标志。如向上、防潮、小心轻放、由此吊起、由此开启、重心点、防热、防冻等。

1. 小心轻放标志

小心轻放标志如图 11.1，用于货物外包装。表示货物不能承受冲击或震动，也不能承受较大的压力，常用于灯泡、钟表、电视机、陶器、玻璃器皿等。

图 11.1　小心轻放标志

2. 怕湿标识

怕湿标识如图 11.2，用于怕湿的货物，表示包装物品在运输过程中要注意防雨或防止直接洒水，在储存时，要避免存放在阴暗潮湿的环境中。

图 11.2　防潮标志

3. 向上标志

向上标志见图 11.3，用于货物的外包装，表示包装内的货物不得倾倒、倒置，要求在搬运过程中注意其向上的方向。

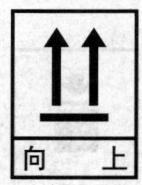

图 11.3　向上标志

4. 防晒标志

防晒标志如图 11.4，用于货物的外包装上，表示包装内货物怕热，不能暴晒，不能置于高温热源附近。

图 11.4　防晒标志

5. "由此吊起"标志

"由此吊起"标志如图 11.5，用于货物的外包装上，表示吊运货物是挂链条或绳索的位置。

图 11.5　由此吊起标志

6. 重心点标志

重心点标志如图 11.6，用于货物的外包装上，表示货物重心所在位置。

图 11.6　重心点标志

7. 堆码极限标志

堆码极限标志如图 11.7，用与货物的外包装上，表示货物允许的最大堆垛质量。需要在符号上添加具体的数值。

图 11.7　堆码极限标志

第十一章 出口包装

8. 禁止翻滚标志

禁止翻滚标志如图 11.8，用于货物的外包装上，表示搬运货物时只能做直线运动，例如，平移、上升、放下等，不能滚动。

图 11.8 禁止翻滚标志

9. 禁止手钩标志

禁止手钩标志如图 11.9，用于货物的外包装上，表示不得使用手钩直接钩着货物或其包装进行搬运。

图 11.9 禁止手钩标志

二、危险品标志

1. 爆炸品标志

爆炸品标志如图 11.10，用于货物的外包装上，表示包装体内有爆炸品，受到高热、摩擦、冲击或其他强烈的刺激时会发生剧烈反应，产生大量气体和热量，从而导致爆炸。

图 11.10 爆炸品标志

2. 易燃气体标志

易燃气体标志如图 11.11，用于货物的外包装上，表示包装体内多为容易燃烧并因冲击、受热而产生气体膨胀，有引起爆炸和燃烧危险的气体。

图 11.11　易燃气体标志

3. 易燃液体标志

易燃液体标志如图 11.12，用于货物的外包装上，表示包装体内为易燃性液体，燃点较低，即使不与明火接触，也可能由于高温、压力、冲击等原因导致燃烧或爆炸。

图 11.12　易燃液体标志

4. 易燃固体标志

易燃固体标志如图 11.13，用于货物的外包装，表示包装体内为易燃性固体，燃点较低，即使不与明火接触，也可能由于高温、压力、冲击等原因导致燃烧或爆炸。

图 11.13　有毒固体标志

5. 有毒气体标志

有毒气体标志如图 11.14，用于货物的外包装上，表示包装体内为有毒气体，即易因冲击、受热而产生气体膨胀，有引起爆炸、造成中度危险的气体。

图 11.14　有毒气体标志

6. 有毒品标志

有毒品标志如图 11.15，用于货物的外包装，表示包装体内为有毒物品，具有将强烈的毒性，少量接触皮肤或侵入人体内，能引起局部刺激、中毒，甚至造成死亡的货物。

图 11.15　有毒品标志

7. 剧毒品标志

剧毒品标志如图 11.16，用于货物的外包装上，表示包装内为剧毒物品，具有强烈毒性，极少量接触皮肤或侵入人、畜体内，即能引起中毒造成死亡。

图 11.16　剧毒品标志

8. 有害品（远离食品）标志

有害品（远离食品）标志如图 11.17，用于货物的外包装上，表示包装内为有害物品，不能与食品类接近。这种物品与食品的垂直、水平距离至少为 3 米。

图 11.17　有害品标志

9. 感染性物品标志

感染性物品标志如图 11.18，用于货物的外包装上，表示包装内为含有治病微生物的物品，误吞咽、吸入或皮肤接触会损害人的健康。

图 11.18 感染性物品标志

10. 腐蚀性物品标志

腐蚀性物品标志如图 11.19，用于货物的外包装上，表示包装内为具有较强腐蚀性的物品，接触人体或物品后，即产生腐蚀作用，出现破坏现象，甚至引起燃烧、爆炸，造成死亡的货物。

图 11.19 腐蚀性物品标志

第五节 包装的合理化、标准化和现代化

一、包装的合理化

所谓包装合理化，是指在包装过程中使用恰当的材料和适当的技术，制造出与物品相适应的包装容器，既实现包装的四个功能，又能节约成本。要实现包装的合理化，可以从以下几个方面进行：

1. 努力做到包装机械化。广泛采用先进的包装技术，提高作业效率，使用不同的包装方法，以适应不用商品的包装、装卸、搬运、储存和销售的要求；

2. 采用组合单元装载技术，将托盘、集装箱进行组合运输，增加运输效率；

3. 推行包装标准化；

4. 采用无包装物流形态，对一些运输量大，消耗的人力、物力、财力较大的商品采用专门的散装运输。

二、包装的标准化

商品包装的标准就是针对商品包装的质量和有关包装质量的各个方面，例如：包装材料、包装规格、包装容量、包装方法等,由权威机构发布的统一的规定。推行包装标准化是任何一个国家的一项重要技术经济政策,它适用于日益扩大了的国际贸易发展需要,成为产品走向国际市场的重要条件之一。若产品不按国际标准包装,产品在运输过程中可能会受到集装袋、集装箱的限制,影响商品的销售。

三、包装的现代化

包装的现代化,是指在包装产品的包装设计、制造、使用等各个环节采用先进的、适用的技术和管理办法,以最低的费用,达到最好的包装效果。要实现包装的现代化,就要大力发展现代化的包装产品,加快现代化的原材料和机械的开发和使用。在物资运输包装方面,要充分发挥集装袋、集装箱、托盘、纸箱等的作用,再加上与这些包装容器相应的运输工具的配合使用,逐步实现包装的现代化、科技化。

案例分析

果蔬的包装

一、包装的作用

水果和蔬菜的含水量很高,表皮保护组织却很差,在采收、贮藏和运输中容易受机械损伤和微生物侵染。果蔬采收后仍然是一个活体,有呼吸和蒸腾作用,会产生大量的呼吸热,使周围环境温度升高,使产品失水,因此,果蔬容易腐烂变质,丧失商品和食品的使用价值。

包装可以缓冲过高和过低环境温度对产品的不良影响,防止产品受到尘土和微生物的污染,减少病虫害的蔓延和产品失水萎缩。在贮藏、运输和销售过程中,包装可减少产品间的摩擦,碰撞和挤压造成的损伤,使产品在流通过程中保持良好的稳定性,提高商品率。

包装也是一种贸易辅助手段,可为市场交易提供标准规格单位。包装的标准化有利于仓储工作的机械化操作,减轻劳动强度,设计合理的包装还有利于充分利用仓储空间。

二、包装容器的要求

水果和蔬菜的包容容器有其特殊的要求,首先应该有足够的机械强度,保护产品在装卸、运输和堆码过程中免受损伤。其次,要有一定的通透性,利于排出产品产生的呼吸热和进行气体交换。包装容器最好具有防潮性,防止吸水变形。此外,包装容器还必须具有清洁、无污染、无异味、无有毒化学物质、内壁光滑、美观、重量轻、成本低等特点,包装容器的外面应注明商标、品名、等级、重量、产地和包装日期。

三、包装容器的种类和规格

水果和蔬菜的包装容器按其用途可分为运输包装、贮藏包装和销售包装,适合水果和蔬菜的包装容器主要有纸箱、木箱和塑料箱，一些质地比较坚硬的产品也可以使用麻袋、编织袋、网眼袋等包装。包装的规模大小和容量可因产品的种类和品种不同而异，同时要考虑便于携带、堆码、搬运及机械化、托盘化操作，包装箱的长宽比为1∶5∶1，包装加包装物的重量一般不超过20公斤，产品采后可用大木箱运输到包装棚，冷藏和气调贮藏时也可使用大木箱，除了上述外包装，为了防止产品失水和减轻机械损伤，包装箱中要加内包装，主要是各种塑料薄膜、纸或纸隔板等。

四、包装方法与要求

水果和蔬菜应新鲜、清洁、无机械伤、无病虫害、无腐烂、无冻害、无冷害、无浸、无畸形，包装前应进行修整和参照国际、国内或地方有关标准分等分级，产品包装前还应该进行必要的采后处理、打蜡等。应在冷凉的环境中进行包装，避免风吹、日晒和雨淋。为了防止产品在容器内滚动和相互碰撞，并充分利用容器的空间和使用通风透气，应该根据产品的特点和用途采取定位包装、散装或捆扎等方式，叶菜和茎菜类蔬菜应扎捆包装，包装量要适度，装得过满和过少会使产品受伤。不耐压的水果和蔬菜包装时，包装容器内应加支撑物、衬垫物，如纸或塑料托盘、瓦楞纸板等都可减少压力、震动和碰撞。易失水的产品在包装容器内加上塑料衬或打孔塑料袋。包装时要轻拿轻放。大箱包装是要考虑产品的耐压能力，避免上部产品将下部产品压伤，长×宽为1米×1.2米的大箱最大装箱深度，洋葱、甘蓝、马铃薯为100厘米，胡萝卜75厘米，苹果、梨为60厘米，番茄40厘米，柑橘35厘米。

果蔬销售小包装可在批发货零售环节中进行，包装时剔除腐烂及受伤的产品。销售小包装应根据产品的特点选择透明薄膜袋、带孔塑料或网袋包装，也可将产品放在塑料托盘或纸托盘上，再用透明薄膜包裹。销售包装上应标明重量、品名、价格和日期。销售小包装应注意美观、吸引顾客，便于携带并起到延长货架期的作用。

目前国内水果和蔬菜包装形式混杂，给商品的流通造成一定困难，但已经制定了适合国情的蔬菜通用包装技术国家标准（GB 4418—88），在促进水果和蔬菜包装实现标准化、规格化和国际接轨上可供大家参考。

资料来源：应福炎. 水果和蔬菜的包装［N］. 农民日报，2003-06-10.

案例思考

1. 结合所学理论，论述果蔬包装的基本功能和作用。
2. 果蔬包装主要使用的包装技术和方法。

复习与思考题

1. 简述包装的功能。
2. 简述包装的标志。
3. 简述包装常见的分类。

4. 对于非集装箱化货物，有哪些包装的方式？
5. 在国际包装中面临的、不同国内运输的问题和风险有哪些？
6. 选择一种产品，采用多式联运方式从一个国家运送至另一个国家，你会采取哪种包装方法？为什么？

第十二章
>>> 国际货运代理

学习目的与要求

- 了解国际货运代理的定义、内容、地位及作用；
- 了解国际货运代理的法律地位与法律责任；
- 掌握国际海运代理的业务流程；
- 熟悉其他国际货运代理的流程；
- 熟悉国际货运代理市场常见的管理方法。

案例导入

互为代理误判案

某外运公司与香港某运输仓储有限公司（下称储运公司）于1984年12月签订办理陆海联运业务合同。该合同明确约定，双方同意正式建立进出口货物运输的互为代理的关系，双方还约定了所采用的运费结算方式。此后，依据该合同，外运公司向各专业子公司（货主）揽货，并代为出具储运公司的提单。储运公司开出运费清单，交由外运公司向各专业子公司结算运费。储运公司出具的运费清单上清楚表明发货人是各专业子公司。

由于各专业子公司长期拖欠运费，储运公司多次致函外运索赔运费。外运公司也曾多次承诺其拖欠储运公司的运费。最后双方诉至法院，法院经审理判决外运应给付储运公司运费近千万元。

本案涉及的"互为代理"合作合同，在货运代理业务中是很常见的一种业务方式。"互为代理"，顾名思义，合同双方互为对方的代理人，而就本案客观事实来看，外运的确仅为储运公司的代理人。应向承运人储运公司支付运费的则为货主。该货主与储运公司的关系是以储运公司出具的提单为证明的运输合同关系。储运公司应据此向未付其运费的货主主张权利，而不能向其代理人外运提出索赔运费的主张。这其中只有一种例外，即当外运公司代签多式联运提单时另当别论。然而，法院为何判储运公司未能从货主处收到的运费由外运公司来承担呢？这里的问题是法院对货运代理角色的认定有误。外运为货运代理是确定无疑的，但法院却认定其与储运公司之间的互为代理关系为合同当事人关系，令外运承担当事人的责任，这就造成了该判决的错误。

借此案的教训再次提醒货运代理：第一，在从事具体业务时，首先要清楚自己扮演的角色，并事先向委托人讲明，最好明确订入合同中。第二，尚需清楚自己所从事的业务不同，扮演的角色不同，承担的法律责任亦完全不同，所以，货运代理无论以口头或书面表示，或代签提单，或代办各种业务时，应特别注意，其以何种身份运作，所做之一切与其身份是否相符。否则，将会引起许多不必要的麻烦，甚至承担不应承担的经济损失。

第一节　国际货运代理业务简述

国际货物运输是国际贸易和国际物流中不可或缺的一部分，是国际物流系统的核心。由于国际间货物运输具有运输线长、运输面广、环节多、情况复杂等特点，而且通常来说，国际贸易的双方具有的运输能力都是有限的。因此，国际货物的运输常常由国际货物代理来完成。国际货物代理行业是国际商品流通过程的必然产物。

一、国际货运代理定义

"货运代理"一词最早出现于20世纪的欧洲。在国际上，不同的国家货运代理有不同的名称，如："清关代理人""运输和货物代理人""海关佣金商"等。而在我国，我们称之为"国际货运代理"。

国际货运代理有很多定义，这里我们只介绍两种：

1. 国际货运代理协会联合会对国际货运代理下的定义是：国际货运代理是根据客户的指示，并为客户的利益而揽取货物运输的人，其本身并不是承运人。国际货运代理也可以依照自身的条件，从事与运输合同有关的活动，如储货、报关、验收等。

2.《中华人民共和国国际货物运输代理业务管理规定》也给出国际货物代理的概念：接受进出口货物收货人、发货人的委托，以委托人的名义或者以自己的名义，为委托人办理国际货物运输及相关业务并收取服务费用的行业。

二、国际货运代理的服务内容

国际货运代理业务的业务范围广泛，但其主要是接受客户的委托，完成货物在运输过程中的某一个环节或与此有关的各个环节的任务，广泛的业务范围也使得人们对国际货运代理人的要求更加严格。国际货运代理人在国际贸易运输方面要具备广博的专业知识、丰富的实践经验和卓越的办事能力，除此之外，他们还必须熟悉各种运输方式、运输工具、运输路线、运输手续和各种不同的社会经济制度、法律规定、习惯做法等，精通国际货物运输中各个环节的种种业务。

国际货运代理的服务对象包括：发货人（出口商）、收货人（进口商）、海关、承运人、班轮公司、航空公司，在物流服务中还包括工商企业等。为此，国际货运代理要细分市场、识别客户需求，以便确定相应的服务内容。在实务中，国际货运代理可根据不同的对象确定某项或若干项服务，根据客户的需求，结合自身实际，确定具体可涵盖的服务内容的深度和广度。

（一）国际货运代理为发货人提供的服务

1. 就出口方面而言，国际货运代理可提供的服务项目主要有：

（1）为出口商（发货人）选择运输路线、运输方式（海、陆、空、邮、多式联运）和适当的承运人，并争取优惠运价；

（2）为所选定的承运人揽货并办理订舱；

（3）从货主的存货地点提取货物送往指定的港、站；

（4）根据信用证条款和有关主管部门的规定缮制各种有关的单证；

（5）根据货主的委托，办理打包、存仓、报检、保险、装箱理货等有关事宜；

（6）货物集港（或集站）后办理报关并进行监装（指装船或拼箱货的装箱）；

（7）货交承运人后，凭大幅收据换取已经签署的正本海运提单，并交付发货人，如为集装箱运输，于整箱交付承运人或拼箱交付货运站（CFS）后应取得场站收据（D/R），凭此换取集装箱提单或多式联运提单；

（8）办理议付结汇（根据委托而定）；

（9）支付运费和其他费用；

（10）根据委托安排货物转运（转运是指从国内始发地将货物转运至出境地）；

（11）记录货物残短或灭失情况（如发生灭失或残短）；

（12）协助发货人向有关责任方进行索赔；

（13）与委托方进行结算；

（14）提供货运信息、资料和咨询服务等；

2. 就进口方面而言，国际货运代理可提供的服务项目主要有：

（1）向收货人通报有关的货物动态；

（2）接受并核查有关的运输单据；

（3）货物到达目的港（地）后办理接货、监卸。如为集装箱运输，整箱货办理接箱；为拼箱货在货运站（CFS）办理提货等事宜；

（4）办理报关、纳税、结关；

（5）如属到付运费的，向承运人支付运费；

(6) 根据委托安排存仓或转运（指从进境地将货物转运至指运地）或分拨；

(7) 向收货人交付货物并进行结算；

(8) 必要时协助收货人向有关责任方办理索赔事宜；

作为多式联运经营人，负责收取货物并签发多式联运提单，承担承运人的风险责任，对货主提供一揽子的运输服务。在发达国家，由于货运代理发挥运输组织者的作用巨大，故有不少货运代理主要从事国际多式联运业务。而在发展中国。由于交通基础设施较差，有关法规不健全以及货运代理的素质普遍不高，国际货运代理在作为多式联运经营人方面发挥的作用较小。

其他服务，如根据客户的特殊需要进行监装、监卸、货物混装和集装箱拼装拆箱运输咨询服务，特种货物装挂运输服务及海外展览运输服务等。

（二）国际货运代理为承运人提供的服务

国际货运代理向承运人及时订好足够的舱位，认定对承运人和发货人都公平合理的费率，安排在适当的时间交货，以及以发货人的名义解决与承运人的运费结算等问题。

（三）国际货运代理为海关提供的服务

国际货运代理一般都且有报关人资格，能够代办进出口货物报关业务。当货运代理作为报关人办理进出口货物的海关手续时，不仅代表他的客户对客户负责，还要对海关负责，在法定的单证中正确申报货物的金额、数量和品名，以便政府对进出口货物实施监管，确保关税不受损失。

代办进出口货物报关，已成为货运代理的一项必不可少的业务。如果货运代理没有报关人资格，不能代办进出口货物报关业务，则其无法提供从租船订舱到货物运抵目的港，交给收货人的全程运输代理服务，他的服务质量和效率都要大打折扣。

（四）国际货运代理为班轮公司提供的服务

国际货运代理与班轮公司的关系随业务的不同而不同。货运代理为班轮公司争取货源，订好足够的舱位，安排在适当的时间内交货，并以发货人的名义解决与承运人运费结算等问题。近几年来，由货运代理提供的拼箱服务，即拼箱货的集运服务为它们与班轮公司及其他承运人（如铁路）之间建立了一个较为密切的联系。

（五）国际货运代理为航空公司提供的服务

在空运业务中，国际货运代理充当航空公司的代理，并在国际航空运输协会以空运货物为目的而制定的规则中，被指定为国际航空运输协会的代理。在这种关系中，国际货运代理利用航空公司的服务手段为货主服务，并由航空公司支付其佣金。同时，作为国际货运代理，亦可将适于空运的方式建议给发货人或收货人，继续为他们服务。

（六）提供转运代理服务

国际货运代理作为转运代理，主要负责：选择样品；再包装；在海关监督下积载；二次货运代理。

（七）作为委托人，提供拼箱服务

随着国际贸易中集装箱运输的增长，货运代理业务引进了拼箱服务。在这种服务中，货运代理把同一地多个发货人发往同一目的地的小件货物集中起来，作为整箱货发运到目的地，给货运代理在当地的代理，并通过他把单票货物分交给各个收货人。货运代理将签发的提单，即"分提单"或其他类似的收据，交给每一票货的发货人，货运代理的代理在目的地凭提单将货交给收货人。

拼箱货的发货人和收货人不直接与承运人联系。对承运人来说，发货地的货运代理是发货人，而在目的地的货运代理的代理是收货人。因此，承担集运货物的承运人给货运代理签发的是全程提单或货运单。如果发货人、收货人有特殊要求的话，货运代理也可在出运地提货、在目的地交付，即提供门到门的服务。

（八）作为经营人，提供多式联运服务

货运代理作为多式联运经营人，负责收取货物并签发多式联运提单，在一个单一的合同下，承担承运人的风险责任，组织货物运输和保管，通过多种运输方式，进行门到门的货物运输，对货主提供一揽子的运输服务。在运输中，他可以与其他承运人或代理分别谈判并签订合同，但是，这些分拨合同不会影响多式联运合同的执行，也就是说，不会影响对发货人的义务和在多式联运过程中他对货损及灭失所承担的责任。

（九）提供物流服务

提供物流服务是国际货运代理为满足客户的更高要求，提高其市场竞争力，顺应国际发展的一种新趋势。国际货运代理必须具备提供物流服务的技能。物流服务是一项从生产到消费的高层次、全方位、全过程的综合性服务。与多式联运相比，物流服务不仅提供一条龙的运输服务，而且延伸到了运输前、运输中、运输后的各项服务，总之，凡与运输相关的客户需要的服务，均为其服务的内容，而且要求其做到高速度、高效率、低成本、少环节、及时、准确。这就需要国际货运代理熟悉客户的业务，了解客户生产乃至销售的各环节，主动为其设计提供所需，从而使国际货运代理在运输的延伸服务中获得附加值。

三、国际货运代理的地位与作用

货运代理不拥有硬件（例如：仓库、运输工具等），但可利用其经营管理以及服务网络，通过货运代理及他雇佣的其他代理机构为客户服务，也可以利用其海外代理提供服务。国际货运代理被认为是国际运输的组织者，也被誉为国际贸易的桥梁和国际

货物运输的设计书。

国际货运代理协会联合会把货运代理的作用归纳为如下几个方面：

（1）能够提供优质的服务，为委托人办理国际货物运输中的每一个环节的业务，从货物的承揽、交运到货物的报关、进出口管制的办理，都属于国际货运代理机构的业务。

（2）能够根据委托人货物的具体情况，综合考虑运输中的安全、时间、成本等物流因素，然后提供最适合的运输方案和最合适的运输工具，把进出口货物安全、迅速、准确、节约、方便地运往目的地。

（3）能够提供共同配送，将小批量的货物集中为成组货物进行运输。对于货主来说，这种运输方式一方面可以降低运输的成本，提高运输效率；另一方面，对于承运人来说，一般运输的公司都为中小企业，使用共同配送的运输方式，可以使各个运输公司联合起来，解决运输效率的同时，还能增加自己的业务量，拓展自己的业务，向顾客提供小批量、大批次的运输。

（4）能够利用发达的服务网络、先进的信息技术手段保持货物运输关系人之间有效沟通，掌握货物的全程运输信息，对货物运输的过程进行准确的跟踪和控制，随时向委托人报告货物在运输途中的情况。

（5）不仅能组织和协调运输，而且能够创造开发新的运输方式、新运输路线以及制定新的费率。

总之，国际货运代理是整个国际货物运输的设计师和组织者，特别是在国际贸易竞争激烈、社会分工越来越明细的今天，它的位置变得越来越重要，作用也变得越来越明显。目前在我国，80%以上的外贸公司进出口业务是通过货运代理组织安排运输的。

四、国际货运代理的法律地位与法律责任

（一）国际货运代理的法律地位

国际货云代理法律地位是指作为代理人的法律地位和作为当事人的法律地位。货运代理位置不同，其承担的法律责任也不同。为了明确货运代理的法律地位，托运人与货物代理的委托合同条款中最好明确地写明委托人的要求，货物代理人从事的一切业务活动均属于代理性质。如果没有在委托合同中明确指出其性质，则可通过以下方式作为识别的依据。

1. 签发提单的方式

若货运代理能签发自己的提单，则其法律代理地位为当事人，如签发无船承运人提单的无船承运人、签发多式联运提单的多式联运经营人。若货运代理不能签发提单或不能签发自己的提单，则其法律地位为代理人。所谓不能签发自己的提单是指承运人授权货运代理签发提单，即尽管货运代理签发了提单，但其不属于自己的提单。

2. 经营运作的方式

若货运代理接受托运人的委托并向托运人收取一定的运费,然后以自己的名义与承运人签订运输合同并向承运人支付一定的(较低的)运费,则此货运代理对于托运人来说被视作承运人,属于当事人身份。接受多个委托人的货物并进行集装箱拼箱、混装业务的货运代理也属于当事人身份。若货运代理接受托运人委托,并以托运人的名义办理相关运输业务一般被视为代理人。

3. 取得收入的方式

货运代理人从托运人获取收入的方式是佣金还是运费差额,是区分货运代理法律地位的重要标志之一。若货运代理获取收入的方式是佣金,则其法律地位是代理人,若获取收入的方式是运费差额,则其法律地位是当事人。

货运代理人究竟是作为代理人还是作为当事人,其身份的确定可以依据具体事实,比如货运代理和委托人之间的全部情况,包括合同、电话、来访信件、电子邮件、费率和提单、运单以及以往的业务情况。

(二)国际货运代理的法律责任

1. 代理人型货运代理的法律责任

代理人型的货运代理在其授权范围内,以委托人的名义从事代理行为,所产生的法律后果由委托人承担。委托人和货运代理之间是代理合同关系,货运代理享有代理人的权利,承担代理人的义务。货运代理以委托人名义与承运人签订的运输合同,合同当事人为委托人和实际承运人或其他第三人,而货运代理本身并不是运输合同的主体,不享有该运输合同的权利,也不承担该运输合同的义务。

2. 当事人型货运代理的法律责任

当事人型的货运代理接受货主的委托,以独立经营人身份,以自己的名义签发提单或其他运输单据,对委托人提供一揽子物流服务,完成货物的单程或全程运输。委托人和货运代理是运输合同关系,货运代理对于委托人来说属于承运人性质,享有承运人的权利,承担承运人的义务,货运代理以自己的名义与实际承运人签订的运输合同,其合同主体是货运代理和实际承运人,货运代理对于实际承运人来说扮演托运人的角色,享有托运人的权利,承担托运人的义务。

第二节 国际货运代理的基本流程

一、国际海运代理业务基本程序

国际海运代理的基本流程如下:

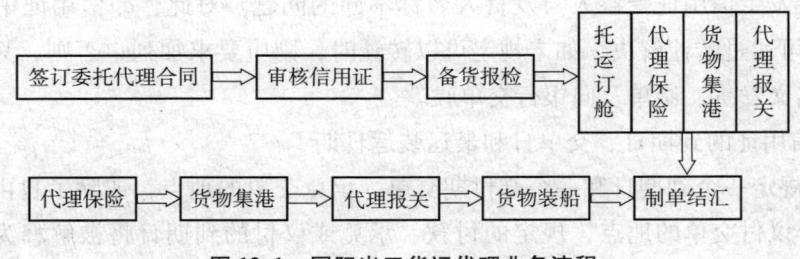

图 12.1 国际出口货运代理业务流程

程序 1. 签订委托代理合同

按照《中华人民共和国民法通则》的规定，委托人与代理人之间必须签订代理合同，来确定双方的权利和义务，在授权范围内代理人的行为后果由被代理人承担，因此，委托代理合同是检查双方关系的重要依据。

委托人与代理人双方建立的委托代理关系可以是长期的，在目前条件下以一年或者两年期为好，双方都有机会根据情况变化提出修改意见。期满后，若无较大的变化还可以续约，这对双方都比较主动；也可以就一定数量的货物签订或就某批货物签订，还可以就某一贸易合同的货物运输终订，或者一次托运多次装运等多种形式；对某一批货物也可以采用委托书的形式，但必须具有类似提单背面条款的代理条款等要件。

委托的范围可以根据上述出口代运的范围由双方协商议定并在合词中明确，例如，运输的形式，委托代理的项目，保险、商检、报关、包装、仓储等等，以及委托方相应提供的单证和提供单证的时间。明确了代理范围，一旦发生意外就容易判明责任，也可避免因双方责任不明而造成的损失。

由于货运代理在委托代理合同中往往处于主动承揽货载的地位，因此，货运代理可以准备一些委托代理合同的范本，作为签订合同的基础，供签约双方讨论修改。

程序 2. 审核信用证

审核信用证在总的方向有：从政策方面的审核；对开证行资信情况的审核；对信用证是否已经生效、有无保留或限制性条款的审核等。该审核一般由出口商进行。货运代理审核信用证主要进行专项审核，特别是对装运条款的审核。代理人在收到委托人交来的信用证和贸易合同复印件后，重点审核如下几个方面：

（1）信用证的金额与支付货币

信用证的金额与支付货币必须与销售合同中规定的金额和支付货币一致。信用证上金额总值的阿拉伯数字和大写文字金额必须一致，若不一致，则要求改正。信用证金额是开证银行承担付款责任的最高金额，因此，发票和汇票金额不能超过信用证余额，否则将会被全部拒付。

（2）开证申请人和受益人

开证申请人大都是买卖合同的一方当事人（买方），但也可能是对方的客户（实际买方或第二买方），因此，对其名称和地址均应仔细核对，防止错发错运。在实际业务中，有时会发生信用证受益人与发货人名称不同的问题。对此，如信用证中规定"可转让"，就可通过转让解决，如未规定可以转让时，则应要求加列；否则，只能按信用证受益人名义发货、制单，向银行交单收款。

（3）信用证的到期日、交单日和最迟装运日期

"必须规定一个到期日和一个交付期交单，承兑交单的地点，或除了自由议付信用证外上一个议付交单的地点，规定的付款、承兑或议付的到期日将被解释为交单到期日。"据此，未规定到期日的信用证是无效信用证，不能使用。凡晚于到期日提交的单据，银行有权拒收。信用证的到期日还涉及信用证的到期地点，即以受益人最迟应向何地银行交单的日期为准。

信用证规定一个运输单据出单日期后必须向信用证指定银行提交单要求付款、承兑或议付的特定期限，即"交单期"。如信用证未规定交单期，按惯例银行有权拒受迟于运输单据日期21天后提交的单据，但无论如何，单据也不得迟于信用证到期日提交。如信用证规定的交单期距装运期过近，如果交单期过短（如2－3天），则应提前交运货物，或要求开证人修改信用证推迟交单期限，以免造成货物发运后因单据准备不及时造成交单逾期而收不到货款。

最迟装运日期是指卖方将全部货物装上运输工具或交付给承运人接管的最迟日期。在实际业务中，运输单据的出单日期通常就是装运日期。假如信用证未规定装运日期，受益人所提交单的运输单据的装运日期不得迟于信用证的到期日。

信用征的到期日同最迟装运期应有一定的间隔，以便装运货物后能有足够的时间办理制单、交单议付。

程序3. 备货报检

一般来说，买卖双方进行贸易活动时是按照出口成交合同以及信用证中有关货物种类、数量、规格等的规定，按时、按质、按量地准备好应交付的出口货物。但是在实际的业务中，货物的交付不一定是在装运港所在地，货运代理人可以根据委托代理合同，代办或协助卖方将货物集中到港口所在地。

在货物备齐之后，对于属于国家规定法检的商品，或合同规定需要经过中国进出口商品检验检疫局检验出证的商品，或需要经过检疫的动植物及其产品，必须在规定的期限内到商检部门的指定地点，持买卖合同等必要的单据向商检部门、机构等国家指定的检验机构报检。只有当货物通过一系列的检验检疫并取得合格的检验证书后，海关才准予放行。检验不合格的商品，一般不能出口。

凡是法定需要进行商检出口的货物必须填写"出口检验申请单"，向商检局办理申请报检手续。当申请报检相关单据填写完成并已经申请报检时，如果出口企业或其代理人发现"申请单"内容填写有误，或因国外进口人修改信用证以致货物规格有所变动的，应及时提出更改申请，并在贸易双方、商检局知情的情况下更改"申请单"，要注明更改事项和更改原因。

出口企业或其代理人在收到商检局发给的检验合格证书之后,应该在商检证书规定的有效日期内将货物运送出去。如果出现超期现象,应该向商检局申请展期,并由商检局进行复验,经过复验合格的货物才可以出口。

程序4. 托运订舱

(1) 托运

所谓托运,是指出口商委托货运代理或自己向承运人或其代理(船代)办理海上出口货物的运输业务。其主要形式有以下几种:

①已委托货运代理进行出口代运的委托人,可由货运代理的出口代运部缮制托运单,由货运代理的海运出口部办理订舱手续。

②没有委托代运的出口公司,特别是口岸城市的进出口公司往往是自己缮制托运单,委托货运代理的海运出口部门办理订舱手续。

③出口商自己缮制托运单,直接向船公司或其代理(船代)办理订舱手续。

(2) 订舱

订舱是指发货人或其代理人向承运人或其代理机构申请货物运输,洽谈船舶舱位,承运人或其代理人对这种申请给予承诺的行为。

订舱的目的是发货人意欲利用班轮运输的特点,在贸易合同规定的装运期内,及时出运货物,保证履约,以保证货主在国际贸易市场中的信誉。订舱的具体程序是:

①货运代理将缮制好的全套托运单(一式九联或集装箱场站收据),若单独订舱单是一式两份,注明要求配载的船舶、航次,在截单期前送交船公司或其代理,这可以看作是"要约"。

②船公司或其代理审核货名、重量、尺码、卸货港或到达地后,认为可以接受,即在托运单上填写船名、航次、提单号,留其需要各联(若一式两份的订舱单,留下一份)并在装货单一联上盖好图章,连同其余各联退回货运代理。船公司或其代理在装货单签章后,订轮即告完成,即船方"承诺"。表示托运人与承运人之间的运输合同成立。

程序5. 代理保险

出口货物在完成托运、订舱后,根据合同的规定,属于卖方保险的,根据委托代理合同中的委托项目,有委托保险要求的,货运代理人可办理货物运输险的投保手续,否则,由货主自己投保。

程序6. 货物集港

货运代理人接受托运、订舱后委托单位必须在船只截港期以前交付货物,当港口的船只到港装货计划确定后,按照港口港务公司进货通知并在规定期限内,由托运人或代理人办理集运手续,将出口货物及时运到港区集中,等待托运。

程序7. 代理报关

如果委托代理合同的代理项目中有需要代理报关这一项时,当货物集中港区后,货运代理要编制出口货物报关单,凭此单向海关申报,经过海关查验放行后,货物方可装运出口。

程序 8. 货物装船

在上述程序完成后,就需要对货物进行装船,在班轮运输的情况下,承托双方的责任一般是以船舷为责任界限,但在实际的业务中,较为常见的做法是托运人将货物运送到港口的码头仓库或前方堆场,然后由港务(或装卸)公司集中装船,由船公司负担装卸费用,特别是集装箱运输,托运人送重箱至港口码头检查桥交接,港内这一段水平运输由港务(装卸)公司负责。即使如此,承、托双方的责任关系仍没有改变。

程序 9. 制单结汇

货物装运后,出口企业或其代理人应立即按照信用证的要求,正确缮制各种单据,并在信用证规定的有效期和交单期内,递交银行办理议付和结汇手续。所谓议付,是指出口地银行购买出口人出具的汇票和装运单据或办理出口押汇手续;所谓结汇,是指出口人所得外汇货款,按照结汇日的外汇牌价的银行买价卖给国家指定的银行。

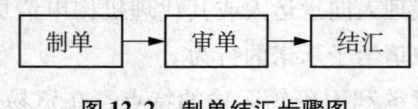

图 12.2 制单结汇步骤图

二、其他国际货运代理业务基本程序

国际货物运输除上述的海上货物运输之外,还有陆地货物运输(铁路运输和公里运输)、空中货物运输和最近几年逐渐兴起的多式联运。我们将除海上货运代理之外的,其他几种运输方式下的货运代理业务流程进行简单的归纳总结,如图 12.3:

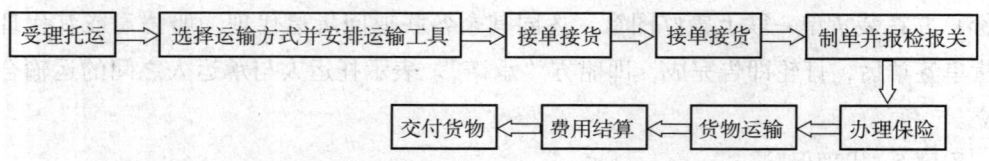

图 12.3 其他运输方式中的国际货运代理业务流程

程序 1. 受理托运

在公路运输中,受理托运包括受理装车和编制单据等项工作。发货人在托运货物时,应当按照承运人的要求填写货物托运单,以此作为货物托运的原始凭证。货物托运单是发货人托运货物的原始依据,也是承运人承运货物的原始凭证。承运人在接到托运单后,应该认真审核,检查各项内容是否正确,如确认无误,则在运单上签字盖章,表示接受托运;多式联运经营人或其代理人根据发货人提交的托运单或一式多联的场站收据及其副本和自己的运输路线,决定是否接受委托,若不能接受或某些要求无法满足,应及时做出反应,以免承担不必要的法律责任。根据货物多式联运协议和分合同的情况，如果能够接受，则在审核托运单、经双方议定有关事项后，发货人或其代理人提交的托运单或场站收据副本装货单上签章，以表明承运货物的"承诺"，并填写运输工具的名称、联运单号、船舶航次或其他运输工具的车次、航班等，证明运输合同成立，留下承运人或其代理人的留底联和运费通知联，将其余各联退回，交发货人或其代理人。

程序2. 选择运输方式并安排运输工具

在航空货物运输中，运输经营方式通常有以下几种：

（1）班机运输

班机，是指在固定的航线上定期航行的航班，即有固定始发站、目的站和途经站。由于班机有固定的航线、固定的始发和停靠港，并定期开航，收发货人可以确切地掌握起运和到达的时间，保证货物能够安全迅速地运送到世界各地投入市场。尤其是对运送国际市场上急需的商品、鲜活易腐货物以及贵重货物非常有利。不足之处是舱位有限，不能满足大批量货物及时出运的需要，而且运费较之包机运输方式昂贵。

（2）包机运输

包机有整架包机和部分包机两种形式。整架包机适合于运输大批量货物，运价随国际航空运输市场的供需变化而定。中国民航的包机运费是按每1飞行公里固定费率核收，并对空放按每1飞行公里收运价5%的空放费，这种租机要在货物装运前一个月与航空公司联系，以便航空公司安排飞机运载和向起降机场及有关政府部门申请入境及办理有关手级部分包机适合不足整架飞机的货物运输。运费比班机低，但运送时间则比班机要长。

（3）集中托运

集中托运方式，是指航空货运代理公司把若干批单独发运的货物组成一整批，向航空公司办理托运，采用一份总运单集中发运到同一到站，或者运到某一预定的到站，由航空货运代理公司在目的地指定的代理收货，然后再由航空货运代理公司委托到港当地的代理人价责收货、报关、并分拨给各实际收货人。这种方式在国际航空货物运输中使用比较普遍。

（4）航空速递

通常为航空货运代理公司或航空速递公司派专人以最快的速度从发货人那里提走货物，急送机场，赶装最快的航班运出，急件发出后，速递专送人立即用电传将航班号、货名、收货人等内容通知国外航空代理准备接际货，航班抵达目的地后，急件又由专人急送到收货人手里，提供所谓"门到门"的服务。与普通的航空货物运输相比，航空急件速递概括起来有以下特点：运输快捷，服务安全可靠，送交有回音，查询快而有结果。

运输方式选择完毕后，就可以开始订舱。除此之外，如果选择多式联运的运输方式，还需要提取空箱。国际货物多式联运中使用的集装箱一般应由多式联运经营人提供。多式联运经营人或其代理人在与托运人签订多式联运合同并接受托运后，即签发集装箱空箱提交单，连同集装箱设备交接单一并交给托运人或其代理人，据此到指定的集装箱堆场或集装箱站提取空箱，由发货人或其代理组织装箱。如果是由多式联运经营人或其代理人或分区段承运人负责装箱，则由装箱的货运站提取空箱。不论由哪一方提取空箱，都必须事先缮制集装箱出场设备交接单。在提箱时，必须向箱站提交空箱提交单，并在箱站检查桥或门卫由双方代表在集装箱设备交接单上签字，办理交接手续，并各执一份。

程序3. 接单接货

接单，就是货运代理公司在完成订舱、订车、提取空箱等运输工具的选择后，从发货人手中结果货物出口所需要的一切单证。其中主要是报关所需的单证。

接货，就是货运代理公司把即将发运的货物从发货人手中接过来，并运送到机场、码头等地点。

接货一般与接单同时进行，对于通过空运或铁路从内地运往出境地的出口货物，航空货运代理公司可按照发货人提供的过单号、航班号及接货地点、接货日期，代其提取货物。如果货物已在启运地办理了出口海关手续，发货人应同时提供启运地海关的关封。

接货时应根据发票和装箱单清点货物，核对货物的数量、品名、合同号或唛头等是否与货运单据上所列一致，检查货物外包装是否符合运输要求，有无残损等。然后与发货人办理交接手续。

物接到机场后，或先入周转仓库，或直接装板或装箱。

程序4. 制单

在航空运输中，制单就是缮制航空货运单，包括主运单和分运单。航空主运单是承运人办理该单项下货物的发运和交付的依据，是承运人与托运人之间订立的运输契约。航空分运单是由航空货运代理人在办理集中托运业务时签发给每一位发货人的运单。

缮制航空货运单是空运出口业务中最重要的环节，运单填写的正确与否直接关系到货物能否及时、准确地运达目的地，因此，必须详细、准确地填写各项内容。

程序5. 报检报关

在我国凡列入商品检验机构规定的《进出口商品种类表》和合同须由商品检验检疫机构出证的商品，必须在规定的期限之内填好申报单向出入境检验检疫机构申报检验。经监督检验部门审核或查验，视不同情况分别予以免检放行或经查验后出具有关证书放行。可由发货人或比代理人办理出口商品的检验检疫，也可委托多式联运经营人办理。

所有进出口的货物必须进行报关。进（出）口报关，是指发货人或其代理人在发运货物之前，向出境地海关提出办理出口手续的过程，简单的出口报关流程如下：

（1）申报

申报，是通关工作正式开始，报关单位及其申报人必须承担相应的法律和经济责任。在申报工作中，首先由出入境货物收、发货人或者其代理人、出入境运载工具的负责人，在通过海关监管的口岸时，按规定填写出入境货物报关单或采用电子数据传送向海关进行申报，并递交海关要求的文件、单证与证明。海关接单，进行编号登记、签注申报日期，并对单证及内容进行审核。通过审核，符合各项规定要求的，则接受报关。

（2）征税

海关就单证货物进行审价，核定税率和计征关税，若属减免货物，则依法予以减免。海关按规定计征关税并开出银行缴款书给申报人，申报人凭海关开出的缴款通知书及时到指定银行缴纳税款。

（3）查验

海关凭申报人银行缴款书的回执进行验货，以查验单、货是否一致。查验结果是海关放行的重要依据与条件。

（4）放行

海关按规定完成应办事项，在报关单、有关货运单证和文件、证明加盖海关放行章，或通过电子方法予以确认，以示海关同意收货人提货或发货人出运货物。

程序 6. 办理保险

在国际货物运输中，保险可由发货人自行投保，也可由货运代理人代其投保。货运代理人代其投保时，应注意货物买卖合同和信用证规定的险别、保险金额和保险期间。保险单是保险人与被保险人之间订立合同的证明文件，当发生保险责任范围内的损失时，是保险索赔和理赔的主要依据。

程序 7. 货物运送

多式联运经营人接收货物后，应根据多式联运路线及其与区段承运人签订的分区段运输合同交第一程运输的承运人，此实际承运人接受集装箱货物后，向多式联运经营人签发本区段运输单据（提单或运单并安排装到运输工具上进行第一程运输。货物装运后，多式联运经营人应及时通知中转或过境站的分支机构或其代理人；若多式联运经营人在分区段运输合同中约定由第一程承运人代为中转时，多式联运经营人应及时通知第二程区段承运人，准备接运货物。

程序 8. 费用结算

1. 铁路运输费用结算

（1）在参加国际货协和未参加国际货协但采用国际货协规定的铁路间我你物时，运送费用按下列规定核收：

①发送路运送费用。即我国国内铁路运送费用，按承运当日"价规"规定计算，由发货人以人民币向车站支付。

②过境路运送费用。过境路是指在国际铁路联运中，货物发送路和到达路以外的途经铁路。过境路运送费用按承运当日《统一货价》规定计费，以瑞士法郎算出的款额，按支付当日规定的兑换率折成当地货币。由发货人向发站支付，当货物需要通过几个过境铁路运送时，准许由发货人支付一个或几个过境铁路的运送费用，其余铁路的运送费用，由收货人支付。两个以上国家过境铁路的运送费用，按《统一货价》的规定以国境线为起讫点分开计算。

③到达路运送费用。到达路是指在国际铁路联运中，货物到达国家铁路的简称。到达路运送费用按承运当日（我国进口货物，按进口国境站在运单上加盖日期戳当日）到达路国内规章规定，由收货人以到达国货币，向到站支付。

（2）往未参加国际货协的国家或地区运送货物时，运送费用按下列规定核收：

①我国铁路的运送费用按我国国内规章规定计算，在发站向发货人核收。

②参加国际货协的各过境铁路的运送费用，按《统一货价》规定计算，在发站向发货人核收。

③往未参加国际货协国家运送时，办理转发送国家铁路的运送费用，可以在发站向发货人核收或者在最终到站向收货人核收。

④未参加国际货协的过境铁路和到达铁路的运送费用，按这些铁路所参加的国际联运协定计算，在到站向收货人核收。

（3）通过港口站运送货物时，运送费用按下列规定核收：

①我国通过参加国际货协铁路的港口站往其他国家运送货物时，我国铁路的运送费用按我国内规章规定计算，在发站向发货人核收。

②参加国际货协铁路的国家通过我国铁路港口站往其他国家运送货物时，过境我国的运送费用按《统一货价》规定计算，并且必须在发站向发货人核收；相反方向运送时，则必须在这些铁路的到站向收货人核收。只有在港口站发生的杂费和其他费用，可在该港口站向代理人核收。

2. 公路运输费用结算

（1）计费办法

首先要确定所运货物等级和计费重量；其次是核查货物的计费率，然后是计算计费里程；最后是其他杂费的核算，这些费用包括装卸费、保管费、手续费、延滞费、过桥费等。

计费公式如下：

运费＝（货物计费重量×计费里程×运价率）＋（货物计费重量×计费里程×运价率×加成率）

或者是：

运费＝（货物计费重量×运价率）＋（货物计费重量×运价率×加成率）

两个公式区别在于，前者是以"吨公里"计费，后者以"吨"计费。此外，若是车辆无法计算里程或者车辆速度难以测定时，计费办法是按时间计算。

（2）特种货物计费

特种货物的计费要按特定运价来计算：

①对于托运易碎、超长（货物长度≥7米）、烈危货物，按质量计费。

②对于超重（每件货物重量≥250公斤）及轻泡货物，按整车计费。

③对于同一托运人托运的双程运输货物，则按其运价率的85%计费。

④超重货物按运价加成30%计费，而烈危货物按运价加成110%计费。

⑤过境公路运输采用的是全程包干计费，或者按合同条款规定办。

⑥对于特大型货物，则采用协商议价办法。

⑦对于同一托运人以去程或返程运送所装货物包装的，按其运价的50%计费。

3. 空运费用结算

（1）计费重量

计费重量是按实际重量和体积重量两者之中较高的一种计收。即货物体积小、重量大时，以实际毛量作为计费重量；货物体积大、重量小时，以货物的体积重量作为计费重量。

①实际重量

实际重量（Actual Weight）是指一批货物包括包装在内的实际总重量。凡体积为6000立方厘米或366立方英寸的体积，其重量大于1公斤或者166立方英寸体积，其重量大于1磅的称为重量货物，重量不足半公斤的按半公斤计，半公斤以上不足1公斤的按1公斤计；不足1磅的则按1磅计算。

②体积重量

凡1公斤重量体积超过6000立方厘米或366立方英寸，1磅重量体积超过156立方英寸者，以体积重量作为计费重量。测算体积时，不论货物的外观形状如何，均用其最长、最宽和最高的部分相乘。

计费重量是按货物的实际毛量和体积重量两者之中较高的计算，批货物由几件不同的货物所组成，如集中托运的货物，其中有重货也轻泡货，其计费重量则采用整批货物的总毛重或总的体积重量两者中较高的一个计算。

（2）有关运价的规定

①各种不同的航空运价和费用都具有下列共同点：

a. 所报的运价是指从一个机场到另一个机场，而且只适用于单一的方向。

b. 从机场到机场的运价，不包括其他额外费用，如提货、进出口报关和仓储费用等。

c. 运价一律适用当地公布的货币。

d. 用当地货币公币的运价是按每公斤或每磅为单位计算的。

e. 航空运单中的运价是按出具运单之日所适用的运价。

②起码运费

航空公司办理一批货物所能接受的最低运费,是航空公司在考虑办理即使一笔很小的货物所产生的固定费用后制定的,如果低于这个水平,对航空公司就不经济。不同地区有不同的起码运费,不管使用哪一种运价,运费都不能低于公布的起码运费。对特种货物运价有时在有关运价前标明一个特种号码,说明"一般起码运费不适用。"

③声明价值费

按《华沙公约》规定,对由于承运人的失职而造成的货物损坏,丢失或耽误等所承担的责任,其赔偿的金额为每公斤20美元或7.675英镑或相等的当地货币,如果货物的价值超过应赔偿的金额,托运人在要求按货物的价值赔偿,则需由托运人在付运费的同时,向承运人另外支付一笔声明价值费。

④货到付款劳务费

由承运人接受发货人的委托,在货物到达目的地后交给收货人的同时,代为收回运单上规定的金额,承运人则按货到付款金额收取规定的劳务费用。

程序9. 交付货物

当货物运送至目的地之后,无论是采取哪种运势方式,都要由目的地代理通知收货人提货。收货人或其代理人需要凭借运输单据按运输合同付清收货人应负担的全部费用,凭借运输单据、费用结算单等必要的单据交换提货单,凭提货单到进口国海关办理进口结关手续,由提货人凭其通关后,盖有海关放行章的有关证明到指定的堆场或货运站提取货物。

第三节 货运代理市场营销和管理办法

一、货运代理市场营销的含义

国际货运代理市场营销是关于货运解决方案、货物舱位和附加货代服务包括服务、定价、促销和分销的策划与实践过程,以及为实现货代企业的盈利目标而进行的交换过程。货运代理的市场营销活动是以了解和满足委托人的需求为中心,以出口货物收货人、发货人为企业活动全过程的起点和终点与此相关的一系列的企业经营活动。

国际货运代理市场营销是针对无形的服务产品,而不是有形的商品。可见,国际货运代理市场营销属于服务市场营销,而不是产品市场营销。

二、货运代理市场营销管理步骤

货运代理营销管理过程是指货运代理企业识别、分析、选择、发掘市场营销机会

以实现其任务和目标的管理过程,其中包括以下四个步骤:

1. 发现和分析评价市场的机会

机会是指没有被满足,或者没有得到很好满足的需要和欲望。企业要把机会转化为利润来源,就必须提供相应的产品和服务,而要提供相应的产品或服务,必须要拥有相应的资源和配置以及使用资源的独特、有效方式,即一定的经营能力。发现市场机会的基础是进行系统的市场调查,通过对市场信息进行系统收集、分析和研究来挖掘还未被满足的需求。

2. 研究和选择目标市场

国际贸易的结构日益发生巨大的变化,传统的初级产品、原料等贸易品种逐步让位于高附加值、精密加工的产品,国际贸易的多样化对货运代理企业提供的服务提出了多样化的需求。任何货运代理企业,无论规模如何,都不可能为所有的客户服务,因此,应将货运代理市场按照不同的标准进行细分。

市场细分是根据整体市场上顾客需求差异,以影响顾客需求和欲望的某些因素为依据,将一个整体市场划分为两个或两个以上顾客群体。每一顾客群体都由一群具有相同和相似需求与欲望、购买行为和购买习惯的顾客组成,而不同顾客群体的顾客之间有明显的需求差别。货运代理应该明确了解有多少细分市场以及各细分市场的主要特征,合理地选择自己的业务范围。

货运代理企业的细分标准是以用户的需求为基础的,细分标准一般包括客户所在的地理区域、客户性质、客户所追求的利益、客户委托的货物类别等。以下几种为常见的货运代理市场细分方式:

(1) 根据客户所在的地理区域细分

按照客户所属的国家,分为国内货运代理市场和国际货运代理市场。国货运代理市场比较透明,出口企业对货代企业的信息非常了解,国内出口企业对价格敏感度高,经常要咨询几家公司的报价才会确定每一次的货运代理公司,导致货运代理企业竞争激烈,利润低,难以形成稳定的客户源。国际客户稳定性较好,相比价格而言,更看重公司的实力、信誉和服务,有利于企业通过提供增值服务扩展利润空间。

(2) 根据客户性质进行细分

货运代理市场的客户基本为各种类型的企业,按照企业所有制的形式划分,可分为国有企业、外资企业、民营企业等;按照企业规模和运量大小划,可分为大型企业、中型企业和小型企业;按照经营类型划分,可分为贸易企业、生产企业、其他运输代理企业等。

(3) 根据客户追求的利益进行细分

不同客户对货运代理企业提供的服务所带来的利益要求各不相同。有的客户强调质量，有的客户关注价格，有的客户关注运送时间，有的客户重视货物运送安全。因此，货运代理企业可以根据客户所追求的主要利益的不同来进行市场细分。

（4）根据客户购买频率和数量进行细分

按照不同客户平均每月走货量、季节变动情况，可分为重点客户市场、一般客户市场和少量客户市场。客户在需求方面不相同，他们为公司贡献的价值也不一样。一般来说，更频繁和更大量购买服务的大客户比偶尔购买服务的小客户更具有营利性。

3. 评估和选择细分市场

在评估不同的细分市场时，企业必须考虑两大因素：细分市场结构收引力和公司目标与资源。分析市场结构吸引力包括调查与预测市场规候的大小、成长性、盈利率、风险程度等，同时，企业必须考虑对细分市场的投资与企业目标和资源是否一致。经过分析评估，企业打算进入的细分市场，或打分满足的、具有某一需求的顾客群体就是目标市场。

货运代理企业在选择和确定目标市场的过程中，需要正确评估每一个细分市场结构吸引力，结合企业本身的能力、条件来确定目标市场。针对目标市场，货运代理企业有三种战略可供选择：

（1）无差异性营销战略

无差异型营销战略是指企业把整体市场看作一个大目标市场，不进行市场细分，用一种产品、统一的市场营销组合对待整体市场。采用无差异营销战略的最大优点在于成本的经济性，大批量的生产、销售必然会降低产品的单位成本，同时可以减少促销费用和调研费用。但是，无差异性营错战略忽视了需求偏好的差异，很难有针对性地满足客户需求。

（2）差异性营销战略

差异性市场营销战略把整体市场划分为若干细分市场，然后根据企业的资源及经营实力，分别为各个细分市场制定不同的市场营销组合。采用差异性市场营销战略的最大优点是有针对性地满足具有不同特征的顾客群，提高产品的竞争力。但是，这种战略也会由于产品品种、销售渠道、广告什化多样化导致营销费用的增加。

（3）集中性营销战略

集中性营销战略是将整体市场分割成若干细分市场后，只选择其中一个或少数细分市场作为目标市场，开发相应的市场营销组合，实行集中营销。集中性市场战略也称为"弥隙"战略，即弥补市场空隙的意思。它适合资源较少的小型企业。我国货运代理企业数量众多，但整体实力和管理水平与世界先进水平还存在一定差距，体现在规模较小、资源有限、专业人才少、缺乏网络支持等。对于这些小型货运代理企业，可以采用集中性营销战略，在某一细分市场中建立竞争优势，而不追求在整体市场上的份额。

4. 货运代理企业市场定位

市场定位是根据竞争者现有产品在细分市场上所处的地位和顾客对产品某些属性的重视程度，塑造出本企业产品与众不同的鲜明个性或形象并传递给目标客户，使该产品在细分市场上占有强有力的竞争位置。企业在市场定位过程中，一方面要了解竞争者产品的市场定位，另一方面要研究目标客户对产品各种属性的重视程度，然后选定本企业产品的特色和独特形象，从而完成产品的市场定位。差别化是市场定位的根本战略，对于货运代理企业，可以从以下几方面构建自身的差别化优势。

(1) 地区差异化

国际货运代理企业往往在公司总部所在地拥有丰富的客户关系网络和业务资源，使得从这些地区发出的货物处理效率较高、费用较低，从而在某一地区形成竞争优势。相对于沿海的企业，内地进出口企业对货运市场了解有限，因此，在沿海市场竞争激烈的情况下，可以考虑先开发内地市场，抢占先机。

(2) 服务专业化

专业化服务是货运代理企业的基本要求，也是培育货运代理企业核心竞争力的必然要求。企业的核心竞争力是指企业最擅长的业务，是企业品牌主业、实力、创新能力等综合资源的外化。国际货运代理的业务范围十分广阔，专业化服务的内容是要求货运代理企业以培育和增强企业核心竞争力为目的，在空运、整箱、拼箱、海运、租船、集港疏运、仓储分拨、物流配送等业务上选择其中的一两项作为主业，在市场开发、企业战略上稳扎稳打、滚动发展，最终成为市场的领导者。具体参照中华人民共和国标准——《国际货运代理作业规范》(GB/T 22151—2008)。

(3) 价格差别化

货运代理公司和承运人关系的紧密程度会影响运价的高低。货运代理企业应当通过实施严谨高效的劳动管理，采用信息化的管理手段，聘用、培训专业的员工实施严格的成本控制。随着全球经济一体化，跨国公司在全世界范围内进行的物质交换活动日益频繁，运输需求也发生了较大的变化，国际货运代理企业的服务范围也扩展到为客户提供整条供应链的管理，并与客户共同合作来降低物流成本。例如，马士基物流在全球范围内为宜家家居负责仓储、运输、进口分拨、上货架、库存管理，通过专业的物流服务减少宜家公司的物流成本。

规模化是企业实现价格差别化的必由之路，经济全球化的实质是优化配置全球资源，主要特征是世界范围内产业结构的调整和转移，其中一个突出的表现是合并、收购和重组。随着货运市场进一步开放，实力超群的外资运代理企业将大显身手，相当一批势单力薄的货运代理企业将被淘汰出局。只有从货源、资金、网络的规模化入手，走规模经营之路，才能最终实现体格的最优化。

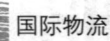

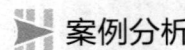 案例分析

国际货代行业的转型困境

向来"平静"的国际货代行业，如今不复平静。从2011年开始的货量萎缩、企业亏损的局面，今年以来愈演愈烈，货代企业业务普遍下降50%左右，几乎每个月都有企业不得不改弦更张甚至关门歇业。不久前，江苏省一家拥有十几条船的民营船公司也加入了倒闭行列，就连上海国际货代大能——新时代国际运输服务有限公司上海公司也把空运业务卖给了马士基。"毫无疑问，江苏省乃至全国的国际货代行业进入了调整洗牌期。"江苏凌云国际货运代理有限公司总经理沈文龙日前告诉记者。

被列入现代服务业的国际货代，是外贸进出口链条中必不可少的环节，是连接货主与船公司、航空公司间的纽带和桥梁，有物流、资金流、信息流和单证流"四流合一"的特性和优势。江苏国际货代协会秘书长李坚介绍，江苏省的货代企业最多时超过1000家，但在国际金融危机发生后，一些外贸企业难以为继，国际货代企业的好日子也一去难返。中国外运长江有限公司是江苏省货代业的龙头企业，公司市场运营部经理周兴楠告诉记者，今年以来，外贸业务量增长10%左右，业务收入增长却不到1%。江苏中远国际货运有限公司的人士则称，业务收入略有增长，市场份额却在缩小。另外，近年来国际货代巨头纷纷抢滩我国，这些企业凭借与500强企业业务的高度关联性，用超强的议价能力、低廉的价格给我国本土货代企业造成挤压。

专家同时表示，行业缺乏创新，同质化竞争严重，和先进国家相比在效率上存在明显差距，也同样不可忽视。统计显示，我国的物流支出约占GDP的18%，而日本这一比例是8%，美国是7%，欧盟是6%左右。因此，开拓、转型已成为国际货代业走出低迷的必经之路。几年前，中国外运长江有限公司就从外贸货代向综合性物流供应商转变，业务形态拓展到长江支线承运、仓储、速递、工程项目物流、保税物流等。"刚开始，新兴业务只占公司业务收入的2%，今年上半年已增加到11%，外贸业务则从90%降到80%。"周兴楠说，正因为有了这样的转型，公司这几年的业务才保持了稳定。

但是，货代企业的转型远非一帆风顺。2010年开始，凌云国际货代就有着手创建"航家网"，以国际物流第三方电子商务平台为目标，提供国际航运智能运价检索、比对查询、在线货物跟踪、在线订舱等服务，还探索与金融机构合作，开创"互联网+数据+金融"的全新模式，但实际推进并不理想。沈文龙说，已经接触的9家银行对项目都很看好，但总行批准合作要有交易量作为前提，这等于关上了合作之门。另外，项目计划总投资1.88亿元，虽有国内外多家风投感兴趣，但在当前这样的经济背景下他们并不会轻易出手。因此，企业的开拓转型依然任重道远。

资料来源：http://news.xinhuanet.com/gangao/2013-12/08/c_125824481.htm

案例思考

1. 国际货代行业从事的业务包括哪些?
2. 造成目前国际货代行业状况的原因是什么?
3. 国际货代应如何转型?

复习与思考题

1. 什么是国际货运代理?
2. 国际货运代理的功能有哪些?
2. 简述国际货运代理的业务范围。
3. 国际海运代理实务中涉及哪些活动?
4. 简述国际其他货物货运代理业务流程。
5. 国际货运代理人的责任有哪些?

# 第十三章
>>> 国际物流发展新趋势

学习目的与要求

- 了解第三方物流的含义、内容及特点；
- 了解第四方物流的定义、产生的原因及存在的意义；
- 理解第三方物流与第四方物流的区别；
- 了解逆向物流的含义、作用；
- 了解绿色物流的含义；
- 掌握现代绿色物流的应用；
- 了解精益物流的含义、背景；
- 熟悉各种物流今后的发展趋势。

案例导入

海丰的第四方物流"冲动"

海丰国际控股有限公司是一家以国际航运、物流业为核心业务的综合物流集团，业务领域涉及集装箱班轮运输、货运代理、报关报验、船舶代理、船舶经纪、船舶管理等领域。目前，海丰国际下属航运集团和物流集团两大业务板块。2006年10月，海丰集团旗下的物流公司与新时代公司的合并计划正式开始，而在接下来的100个工作日内，整个合并的所有细节就已经全部完成，足见海丰的"迫不及待"。

据悉，海丰集团将其原物流体系中新海丰物流有限公司以及一系列与第三方、第四方物流有关的优质资产与新时代国际运输服务有限公司合并成立海丰物流有限公司。合并完成后的新公司整合航运空运资源，货源客源同步扩大，"海丰物流"这一国内创新的供应链管理服务与综合物流企业随之诞生。

海丰物流毫不犹豫地将4PL（4PL是第四方物流的简称，下文均用4PL代表第四方物流）作为了自己的身份标识，在4PL尚处于概念"无间道"的背景下，海丰此举被业界认为是"疯狂的"举动。

海丰能否走出4PL的"无间炼狱"呢？业界都在注视着海丰的一举一动。而接下来发生的一切，再一次让业界刮目相看。

自10月份进入合并程序至今，在国内主要城市拥有16个分拨中心、服务国内248个城市的海丰物流，数月间业务和利润增长迅速，比过去数月货运订单增长三倍以上。预计2007年空运货运量将突破11万吨，较2006年的6万吨上升80%；同期，海运货量将由18万个标准集装箱增至逾21万箱。这些看似不可能的业绩是如何取得的呢？其实，稍微了解海丰成长轨迹的人都会明白，海丰此次打4PL牌不是"心血来潮"，更不是"赶时髦"，而是厚积薄发。早在2004年12月，海丰集团就进行了大规模的企业战略重组，当时，该公司被分为集运、物流、船东、散货、沿海内贸运输和航运配套服务六大业务体系，并开始向国际化、综合性物流公司迈进。2005年，海丰集团总裁杨绍鹏又不惜血本，毅然拿出了8400万元进行他认为是"奢侈品"的IT系统建设。

然而，正是这样的远见，让海丰将供应链的各个链条有效地连接起来，形成信息的平滑过渡和流程间的无缝连接，同时提供了基于互联网的查询、客户服务和电子商务平台，为采购商、生产商、运输公司、报关公司、仓储、陆运等相关的公司和客户提供统一的接入平台。也正是这些"厚积"，决定了海丰的4PL梦想的"薄发"。在进军4PL之前，海丰已经铺好了路。海丰成功建立国内供应链管理，拥有了稳定客户群，持续优化和增强网络平台的实时实施功能，开拓和加强海外代理网络创造了条件，并为其开拓全球供应链管理服务，提供跨及世界各地的海陆空运输综合方案助跑。

至此，海丰梦寐以求的4PL水到渠成。

从上述案例中，我们不难发现，海丰集团开展第四方物流之所以成功，绝不是因为运气好，而是由于诸多因素而促就其成功的，下面将从几个方面解说：

（1）首先海丰公司原本就是一家以国际航运、物流业为核心业务的综合物流集团，它拥有世界水平的供应链策略制定、业务流程再造、技术集成和人力资源管理等能力，这些先天的优势为海丰集团打造第四方物流奠定的良好基础。

（2）2004年12月，海丰集团就进行了大规模的企业战略重组，这一发展战略将公司的发展目标直接提升到了一个国际化、综合性物流公司的高度，从而实现了在集成供应链技术和外包能力方面的领先地位。

（3）2005年海丰公司花高价为其公司建立先进的IT管理系统，这不仅大大地提高了企业的管理水平和工作效率；同时也实现信息的平滑过渡和流程间的无缝连接，以此拥有了同时管理多个不同供应商的能力。

（4）海丰集团在进军4PL之前，就已成功建立了国内供应链管理，拥有了稳定客户群，加上之前国际航运所涉及的国外供应链及客户群，从而形成了一个完善的全球化的供应网，满足了开展4PL需具备全球覆盖能和支持能力的条件。

至此我们可以看到，海丰集团开展4PL的成功，不仅有自身先天的优势，更重要的是因为海丰集团勇于创新改革，实行企业大规模重组，购置先进系统、建立国内外供应链及客户群等一系列的开拓创新之举，才有了国内罕见的第四方物流成功的典范！

第一节　第三方物流

物流活动是企业价值链的基础，是企业取得竞争优势的关键。为了降低运营成本，越来越多的企业开始采取将物流业务外包的做法。企业物流业务外包的发展过程经历了三个阶段：即传统的物流外包阶段、第三方物流阶段及第四方物流阶段。本节将对第三方物流进行阐述，第四方物流将在下节进行阐述。

一、第三方物流的含义及其内容

（一）第三方物流的含义

关于第三方物流的定义有很多，但至今为止，国内外对于第三方物流并没有达成一个统一的定义。第三方物流的概念最早是 20 世纪 80 年代由美国物流管理委员会提出的。在 1988 年美国物流管理委员会的一项客户服务调查中，"第三方服务提供者"一词被首次采用。这里的"第三方"一词是相对于"第一方"发货人和"第二方"收货人来说的。"第三方服务提供者"通过与第一方或第二方的合作来提供其专业化的物流服务，它自己不拥有商品，也不参与商品的买卖，而是通过为客户提供物流代理服务来获取利润。

将上述讲解进行总结，我们可以得到一个关于第三方物流的大致定义：第三方物流是指生产经营企业集中精力搞好主业，把原来属于自己处理的物流活动以合同的形式委托给专业物流服务企业，同时通过信息系统与物流服务企业保持密切联系，达到对物流全程的管理和控制的一种物流运作与管理方式。因此，第三方物流又叫合同制物流。

提供第三方物流的企业，其前身一般是运输业、仓储业等从事物流活动及相关的行业。从事第三方物流的企业在委托方物流需求的推动下，从简单的存储、运输等单项活动转向提供全面的物流服务，其中包括物流活动的组织、协调和管理、设计建议最优物流方案、物流全程的信息搜集和管理等。目前，第三方物流的概念已经被西方流通行业广泛地接受。

（二）第三方物流的内容

第三方物流服务发展到目前，其提供的服务项目已达 30 多项。物流服务项目的多样化既是社会对物流服务需求的结果，也是现代科技所能够提供技术支持的结果。据美国 Amstrong & Associates 咨询公司资料显示，第三方物流的服务内容包括：

1. 运输计划与管理：进向运输控制；出向运输控制；航向/网络优化；与货物承运商谈判并签订承运合同；航运船队管理；运费支付；运输方式转换；货运经纪；货物承运；海关报关。

2. 仓储保管：货物集拼/分拨；交叉入库；产品装配/组装；产品安装/维修；分检；程序统计；订单履行；产品返还；库存管理；网络设计。

3. 信息技术：设计、工程及模式化；运输计划与管理；需求/供应预测；企业资源计划；软件集成、EDI 及信息流动；电子商务。

4. 财务服务：库存财务；卖方管理财务；国际贸易财务与信用证；应收财务。

二、第三方物流的基本特点

第三方物流的基本特点主要体现在以下几个方面：

1. 物流、信息流、资金流的统一

现代企业的规模在扩大，网点在增多，使得企业的物流活动变得越来越复杂和分散，企业对物流控制的要求也越来越高。要满足企业对物流服务的需求，仅仅依靠手工、人力是不可能的，第三方物流的运作必须建立在现代电子信息技术基础上，具有将物流、信息流和资金流有机结合的能力。

常用于支撑第三方物流的信息技术有：实现资金快速支付的 EFT 技术、实现信息快速输入的条形码技术和实现信息快速交换的 EDI 技术等。在借助信息技术完成物流运作的同时，物流企业往往还要完成货款结算、提供资金垫付等附加服务，体现第三方物流"三流合一"的特点。

2. 专业化带来的规模经济

第三方物流企业拥有专门的物流管理人才先进的物流设施、设备，具备高度系统化、集成化和信息化的管理体系，能够对物流资源快速整合，具有规模经济的基本特点。主要表现在以下两个方面：

（1）第三方物流企业是规模化的组织。第三方物流业务需要使用专门的物流设施快速反应的信息系统，一般需要很高的固定资金投入，固定成本在总成本中占有很大的比例这种状况决定只有随着规模的扩大，物流平均成本才会呈现出下降的趋势，具有规模经济性。因此，一定的规模是其生存的必要条件。

（2）第三方物流企业是专业化的组织。随着物流活动从生产和流通领域中分化出来，各种物流要素也逐渐成为市场资源，第三方物流企业利用其专业优势和系统最优化原理，就可以根据各种物流活动的要求在全社会范围对各种物流要素进行整体的优化组合和合理配置，迅速扩大物流规模，从而最大限度地发挥各种物流要素的作用，提高物流效率。

3. 以现代信息技术为基础

信息技术是第三方物流生存和发展的必要条件，它包括快速交换的 EDI 技术、资金快速支付的 EFT 技术、条形码技术以及网上交易的电子商务技术等。现代信息技术的广泛采用，实现了数据的快速、准确传递，提高了仓库管理、装卸运输、采购、订货、配送发运、订单处理等业务处理的自动化水平，实现了订货、包装、保管、运输、流通加工等各环节运作的一体化。企业可以更方便地使用信息技术与物流企业进行交流和协作，可在短时间内迅速完成企业间的协调与合作。

4. 集成化、系统化服务

第三方物流有别于传统外包的优势就在于它的集成化、系统化服务。不管第三方物流供应商所承担的是企业的部分还是全部物流业务，它所提供的都是一整套有助于解决企业某类物流需求的服务组合，即使是完成单项功能，也要结合其他物流要素通盘考虑企业整体物流的合理化，而不是一个个互相独立、分离的服务。集成化、系统化就是将运输、仓储、装卸、搬运、配送、流通加工、包装、信息处理等诸物流要素有机结合起来，借助现代物流设施和技术及信息、通信等技术使子系统协调运作，实现客户以较少的成本快速、安全交付货物的要求，同时，能为客户提供物流系统设计、运营、物流计划、物流管理及咨询等延伸服务，达到帮助顾客使自身物流要素趋向完备、物流系统化的目的。

5. 与客户建立长期的战略联盟

第三方物流企业要为客户提供增值的物流服务，可能要涉及长期的投资承诺、信息共享、相互保密、人员的交流和培训等诸多策略性问题。因此，要求企业与第三方物流公司在认识双方的依赖性和价值的基础上，依靠现代电子信息技术的支撑，实现充分的信息共享，建方战略性伙伴关系，双方能够相互信任，才能使达到的效果比单独从事物流活动所能取得的效果更好。而且从物流服务提供者的收费原则来看，它们之间是共担风险、共享收益。再者，第三方物流的服务时间比较长，企业之间所发生的关联不是仅一两次的短期市场交易，不过，在交易维持了一定时期后，可以互相更换交易对象。在行为上，追求的不是自身利益的最大化，而是共同利益的最大化，在物流方面通过契约结成优势互补、风险共担、要素双向或多项流动的中间组织。因此，企业之间是物流联盟的关系。

6. 体现为个性化物流服务

尽管第三方物流服务是由社会化的物流企业来提供的，面向社会经济活动中的生产、销售企业，但第三方物流服务与公共物流服务不同，其服务对象一般都较少，只有一家或数家，服务时间却较长。这是因为需求方的业务流程各不相同，而物流、信息流是随价值流流动的，因而要求第三方物流企业需要按照客户要求进行投资，按客户的业务流程来确定和调整物流方案，针对特定的顾客设计合适的物流服务，以满足不同客户的不同需求。这也表明物流服务理论从"产品推销"发展到了"市场营销"阶段。

7. 客户中心化

与传统企业被动地接受客户委托、围绕其委托的服务开展作业不同，第三方物流企业要站在客户的立场上主动提供服务，以客户的物流合理化为目标，围绕客户的需求开展物流服务。

三、我国第三方物流的现状

我国的第三方物流企业出现在 20 世纪 90 年代初，当时大批的跨国公司在我国大陆投资建厂，随着规模的扩大和市场竞争的加剧，这些企业对物流的要求越来越高，市场迫切需要有现代物流服务理念和服务能力的物流企业出现，正是在这种背景下，我国的第三方物流企业诞生了。

尽管我国第三方物流引入的时间不长，目前尚处起步阶段，但其独特的优势已吸引了越来越多企业的关注。随着我国市场经济体制的日趋完善和市场竞争的日益激烈，商家之间的价格战也愈演愈烈，为了获取较高的利润，降低成本已成当务之急。第三方物流这种以合同制提供系统的全套物流的方式，可以减少商品库存和运输费用，从而成为企业的"第三利润源"。随着企业对新型物流服务的需求迅速扩大，第三方物流市场已成为我国新兴的朝阳产业。但是，不得不说的是，我国第三方物流还是存在一些问题，这些问题制约着我国第三方物流的发展：

（1）第三方物流的市场份额较小。在我国，1 万至 1.5 万家第三方物流企业中没有一家企业能达到 2% 以上的市场份额。进一步深入调查，从目前我国物流的执行情况中不难发现市场份额小的一个重要原因：我国的生产企业，其原材料物流的执行主体有 46% 是供货方，36% 是公司自身，而第三方物流仅仅占到了 18%；我国的商业企业，其物流执行主体有 76.5% 为公司自身，17.6% 为供货方，第三方参与比例仅为 5.9%，第三方物流占整个物流市场的份额大约在 2%，而美国是 8%，欧洲是 10%。

（2）第三方物流企业规模偏小且高度分散，这在一定程度上限制了物流服务功能的多样化，并影响到物流服务质量的提高。由于目前我国生产企业和商业企业物流"外包"主要以"分包"为主，不同的供应商会采用不同的第三方，因此，总代理的比例很小，不利于培育大规模的第三方物流企业。

（3）第三方物流企业提供的服务功能较为单一。目前第三方物流服务商的收益中有 85% 来自于基础性服务，如运输管理和仓储管理等，而像货物拆拼箱、重新包装、测试和修理等增值服务以及物流信息服务与支持物流的财务服务的收益仅占 15%。

（4）第三方物流供给质量不高。目前，所有物流企业提供的物流损耗率均高于 2%，运输准时率均低于 90%，整体服务水平不高。如果第三方物流提供的服务质量非但不比企业自己打理的物流质量高，甚至还要低，企业就没有理由选择第三方物流。物流服务质量是影响企业是否愿意将物流进行外包的主要因素，能否提高服务质量将成为直接制约物流需求增长的关键因素。

四、第三方物流的发展趋势

根据国外经验,第三方物流的未来发展趋势主要有以下几个方面:

1. 全球化

虽然许多第三方物流通过收购或建立伙伴关系已经获得了国际化运作的能力,但在本质上并不代表它们已经是一个全球化的公司。一个全球化的第三方物流公司应当能够在世界上的任何地方为客户提供无缝的供应链服务,还应当了解供应链服务市场在世界各地存在的细微差异和服务限制条件。至少,一个全球化的第三方物流公司必须为客户提供各种形式的运输、仓储、制单、货代和经纪服务。更进一步来说,它必须以一种安全的方式来提供这些服务。所以,未来的第三方物流必须通过一个能够提供供应链全程可见性并承担全部责任的窗口来提供这些服务。

没有这种无缝的客户服务,仅仅是在若干国家拥有商业存在还不是真正全球化的第三方物流提供商。这样的公司虽然可以通过"跨栏"的方法从事全球业务,但实际上仍然保留了条块分割的职能部门,同时也无法像真正的全球化物流服务提供商那样建立起统一的品牌形象。

2. 降低成本

专业的第三方物流提供者利用规模生产的专业优势和成本优势,通过提高各环节的利用率节省费用,使企业能从费用结构中获益。企业解散自有车队而代之以公共运输服务的主要原因就是为了减少固定费用。若企业自行分配产品,就意味着对营销服务的深入参与,将引起费用的大幅增长。只有使用专业服务公司提供的公共服务,才能减少额外开支。

3. 无缺陷交货始终如一地保持准时和完整的订货交付对每一个分销公司来说都是一个"紧箍咒"。要追求无缺陷交货,就必须懂得,很好地执行一个不完美的计划要胜过制定了一个全面的计划而没有很好地执行它。

第三方物流成败的关键在于它在为客户做正确的事情时如何及时地对意外事件做出应对。正如第三方物流必须具有及时与客户沟通并重新安排期望值的能力一样,及时采取行动的能力是新一代第三方物流必须高人一筹的地方。不管客户在何时何地提出要求,新一代的第三方物流都能通过一个窗口对客户提供可见性事件管理和应对决策服务,并且根据事先的约定保持一致的和可靠的服务水平。实际上,如果第三方物流要瞄准什么目标的话,那么,服务的一致性一定是第一位的(减少可变性和降低风险性),降低成本则是第二位的。可靠和一致的服务对第三方物流的成功是极为重要的。

4. 使流程控制和人员配置协调一致

目前,第三方物流产业所采用的基本上还是由投标请求书驱动的运营模式。在这种模式中，服务销售和实际交付服务的专业人员一般不在同一条管理线路上。但是，未来的第三方物流将更多地采用销售加执行的运营模式，将更偏向于一个以交付服务为价值取向的企业组织。

采用销售加执行模式，未来的第三方物流就能够控制由于过度承诺而实际不能全部兑现所产生的商业风险，就有可能组建具有跨行业运作和项目管理能力的团队，把适当的方法和专业知识引入服务流程。对新一代第三方物流公司的雇员来说，仅仅掌握传统的物流运作流程是远远不够的，他们应当成为供应链技术系统、最佳执行流程设计、安全管理、知识管理和传递方面的专家。实际上，谁能真正理解计划的价值并严格按照计划执行，谁就会在未来获得辉煌的职业生涯。

5. 组合式的、柔性的、可共享的方法，加上最先进的技术

由于过分热衷于系统的整合和客户化，第三方物流一直在为维护众多虽不相同却又几乎类似的应用软件而苦恼，同样的版本不同的客户风格、同样的客户风格不同的版本或版本和风格均不相同。维护这些复杂系统的成本开支将削减公司的利润，正如它们会阻碍供应链系统的无缝执行一样。

要赢得客户并使客户满意，第三方物流就需要创建一个柔性且能够快速传递价值的环境。在第三方物流继续把工作重点放在操作层面上的供应链执行的同时，还需要制定一个与公司战略相适应的完整的 IT 战略计划。如果在这两个方面有所偏废的话，则可能危及公司的生存，特别是不断增加的 IT 系统维护费用和雇员流失风险将导致公司运营成本的增加和客户不满意度的增加。可以说，IT 技术正沿着从总体上协调战略、战术和操作的路线，向"即插即用"的方向发展。

6. 可能导致最低成本结构的外包

既然第三方物流的经营模式有助于帮助客户强化核心竞争力，那么，第三方物流就应当去实践它所倡导的事情，即第三方物流也应该只关注自己的核心竞争力，并把其余的非核心交争力都外包出去。换句话说，未来第三方物流的核心竞争力就在于客户供应链过程的执行，当然，同时要保证客户充分的知情权和控制权。第三方物流的支持功能都可以外包，包括 IT 部门。实际上，如果未来的第三方物流要自己投资建立 IT 基础设施的话，可能并不是最经济的选择。在过去的十年中，供应链外包的需求在不断增长，技术外包的需求也在不断增长。所以，当未来的第三方物流通过地区性指挥中心来管理信息和执行流程时，实际上并不一定要拥有必要的 IT 基础设施。相反，它们会采用具有全部所需支持功能的主机服务模式。这种方法不仅更易于管理和预备，而且使得新一代第三方物流能够在供应链服务全寿命周期过程中更好地调节成本结构。

毫无疑问，第三方物流产业将继续存在和发展。但是，要想继续生存下去且要发展得好，第三方物流就必须为已经开始的变革做好准备。新一代第三方物流将更像是一个第三方供应链管理者，在主机服务环境下运营配备有柔性技术系统的地区指挥中

心，将建立起类似于服务业企业的组合机构，并具有应对客户供应链挑战的销售和执行能力。这种卓越的运营模式将推动第三方物流向全方位供应链服务发展，对客户服务和第三方物流的财务绩效产生非常好的效果。

第二节　第四方物流

随着市场竞争的日益加剧，越来越多的企业会考虑把物流业务外包给物流供应商而聚焦于自己的核心业务，并期望以此来提升核心竞争力。而在第三方物流的运作过程中，一些物流企业由于自身运作能力、专业素质和对客户需求理解方面的原因以及客户企业与第三方物流企业合作过程中所表现出的强烈控制愿望，使得第三方物流在实际运作中的规划设计空间和业务模式、管理方式等都受到了一定的限制和约束，从而存在着诸多不尽人意地方，在这种情况下，物流企业迫切需要包括电子采购、订单处理能力、虚拟库存管理以及必不可少的集成技术在内的一些新兴技术的支持以提高目前的服务水平，这就直接导致了第四方物流从传统的供应链管理中脱颖而出。

一、第四方物流的概念

所谓第四方物流，实际上是指一个提供综合的供应链解决方案的供应集成商，他不仅能够管理组织好自己的资源、能力和技术，而且能够调集和利用其他既有互补性质的服务提供商的资源、能力和技术，它是一种新兴的现代物流模式。

二、第四方物流与第三方物流的联系与区别

第三方物流和第四方物流都是物流服务社会化的结果，是物流专业化水平提高、物流服务范围延伸和物流服务高级化的产物。第四方物流是在第三方物流基础上的进化和发展，代表着第三方物流未来发展的方向，它们的共同趋势就是集成化供应链。第四方物流依靠业内最优秀的第三方物流供应商、技术供应商、管理咨询顾问和其他增值服务商，为客户提供独特而广泛的供应链解决方案。

第四方物流与第三方物流的区别如下：第四方物流比第三方物流的服务内容更多，覆盖地区更广，对从事货运物流服务公司的要求更高，能提供更多的增值服务。第四方物流最大的优越性在于，它能保证产品"更快、更好、更廉"地送到需求者手中。随着世界经济一体化，客户企业越来越追求供应链的全球一体化以此来适应跨国经营的需要，跨国公司由于要将主要精力集中于核心业务，因而必然会更多地依赖于物流外包，而且它们不只是在操作层面上借助外力，在战略层面上也需要借助外界的力量，希望能昼夜都得到"更快、更好、更廉"的物流服务。第四方物流拥有专业化的咨询服务，因而要比第三方物流拥有更加丰厚的利润。尽管目前而言，这一块服务规模尚

小，但在整个竞争激烈的中国物流市场上将是一个快速增长的部分。第三方物流由于缺乏跨越整个供应链运作以及真正整合供应链流程所需的战略专业技术，要么独自，要么通过与自己有密切关系的转包商来为客户提供服务，它不太可能提供技术、仓储与运输服务的最佳结合。而第四方物流可以不受约束地将每一个领域的最佳物流提供商组合起来，为客户提供最佳物流服务，进而形成最优物流方案或供应链管理方案。

三、发展第四方物流的意义

1. 发展第四方物流有助于改进供应链的管理

有关专家认为，第四方物流成功的关键是以行业最佳的物流方案为客户提供服务与技术。而第三方物流要么独自提供服务，要么通过与自己有密切关系的转包商来为客户提供服务，它不大可能提供技术、仓储和运输服务的最佳整合。因此，第四方物流就成了第三方物流的协助提高者，也是货主的物流方案集成商。第四方物流是业主和第三方物流等联系的纽带，第三方物流相比于传统物流外包形式已完成了一大飞跃，即它已开始为客户提供供应链式反应的解决方案，而第四方物流在此基础上更进一步，它能够在整个供应链范围内实现委托方的目标，不仅仅为客户提供了供应链式反应解决方案，而且力求在更高层面实现供应链的整体效益，更全面地改进了供应链的管理

2. 发展第四方物流有助于推动供应链的发展

第四方物流从各个方面给供应链带来的效益主要是增加收益，降低运营成本，减少流动资金和固定资本的消耗，提高规模经营的效益，增加供应链的弹性，从而提高客户服务水平，使供应链能够集中发展和提升核心竞争力。根据国外第四方物流发展的经验，第四方物流能显著降低货物运输的间隔时间和存货，供应链的运营成本可以降低约15%左右，流动资金最高可以降低30%，固定资本的利用率能得到极大的提高。

3. 发展第四方物流有助于最大限度地整合社会资源

第四方物流能真正地实现低成本运作，实现最大范围的资源整合。第三方物流往往缺乏跨越整个供应链进行运作的能力，也缺乏整合供应链流程所需的战略思想和专业技术，而第四方物流对客户的需求和供应链流程存在的问题有更为深刻的认识，并可以将每一个领域的最佳物流提供商组合起来，为客户提供最佳物流服务，进而形成最优物流方案或供应链管理方案。第四方物流对供应链的物流进行整体上的计划和规划，并监督和评估物流的具体行为和活动的效果。对于供应链的管理来说，第四方物流是对包括第四方物流服务商及其客户在内的一切与交易有关的伙伴的资源和能力的统一。

第三节 国际逆向物流

一、逆向物流的概述

20世纪70年代，香农和金特尔（Ginter）提出了"逆向流""逆向渠道"等概念，但仅存在于废弃物回收的研究问题中。20世纪80年代，随着社会科技的进步，产品更新换代速度加快，被消费者淘汰、丢弃的物资日益增加。同时，人们对环保问题的不断关注，土地掩埋空间的减少和掩埋成本的提高，可利用的资源日趋匮乏，引发了人们对物料循环利用、不断再生、物料增值的诉求。人们对逆向物流的认识经历了一个不断变化、不断发展的过程。

1981年，美国学者道格拉斯·兰本特（Douglas Lambent）和詹姆士·斯托克（James Stock）首先提出逆向物流的概念：与大多数物品正常流动方向相反的流动为逆向物流。

1992年，美国物流管理协会首次正式给出了逆向物流的定义：逆向物流是指在循环利用、废弃物处置和危险物质管理方面的物流活动，它广义上包括废弃物的源头削减、循环利用、替代利用及重新利用与处置等方面与物流相关的一切活动。

1998年，欧洲逆向物流工作委员会对逆向物流的定义如下：逆向物流是指原料、在制品及成品从制造厂、配送站或消费地向回收点或其他处置场所的流动而进行的规划、实施和控制过程。

《中华人民共和国国家标准物流术语》（GB/T 18354—2006）对逆向物流的定义：逆向物流也称反向物流，是指物品从供应链下游向上游的运动所引发的物流活动。

综上所述，虽然不同的学者对逆向物流的定义表达不同，但其主要思想是一致的，概括起来主要包括以下四个方面的内容：

（1）逆向物流的最终目的是为了重新获取废弃产品或有缺陷产品的使用价值，或是对最终的废弃物进行正确的处理。

（2）逆向物流的运作对象是产品、包装容器（材料）等及与之相关的信息，将他们从供应链下游反向流动到相应的回收点或处理场所等。

（3）逆向物流活动包括对上述运作对象的回收、检测、分类、再制造和报废处理等。

（4）尽管逆向物流是指物品在供应链上的反向流动，但同正向物流活动中也伴随着资金流、商流和信息流。

二、逆向物流的作用

随着人们环保意识的增强、环保法规约束力度的增大，逆向物流的经济价值局部显现，国外许多知名企业把逆向物流战略作为其强化竞争优势、增加顾客价值、提高其供应链整体绩效的重要手段。逆向物流的快速发展，使得逆向物流对企业的作用效果日益显著，主要作用有：

1. 降低物料成本，增加企业效益

减少物流耗费，提高物流利用率是企业成本管理的重点，也是企业增效的重要手段。传统模式的物料管理仅局限于企业内部，不重视企业外部废旧产品以及其物流的有效利用，造成大量可再生性资源的闲置和浪费。由于废旧产品的回收价格低、来源充足，对这部分产品的回购加工可以大幅度降低企业的物流成本。特别是随着经济的发展，资源短缺的压力日益加重，资源的供求矛盾更加突出，逆向物流越来越显示其优越性。

2. 提高顾客价值，增强竞争优势

在顾客驱动的经济环境下，顾客价值是决定企业生存和发展的关键因素。众多企业通过逆向物流提高顾客对产品或服务的满意度，赢得顾客的信任，从而增加其竞争优势。一方面，对于最终顾客来说，逆向物流能够确保不符合订单要求的产品及时退货，有利于消除顾客的后顾之忧，增加其对企业的信任感及回头率，扩大企业的市场份额。另一方面，对于供应链上的企业客户来说，上游企业采取宽松的退货策略，能够减少下游客户的经营风险，改善供需关系，促进企业间战略合作，强化整个供应链的竞争优势。特别对于季节性风险比较大的产品，退货策略所带来的竞争优势更加明显。

3. 承担改善环境行为的义务，塑造企业形象

随着消费者生活水平和文化素质的提高，环境意识日益增强，消费观念发生了巨大变化，顾客对环境的期望越来越高。同时，由于不可再生资源的稀缺以及环境污染日益加重，各国都制定了许多环境保护法规，为企业的环境行为规定了相应约束性标准。企业的环境业绩已成为评价企业运营绩效的重要指标。为了改善企业的环境行为，提高企业的公众形象，许多企业纷纷采取逆向物流战略，以减少产品对环境的污染及资源的消耗。

三、逆向物流的发展趋势

国际逆向物流的出现，完善了国际物流中传统物流的单项运作模式，同时，在降低公司成本、提高顾客满意度、积极改善环境等方面都显示出了绝对的优势，所以，建立一个快速、高效和低成本的逆向物流体系是势在必行的。

1. 逆向物流网络将变得复杂

组织必须确保他们的逆向系统与前向物流具有同样的成效。尽管企业还需要一段时间进行发展逆向物流系统，对于他们来说，建立一个允许他们快速收回物品，同时

尽可能地降低成本的物流网络十分重要。这可能意味着最好由第三方组织管理逆向系统，或者由那些专注于配送中心建设的组织提供逆向物流服务。与单独的业务链相比逆向物流系统将会变成一个复杂的网络。它将包含两个层次的用户，因为有些顾客购买的是新产品，而另外一些只买部件和再销售的产品。在某些情况下，顾客将成为供应商。随着越来越多的专注于废品处理和产品回收的供应商加入到逆回系统中，逆向网络将变得更加复杂。

2. 逆向物流系统对信息技术提出更高的要求

发展逆向物流系统的一个最重要的环节是应用信息技术。新技术和尖端技术可以帮助企业收集被回收产品的信息。信息的流动与产品本身的流动一样重要。将来，可以采用二维条码技术搜集产品信息。这种条码包含着产品所有权等多重信息，可以应用到单个产品上甚至是产品中的一个零部件。将微型条码应用于小件物品上意味着，即便是个人电脑的芯片也是可以跟踪的。对于逆向物流系统，使用条码技术使得物品管理非常简便。在任何时候都可以对所有产品进行追踪，实时的产品状况和损坏信息可以帮助物流经理了解逆向物流系统的需求。数据管理可以使企业追踪产品在客户之间的流动信息，同时也允许企业辨识出于回收目的的产品返回比例。这些信息将会被利用到提高产品可靠性以及识别逆向物流系统中的特殊问题上。信息同样也可以运用到提高产品供应的预测水平上去。

3. 企业将从回收产品中获取更多有利用价值的物资

许多行业正在给那些允许他们回收更多物资的系统投资。汽车工业是最为突出的。例如在1992年，通用汽车公司成立了美国汽车研究委员会，福特和克莱斯勒则在新技术中引入了预竞争理论研究。其中的一个研究机构——汽车回收合作组织，不仅仅由主要的汽车制造商参与，而且也依赖于供应商、原材料制造商、大学和相关工业协会的参与。这个合作组织正在编制废旧汽车零件和原料数据库，以辨识如何回收并利用物资。废料经销商已经在每年1000万辆的废旧车辆中提取了95%的铝和钢铁以及主要的黄铜和紫铜，然后把它们卖给二级回收市场。现在，残余的汽车材料，例如橡胶挡风雨条、泡沫坐垫、合成塑料和玻璃被当作无用品处理，而汽车回收合作组织正在积极地考虑怎样把这些物品回收和再利用。

4. 企业将进一步想办法延长产品生命周

为了延长产品生命周期，许多公司正在采用模块化的设计技术并使用标准化的产品接口。由大量标准化零部件组装而成的产品可以方便地进行升级，而不是废弃，仅仅用新部件替代过期部件就可以达到这样的目的。以老型号产品中的标准化部件和模块为基础进行新产品的设计制造，给企业有机会利用老型号产品中的零部件。企业分解一种老型号产品时，就有很多机会把老部件重新应用到新产品之中。在过去的几年当中，企业在产品之中应用回收物资方面取得了显著的进步。这些物资带来了直接的效益，减少了长期的废品处理成本。

5. 企业将用可分解的思想设计产品

从白色家电厂商到汽车制造商的一大批厂商正在研究新的方法，用可分解的思想设计他们的产品。这项研究分为三个方面：如何实现为了分解目的的新品设计；现有产品如何分解；增加回收产品及部件的机会。制造系统一般都是为了实现高效装配过程而设计的，但是现在的要求却是产品的设计和制造能够适应处理和回收的要求，可以方便进行产品分解工作。例如重新设计装配件，在不能牺牲功能的前提下，减少装配过程中螺栓的使用数量，这样会加快产品的分解过程。当企业可以分解大多数产品时，产品设计的目标必须是使产品分解的成本低于部件带来的收入。还应注意的是，不同的分解部件有不同的获利机会。宝马公司已经宣布了一个战略目标：在21世纪设计出一种面向分解的汽车，当产品生命周期结束时，宝马公司的经销商可以将汽车回收后分解。然把分解后的部件投入到新车的生产线中。

第四节 绿色物流

人们对"绿色"的关心，源于追求一个良好的生活和工作环境，源于人类对经济社会发展战略的思考。由于现代物流是对社会生态环境有极大影响的经济区域，因而，人们自然而然地把"绿色"概念引入到物流区域，这样就形成了绿色物流的概念。

一、绿色物流发展概述

绿色物流是指在物流过程中抑制物流对环境造成危害的同时，实现对物流环境的净化，使物流资源得到最充分合理的利用。绿色物流是一个多层次的概念，它既包括企业的绿色物流活动，又包括社会对绿色物流活动的管理、规范和控制。从绿色物流活动的范围来看，它不仅包括各个单项的绿色物流作业（如绿色运输、绿色包装、绿色流通加工等），还包括为实现资源再利用而进行的废弃物循环物流。

二、现代绿色物流的应用

绿色物流系统的开发目的在于应用。要真正建立一个整体的绿色物流系统是有很大难度的，全方位的实现绿色物流系统只是一种理想。但是，我们完全有可能根据物流的某一特定需求，运用系统的思想结合绿色要求，开发和应用绿色物流体系，例如，绿色物流通道、活体物流系统，以及其他几种常见的绿色物流系统。

1. 绿色物流通道

绿色物流通道是指畅通的物流通道，即在一条线路上专门建立通道物流系统，其内涵是一条专门的或相对固定的物流通道。通道之所以可以成为绿色，原因有三条：一是通道的建筑方式；二是通道的运营方式；三是物流对象或其他物流要素部分或全方位地和绿色相关。在构筑绿色通道的方式上可以采用以下几种方法：

（1）对建立的绿色通道，从政策上对指定的某些物流活动给予特殊和方便的照顾，从而使物流活动能够在这一条通道上便利快速地运行，例如，不停车检查、给予特殊通行证、不交停车费、在指定的时间形成快速通道等。

（2）采取一定的技术措施，使货物在一条通道上便利快速地通过。例如，采用不停车收费的方式进行收费，这就需要采用现代科学技术，运用电子技术，通过交费系统自动扣费或在一定的时间之后统一收费等。

（3）采用一定的管理措施，使货物在一条通道上便利地、快速地通过。例如，通过联运协议或合作协议的方式和一些技术措施，为某些特定的物流建立不同线路现成的通道等。

我国相对固定的绿色通道正处于探索性的建设之中。例如，山东寿光和北京之间蔬菜绿色通道，海南岛到北方的蔬菜、水果、水产品绿色通道，内地到香港的肉、蛋、鲜活产品及蔬菜瓜果的"三趟特快"等。

2. 活体物流系统

活体物流系统指的是以除人之外的活的生物为物流对象的物流系统。这种物流系统之所以称为绿色物流系统，其原因在于物流对象是健康的活体，物流过程必须创造必要的小生态环境，是一种特殊的生态物流系统。例如，美国联邦快递公司利用自己的快递物流网络，采取相应的生态技术措施，构建了活体物流平台，成功地在世界范围内运输活体珍稀动物，另外，还有北京通州至德国的观赏鱼活体物流系统等。

其他绿色物流系统如零库存系统、冷链系统、水泥散装系统、绿色食品及粮食物流系统等，都是与绿色物流相关的物流系统，都是针对某些特殊的物流对象而建立的绿色物流系统。但是就一般意义上讲，绿色物流系统的建立，首先，在物流对象上应该符合绿色要求，即所谓的绿色产品；其次，在物流过程中，包括包装、装卸搬运、储存保管、运输、流通加工、配送、废弃物的回收与处理等物流活动和相应的物流作业，也应符合绿色要求，即对生态环境少污染或无污染。最后，在物流过程中，还要节约使用物流资源，合理组织和有效地管理物流过程，这样才有可能促使现代物流沿着稳定、健康、持续、快速的道路向前发展。

三、发展绿色物流的意义

绿色物流的目标不同于一般的物流活动。一般的物流活动主要是为了实现物流企业的盈利、满足顾客需求、扩大市场占有率等，这些目标最终均是为了实现某一主体的经济利益。而绿色物流的目标在上述经济利益目标之外，还追求节约资源、保护环境这一既具经济属性，又具有社会属性的目标。尽管从宏观角度和长远利益看，节约资源、保护环境与经济利益的目标是一致的,但对某一特定的物流企业却是矛盾的。因此,有必要探索发展绿色物流的意义,以及有利于开展绿色物流活动与管理。

1. 绿色物流是经济全球化和可持续发展的必然要求

保护地球环境和大自然是世界各国人民义不容辞的责任。但是,导致环境遭受污染、资源遭受破坏的行为涉及人类生产经营和社会消费等诸多方面。而作为生产和消费中介的物流,其对地球环境的影响,仍未受到应有的重视。伴随世界大市场和经济全球化的发展,物流的作用日益明显。绿色浪潮惠及的不仅是生产、营销和消费,物流的绿色化也作为可持续发展的必然要求被提到了战略日程上来。

2. 绿色物流是最大限度降低经营成本的必经之路

有专家分析认为,产品从投产到销出,制造加工时间仅占10%,而几乎90%的时间为储运、装卸、分类、二次加工、信息处理等物流活动。因此,物流专业化无疑为降低成本奠定了基础。但当前物流基本还是高投入、大物流,低投入、小物流的运作模式,而绿色物流强调的是低投入、大物流的方式。显而易见,绿色物流不仅是一般物流的节约和降低成本,更重视的是绿色化和由此带来的节能、高效、少污染,它在节约生产经营成本方面的意义,不可估量。

3. 绿色物流还有利于企业取得新的竞争优势

日益严峻的环境问题和日趋严格的环保法规,使企业为了持续发展,必须积极解决经济活动中的环境问题,改变危及企业生存和发展的生产方式,建立并完善绿色物流体系,通过绿色物流来追求高于竞争对手的相对竞争优势。

4. 绿色物流的建立,更有利于全面满足人民不断提高的物质文化需要

物流作为生产和消费的中介,是满足人民日益增长的物质文化需要的基本环节。而绿色物流则是伴随着人民生活需要的进一步提高,绿色消费的提出是应运而生的。绿色产品如果没有绿色物流的支撑,就难以实现其最终价值,绿色消费也就难以进行。同时,不断提高的物质文化生活,意味着生活的电子化、网络化和连锁化。电子商务、网上购物、连锁经营,无不依赖于绿色物流的发展,可以说没有绿色物流,就没有人类休闲的生活空间。

5. 绿色物流是适应国家法律法规的必然要求

随着社会进步和经济发展,世界上的资源日益紧缺。同时,由于生产所造成的环境污染进一步加剧,为了实现人口、资源与环境相协调的可持续发展,许多国际组织和国家相继制定出台了一系列与环境保护相关的协议、法规与法律体系。这些法律法规都要求产品的生产商必须对自己所生产的产品造成的污染负相应的责任,并且采取相应的措施,否则将会受到法律的严厉制裁。

第五节 精益物流

精益物流是运用精益思想对企业物流活动进行管理，其基本原则一是从顾客的角度而不是从企业或职能部门的角度来研究什么可以产生价值；二是按整个价值流确定供应、生产和配送产品中所有必需的步骤和活动；三是创造无中断、无绕道、无等待、无回流的增值活动流；四是及时创造仅由顾客拉动的价值；五是不断消除浪费，追求完善。

精益物流的目标可以概括为：企业在提供满意的各科服务水平的同时，把浪费降到最低程度。企业物流活动中的浪费现象很多，常见的有：不满意的顾客服务、无需求造成的积压和多余的库存、实际不需要的流通加工程序、不必要的物料移动、因供应链上游不能按时交货或提供服务而等候、提供顾客不需要的服务等，努力消除这些浪费现象是精益物流最重要的内容。实现精益物流必须正确认识以下几个问题：

（1）精益物流的前提：正确认识价值流。价值流是企业产生价值的所有活动过程，这些活动主要体现在三项关键的流向上：从概念设想、产品设计、工艺设计到投产的产品流；从顾客订单到制定详细进度到送货的全过程信息流；从原材料制成最终产品到送到用户手中生产一个特定产品所必需的全部活动，搞清每一步骤和环节，并对它们进行描述和分析。

（2）精益物流的保证：价值流的顺畅流动。消除浪费的关键是让完成某一项工作所需步骤以最优的方式连接起来，形成无中断、无绕流和排除等候的连续流动，让价值流顺畅地流动起来。具体实施时，首先，要明确流动过程的目标，使价值流动朝向明确。其次，把沿价值流的所有参与企业集成起来，摒弃传统的各自追求利润极大化而相互对立的观点，以最终顾客的需求为共同目标，共同探讨最优物流路径，消除一切不产生价值的行为。

（3）精益物流的生命：不断改进，追求完善。精益物流是动态管理，对物流活动的改进和完善是不断循环的，每一次改进都能消除一批浪费，形成新的价值流的流动，同时又存在新的浪费而需要不断改进，这种改进使物流总成本不断降低，提前期不断缩短而使浪费不断减少，实现这种不断改进需要全体人员的参与，上下一心、各司其职、各尽其责，达到全面物流管理的境界。

案例分析

UPS 为 MBS 提供的图书退货逆向物流服务

MBS 是一家规模庞大的教材交易公司，其下有一家经营网上虚拟书店的分公司，该书店向附近地区的培训机构、高校及中学提供教材及课辅资料的供应。为支持其日益增长的业务，该公司利用 UPS 的专业服务以增强客户服务管理和退货管理。

MBS 直销在线书店允许学生购买所需的某门功课的新书、旧书或学习资料；一旦该课程学习结束，学生们还可以将这些书再卖给 MBS 直销书店。因此，其退货业务与销售业务同样地频繁。

该公司创立于 1992 年，现已发展壮大成为一家经营范围涉及 25 万门课程、服务对象超过 130 万学生，遍布美国、加拿大、波多黎各的大型企业。面对仍在继续发展的业务，MBS 面临着更大的挑战，即如何进行图书跟踪、退货管理和资产管理，如何处理跨国际的图书资料的双向物流。为此，MBS 将其整个物流服务活动外包给 UPS，利用 UPS 的专业化服务，来提高客户服务水平，降低退货处理成本，更有效地进行资产管理。

为提高图书退货处理的效率，UPS 开发了一套基于 Web 网的 UPS 回收管理系统，为准备退书的学生提供一个网络入口。在课程即将结束的前几周，MBS 直销店给那些购买书的学生发封 e-maiI，将 UPS 服务入口的链接提供给这些学生。学生们可以点击链接，浏览 MBS 的退书报价。如果决定接受报价，只需再点击就可创建个 UPS 退货标签，学生们可将该标签贴在他们的退书包裹上。另外，学生还可根据网络上的说明，安排 UPS 的收货计划。

贴有标签的包裹可以送交 UPS 的任何一个司机或 UPS 的任一服务网点。这使得学生的退货非常方便。打印的标签含有 MBS 编制的条形码，其中包含了报价信息、一套客户服务信息、国内账号、目录清单等信息。MBS 一旦受到 UPS 送来的退货，通过扫描标签，系统将自动通知 MBS 的会计部门处理支票兑付问题，学生也会很快收到通知，告知：退货书已经收到，书款已经付出，等等。USP 的转业服务帮助 MBS 直销书店大大提高了客户的服务满意度和退货管理水平。项目实施 4 个月，新的系统就处理了 110000 个退货标签，比上一年同期水平增加了 300%。另外，MBS 直销书店预测，新的系统将帮助企业取得年 15% 的业务增长率。

▶ 案例思考

1. 在上述案例中，USP 为 MBS 提供的图书逆向物流属于哪种类型的逆向物流？
2. 简述 USP 为 MBS 提供的图书逆向物流的流程。
3. USP 为 MBS 提供的图书逆向物流成功的关键因素是什么？

▶ 复习与思考题

1. 简述我国第三方物流的现状及其发展趋势。
2. 试述第四方物流与第三方物流的区别与联系。
3. 简述第四方物流发展的意义。

4. 国际绿色物流产生背景、内涵和特点各是什么？
5. 简述精益物流的定义及其产生背景。
6. 精益物流对我国国际物流企业意味着什么？
7. 试分析我国物流的发展趋势。